중국알기시리즈 2

상하이의 사람과 문화 읽기

《都市人叢書 － 上海人》
作者 : 沈善增
Copyright ⓒ 1995 by 浙江人民出版社
All rights reserved.
Korean Translation Copyright ⓒ 2011 by DASAN MEDIA
Korean edition is published by arrangement with 浙江人民出版社
through EntersKorea Co., Ltd. Seoul.

이 책의 한국어판 저작권은 (주)엔터스코리아를 통한
중국의 浙江人民出版社와의 계약으로
도서출판 다산미디어가 소유합니다.
신 저작권법에 의하여 한국 내에서 보호를 받는 저작물이므로
무단전재와 무단복제를 금합니다.

상하이의 사람과
문화읽기

선산쩡(沈善增) 저 · 남종진 역

다산미디어

상하이에서 가장 큰 볼거리는 사람이다. 인구는 상하이를 중국 최대 도시의 자리에 올려놓았다.(p.18)

예원(豫園)은 상하이인의 자랑이지만 쑤저우의 원림에 비하면, 자신을 낮출 수밖에 없다.(p.18)

아편전쟁 이후에 상하이에는 조계(租界)가 설치되고 외국 자본이 물밀듯 들어왔다.(p.27)

상하이가 낳은 대표적 소설가 마오둔(p.37)

「가(家)」 3부작을 지은 바진도 상하이가 배출한 대표적 작가 가운데 한 사람이다.(p.37)

민국 초기 상하이의 조계에서 벌어지는 사람들의 이야기를 담은 주서우쥐(朱瘦菊)의 「헐포조」는 상하이어로 쓴 대표적 소설의 하나이다.(p.37)

호극의 전통적 레퍼토리 가운데 하나인 「차황강(借黃糠)」.(p.47)

'연인의 벽'은 상하이 최고의 볼거리로 꼽히던 시절이 있었다.(p.94)

샤페이(霞飛)는 마을 공장에서 출발해 전국적인 유명브랜드로 성장한 기업이다.(p.92)

와이탄의 연인의 벽은 상하이인의 문화 창조 능력을 잘 보여준다.(p.94)

'연애코너'는 '연인의 벽'과 비슷한 창의적 문화 현상이다.(p.99)

1991년 12월 1일 개통한 난푸대교는 황푸강에 가설한 최초의 교량이다.(p.154)

상하이의 상징적 주거양식인 석고문은 2층의 다가구 주택 형식이다.(p.191)

황푸강에 대교가 가설되기 이전에 연락선은 상하이 구시가지와 푸둥지역을 잇는 주요한 교통수단이었다.(p.202)

머리말

상하이上海는 바다[海]이다.

바다를 묘사하기란 어렵다. 작가에게는 도전이자 시험이다. 바다는 드넓고 넉넉하고 변화무쌍하기 때문이다. 어떻게 꾸미고 묘사하더라도, 천박하고 단순하고 국한되고 단편적이라는 느낌을 피할 수 없다. 그래서 힘만 들뿐 좋은 결과를 얻기는 어렵다.

바다를 평가하기란 더 어렵다.

그렇지만 각 시대마다 작가들은 기꺼이 이런 도전과 시험을 받아들이고 견뎌냈다. 그들은 번번이 낙담하면서도, 바다의 노래를 들으며 자신의 목소리를 영원한 파도소리에 담으려고 했다. 그들 가운데는 재주가 뛰어나고 세상 이치를 훤히 꿰뚫은 사람도 있었지만, 그들 또한 세속을 벗어날 수 없었고, 자신의 한계를 철저히 인식할 수 없었고, 바다와 마주하여 마음으로 통하는 초연한 태도를 유지할 수 없었다. 이 모두는 바다라는 존재가 관찰력, 이해력, 터득력, 상상력에 구속되지 않는 자유로운 천지이기 때문이다. 그러니 누군들 드넓은 무대에서 재주를 펼쳐보고 싶지 않겠는가! 더욱이 바다의 품에서 태어나고 자란 사람은 바다에 대해서 각별한 감정을 지니고 있기에, 설사 남이 이미 말한 것을 되풀이할지라도, 마음 깊은 곳에 있는 미묘한 감정을 녹여 넣고, 남의 술잔을 빌어 자신의 응어리를 풀어낼 것이다. '바다'라는 화제는 앞 사람들이 모조리 이야기할 수는 없는 것이기에, 바다와 인연이 깊은 사람이라면 누구나 남들이 바다에 대해 말한 것이 너무 부족하다고 느낄 것이고, 논리가 투철하고 깊이가 있어서 정곡을 찌르는 것은 더욱이 적다고 느낄 것이다. 따라서 연단에 뛰어 올라가 마이크를 빼앗아 들고, 자신만의 독창적이고 진정어린 놀라운 이야기를 하지 않고서는 견딜 수 없다. 이야기를 마치면 남들이 공감하든 말든 갈채하든 말든, 바다에 대한 자신의 논평은 바다와 더불어 영원할 것이라고 생각한다. 적어도 그는 바다에 의해 거저 길러지거나 바다의 은혜를 거저 받은 적은 없었다.

그리하여 다채롭고 성대하여 장관을 이룬다. 한 세대 또 한 세대 드러났다 사라지고, 모든 것은 시간을 따라 바뀌지만, 말없는 바다는 영원토록 변함이 없다.

이제 내가 보여줄 차례가 되었다. 무대에 오르기 전부터 나는 모든 노력이 결국은 허사가 될 것임을 뻔히 알고 있다. 하지만 내가 처음으로 이런 마음을 가진 발표자라고 할 수는 없다. 나보다 먼저 철저하게 관찰한 많은 발표자가 있었지만, 그들도 이처럼 거대한 유혹을 끝내 이겨내지 못했으리라고 믿는다. 인생은 한 막 한 막 이어지는 연극이다. 연극에서 좋은 배역을 맡는 것은 쉽지 않은 일이다. 누가 이처럼 좋은 기회를 놓치려고 하겠는가? 게다가 내 마음에 꼭 드는 이 배역은 스스로 얻어낸 것이다.

막이 내리면 아무 것도 남지 않는다는 것을 잘 알고 있지만, 혼신의 노력으로 배역을 훌륭하게 소화할 것이다.

나는 나를 낳고 길러준 상하이에 대한 깊은 사랑을 드러내기에 주저하지 않는다. 따라서 나는 남들보다 더 자유롭고 객관적이고 공정하고 냉정할 수는 없을 것이고, 또 내가 한층 애정을 갖고 말할 것이기에 다소 극단적이고 고집스러운 구석이 있을 것이다. 그렇지만 나는 영화 「노정老井」에서 타이항산太行山 일대 산촌 주민들이 두메산골에 집착하고 두메산골을 사랑하는 것을 보면서, 상하이의 자손인 나는 내 고향과 고향의 어른·친지·형제자매에게 보여준 것이 너무도 없다는 사실을 깨닫고 송구함을 금할 수 없었다. 「노정」의 시나리오를 보면서, 나는 어떻게 쓰더라도 과분하지는 않으리라는 생각이 들었다. 그리하여 펜을 들었다.

상하이에서

선산쩡 沈善增

차 례

01 상하이의 가장 큰 볼거리 • 14
02 '뛰쳐나오기'와 '비집고 들어서기' • 20
03 상하이어를 무시하는 상하이인 • 29
04 만리장성 쌓기보다 어려운 상하이어 만들기 • 36
05 근원을 망각함 • 42
06 나는 상하이인인가? • 49
07 상하이어에 담긴 상하이인의 영혼 • 55
08 상하이의 사람과 도시화 • 62

09 영리함의 원류 • 69

10 도장과 성형수술 • 77

11 '자오신' 스타일 • 83

12 위대한 '연인의 벽' • 89

13 '연애 코너'에서의 우연한 만남 • 95

14 철책의 구멍 • 101

15 야심이 너무 커서는 아니 된다 • 107

16 색다른 것에 빼앗긴 마음 • 114

17 인정미와 체면 • 121

18 '뉴산'을 사랑하는 성품 • 129

19 체면, '상타이멘', 겉모습 • 139

20 이미지와 실리 • 146

21 콩나물 버스 풍경 • 156

22 주식시장과 콩나물 버스 • 163

23 복병을 내놓은 상하이인 • 171

24 화이트칼라 의식 • 182

25 '농당'과 인생 • 187

26 내일의 상하이인 • 195

27 현장에는 핏자국이 없었다 • 198

01 상하이의 가장 큰 볼거리

상하이에서 가장 큰 볼거리는 사람이다.

인구는 상하이를 중국의 도시 가운데 가장 앞자리로 내밀었고, 세계적으로도 최대 도시의 반열에 올려놓았다. 상하이에는 등록된 수많은 인구 이외에도 수백만 명에 달하는 유동인구가 있다. 상하이로 출장, 회의, 관광, 여행을 오는 외지인이나 외국인은 번화한 상하이에 아름다운 풍경을 더한다.

상하이인의 한 사람으로서 나는 가끔씩 외지 친구나 친지들에게 민망해진다. 그들이 상하이에 왔을 때, 어디를 구경시켜 주는 것이 좋을지 난감하기 때문이다. 중국은 오랜 문명을 지닌 나라이기에 어디에 가나 명승고적이 널려 있다. 반들반들한 청석靑石[1]에서는 한나라 고조 황제가 꾸벅꾸벅 졸았고, 졸졸 흐르는 시냇물에서는 당나라 양귀비楊貴妃가 얼굴을 씻었을지도 모른다. 시안西安[2]이나 타이위안太原[3]에 가면 평범한 가정에서 사용하는 사발이 8, 9백 년 내지 1천년이나 된 것일 수도 있고, 진秦나라 때에 사용한 반량전半兩錢[4]을 아이들이 아무렇게나 가지고 놀지도 모른다.

하지만 지금 내가 딛고 서 있는 상하이 시내의 금싸라기 땅은 천 수백 년 전에는 바다였다고 한다.―어린 시절에 '향토교재鄕土敎材'에서 배운 내용이다. 상하이는 전국시대에 춘신군春申君 황헐黃歇의 봉지封地였기에 '신申'으로 약칭한다.― 아무튼 상하이는 자연경관이나 문화유적에 있어서 열등감을 가질 수밖에 없다. 명나라 가정(嘉靖:1522~1566) 연간에 만든 예원豫園

---

1) 건축이나 비석 등에 쓰이는 돌.
2) 주나라부터 당나라까지 1,100년 동안의 고도(古都). 지금은 산시성(陝西省)의 수도.
3) 산시성(山西省)의 수도.
4) 진(秦)나라 시황제가 전국을 통일한 이후에 전국적으로 사용한, 중국 최초의 통용 화폐.

은 상하이인의 자랑이지만, 가까운 쑤저우蘇州의 원림園林[5]과 비교한다면, 공손히 자신을 낮출 수밖에 없다. 상하이의 TV 매체에서 대대적으로 보존을 호소한 난스구南市區 톈떵눙天燈弄 77호의 서은루書隱樓는 건륭(乾隆: 1711~1799) 연간에 건립한 것으로, 상하이 시내에서는 거의 완전하게 보존된 유일한 청나라 때의 주택이다. 서은루의 전각磚刻은 독특하기는 하지만, 진나라와 한나라 당시의 벽돌과 기와가 흔한 고대 도성이나 오래된 도시에 옮겨다 놓는다면 문화재의 반열에도 들지 못할 것이다. 쑹장松江의 방탑方塔과 취백지醉白池, 자띵嘉定의 회룡담匯龍潭과 추하포秋霞圃, 난샹南翔의 고의원古猗園, 칭푸靑浦의 곡수원曲水園 등은 이목을 즐겁게 하는 곳이지만, 교외에 분산되어 있고 교통마저 여의치 않기 때문에, 상하이인조차도 봄가을 나들이에 시간과 비용을 조금 더 들이더라도 쑤저우, 우시無錫, 항저우杭州에 가려고 하지 이곳을 찾는 경우는 드물다. 그러니 멀리서 찾아온 친지와 벗을 이곳으로 안내할 수 있을까?

그런데 필자는 홍콩을 일주일 동안 여행하고 나서 이런 자괴감이 많이 줄었다. 많은 중국인이 홍콩 여행을 간다면, 상하이 여행도 가치가 있는 셈이다. 홍콩에 비한다면 상하이도 결코 손색이 없다. 홍콩이 현대적 스타일의 마천루가 상하이보다 많은 것은 분명하다. 하지만 근자에는 상하이에도 고층빌딩이 부쩍 늘어나 마치 1930년대에 사순沙順 빌딩—지금의 허핑和平 호텔—과 중국은행빌딩이 서로 다투던 것과 다르지 않고, 갈수록 모던하고 아름다워지고 있다. 지금과 같은 속도라면, 상하이의 고층빌딩군은 머지않아 홍콩을 따라잡을 것이며, 특히 드넓은 푸둥浦東 지역은 금

---

5) 창랑정(滄浪亭), 사자림(獅子林), 졸정원(拙政園), 유원(留園) 등이 있다.

싸라기 땅이 되고 있다. 숫자상으로는 상하이의 고층빌딩은 홍콩에 근접했거나 이미 넘어섰을지도 모른다. 게다가 홍콩에는 상하이 와이탄外灘에 있는 구라파 고전풍의 건축군 같은 것이 없다. 와이탄의 만국건축박람회는 상하이가 홍콩보다는 문화적 밑천이 낫다는 것을 보여준다. 홍콩은 교통시스템이 상하이보다 낫고, 도시 면모가 상하이보다 깨끗하고, 외제품의 종류가 상하이보다 많고, 어떤 상품은 가격이 상하이보다 저렴하지만, 지금의 개방정책이 착실하게 진행된다면 상하이가 이런 부문에서 홍콩과 어깨를 나란히 하는 것은 시간문제일 것이다. 상하이인이 지갑이 두둑해지면 고급상품은 저절로 늘어날 것이고, 종류·품질·가격은 차츰 국제적 표준에 다가설 것이다. 도로가 확장되고 대중교통이 여유로워지면, 상하이인도 버스정류장에서 교양 있게 줄을 지어 버스를 기다릴 것이다. 홍콩으로 이민한 상하이인을 우연히 만났더니, 상하이에 있을 적에는 담배꽁초를 아무렇게나 내던졌는데, 홍콩에 온 뒤로는 거리가 깨끗한 데다 쓰레기를 함부로 버리거나 길바닥에 침을 뱉지 않기에 자신도 쓰레기통을 찾는 것이 습관이 되었다고 말했다. 마침 그날 저녁에 TV 뉴스에서 휴지를 함부로 버린 사람이 단속되는 현장을 보도하는 것을 보았는데, 홍콩 사람은 그런 사람을 '쓰레기 벌레'라고 부르고, 최고 1만 홍콩달러의 벌금을 부과한다고 한다. 나는 "법은 모든 사람을 벌하지는 못한다."는 말을 떠올렸다. 전반적 환경이 청결과는 거리가 멀고, 환경을 망치는 것은 수치스러운 일이라는 의식이 전혀 없는데, 이런 법규를 상하이에 그대로 옮겨서 적용하기는 애당초 불가능하다. 하지만 사람은 아름다운 것을 좋아하기 때문에 누구나 주변 환경이 개선되기를 바란다. 여건이 성숙되면 상하이는 이런 부문에서도 결코 홍콩에 뒤지지 않을 것이다. 상하이인은 전반적으로 자질이 낮지 않고, 또 현대문명을 받아들이는 것에 대한 자각적 능력이 중국에서 손꼽힐 정도로 높기 때문이다. 상하이의 토지 개발과 이용은 아직은 홍콩처럼 그렇게 바늘하나 꽂을 데가 없을 정도는 아니다. 종전에는 상하이에 살면서 늘 생활공간이 비좁다고 느꼈지만, 홍콩을 다녀온 뒤로는 상하이에는 아직도 발전할 여지가 있다는 사실을 깨닫게 되었다. 홍콩은 빌딩이 굴뚝이나 연필자루마냥 삐죽하고, 빌딩숲 사이로 철망을 높이 두르고 돌로 만든 벤치 몇 개가 놓여 있는 인공 잔디 코트에서, 아이들은 공을 차며 놀았다. 그런 광경을 보면서 나는 자연에 다가서려는 홍콩인의 노력이 비장하다 못해 가련하다는 생각마저 들었다. 게다가 소란스러운 경마장 맞은편에는 묘비가 날마다 이승의 함성 세례를 받으며 늘어서 있지만, 홍콩인은 이 묘한 광경에 익숙해져서 신경조차 쓰지 않는 것만 같았다. 또 예전에는 공항이 인구가 밀집한 시내와 지척에 있어서, 항공기가 수시로 엄청난 굉음을 울리며 뜨고 내렸지만 주민들은 태연했다. 상하이는 더 발전하더라도 이처럼 옹색한 지경에는 이르지 않을 것이다.

홍콩에서 유명한 황대선묘黃大仙廟[6]는 규모가 상하이의 성황묘城隍廟[7]보다도 훨씬 작고, 옥불사玉佛寺와 용화사龍華寺는 말할 것도 없다. 한 친구가 나를 신제新界로 안내해 묘법사妙法寺와 나지막한 산에 있는 도관(道觀: 도교 사원)을 구경했는데, 규모는 황대선묘와 비슷한 정도로, 앞서 언급한 상하이 인근의 명소와는 비교가 되지 않았다. 이렇게 비교하고 나자, 나는 상하이에 대해서 자신감이 생

6) 1921년에 건립된 홍콩 최대의 사찰.
7) 상하이에서 가장 오래되고 규모가 큰 도교 사원. 명나라 영락(永樂:1403~1424) 연간에 건립되어, 6백 년의 역사를 지닌다.

겼다. 상하이는 그래도 구경할 만한 곳이 있는 셈이니, 앞으로는 좀 편한 마음으로 외지 손님을 맞이할 수 있을 것이다.

아무리 생각해도 상하이의 가장 큰 볼거리는 역시 사람이다. 상하이의 모든 볼거리는 '인공'의 산물로 깊이 낙인 찍혔다. 둥팡밍주東方明珠 타워나 양푸대교 같은 거대한 건축물은 논외로 하고, 상하이에서 유일한 작은 언덕인 서산佘山의 언덕마루에 있는 천주교당과 천문대는 볼 만하다. 상하이인은 멀리서 찾아온 관광객에게 미안한 나머지 산기슭에 음향과 조명 기술을 이용한 미궁迷宮을 만들어 놓았다. 상하이의 상징인 와이탄의 건축물은 밤이면 현란한 조명으로 빛나고, 수완이 좋은 상하이인은 눈길조차 끌지 못하던 작은 거리 자푸로乍浦路를 화려한 음식의 거리로 바꿔놓았다. 할리우드는 아메리칸드림을 만드는 공장이라고 말하는데, 상하이는 변화의 드림을 만드는 능력이 할리우드의 영화인에게 결코 뒤지지 않는다. 편안하고 즐거운 생활을 추구하는 것이 명분상 정당하지 못하던 시절[8]에 상하이인은 문을 닫아걸고 자신의 둥지에 들어앉아 꿈을 꾸었다. 솜씨가 좋은 상하이인은 오래 방치하여 수리조차 할 수 없던 석고문石庫門의 조피간灶披間[9]을 고급 호텔의 스위트룸처럼 화려하게 꾸몄으며, 10m²쯤 되는 방에 블라인드와 실내 조명등을 설치하고 영화관처럼 음향효과를 갖추기도 하였다. 그리고 상하이인은 다시 문을 열었고, 혼자 꾸던 꿈에서 깨어나 과감하게 사회와 마주했다. 상하이에서 가장 큰 볼거리는 사람이라고 한 것은 상하이인이 꿈을 만드는 솜씨가 절묘하다는 말이다. 상하이인의 꾸미는 솜씨는 일류라고 할 수 있다. 상하이인은 뛰어난 명장名匠이어서

---

8) 문화대혁명(文化大革命) 시기를 말한다.
9) 옥탑방. '정자간(亭子間)'이라고도 부른다.

상하이를 찾으면 이들 명장의 훌륭한 작품을 감상하게 된다.

    따라서 상하이를 이해하고 묘사하려면 상하이의 사람을 연구하는 것에서 시작하는 것이 지름길이다. "성격이 곧 운명이다."라는 명언이 있다. 이 말을 상하이인에게 적용하면, "도시가 곧 사람이다."라고 할 것이다. 상하이인을 깊이 이해하면, 상하이라는 도시의 발전 방향도 거의 파악하게 된다.

02 '뛰쳐나오기'와 '비집고 들어서기'

상하이를 연구하는 데는 두 가지 방법이 있다.

하나는 밖으로 뛰쳐나와 일정한 관점을 갖고서,—예를 들어 역사의 관점, 사회학의 관점, 문화인류학의 관점, 정치경제학의 관점 등— 참고할 만한 몇 가지 실마리를 찾아서—예를 들어 베이징인·광저우인과 비교하고, 홍콩·마카오·타이완의 동포들과 비교하거나, 도쿄·뉴욕·로테르담·시드니·모스크바 같은 대도시의 시민과 비교하는— 거시적·전반적으로 살피고 비교하면, 상하이인의 특성이 저절로 명확해질 것이다.

"물건에 대해서 잘 모르는 것은 두렵지 않지만, 물건끼리 비교하는 것은 두렵다."는 속담이 있다. 가게 세 곳을 돌면서 물건을 비교하면 손해를 보지 않는다는 것은 상하이인이 일상에서 터득한 소중한 경험이다. 설사 그들의 방법으로 그들을 다스린대도 상하이인은 진짜 모습을 내보이지 않을 것이다.

상하이인이 '진짜 모습을 내보이게' 하려는 것은 상하이인의 성격상 드러내기를 원치 않는 부분이 있어서, 이것이 상하이인에 대한 연구에 상당한 어려움을 가져온다는 사실을 통감하기 때문이다. 상하이인을 연구하는 것은 말할 것도 없고, 상하이인과 교제를 하는 데도 반드시 상대의 말과 행동을 살펴야만 한다. 타지에서 온 사람은 상하이인은 겉과 속이 달라서 생각과 말이 다르다며 경계하는 경우가 흔하다. 사실 상하이인은 마음씨가 결코 불량한 것은 아니며, 단지 교제 과정에서 무언가를 얻어내거나 손에 넣으려고 한다. 대다수 상하이인에게 이런 것은 너무도 익숙한 것으로, 일종의 문화적 퇴적물이자 집단무의식이다. 때문에 상하이인이 상하이인과 교제할 때는 이런 느낌을 받지 않는다. 일본인이 서로 공손하게 허리를 숙여 인사하는 것을 다른 나라 사람들은 이상한 눈으로 바라본다. 상하이의 코미디언은 이것을 콩트 소재로 삼기도 하는데, 정작 일본인 자신은 전혀 이상하게 생각하지 못하는 것과 마찬가지다. 상하이인은 자신의 속내를 쉽사리 내보이지 않는 성격이 있다. 그들은 방어를 제압의 수단으로 삼고, 물러남을 나아감으로 삼기 때문에, 남들은 그들이 겉과 속이 다르다고 생각한다. 하지만 상하이인 자신은 전혀 깨닫지 못한다. 때문에 외지 사람이 이구동성으로 상하이인을 일러 "문함門檻이 정精하다."[10]고 말하는 것을 들으면, 억울하다는 생각을 하게 된다. 예전에는 나도 그랬다. 나 자신이 상하이인이지만 도무지 어디가 '문함이 정하다'는 것인지 알 수 없었다. 오히려 어리석고 무능해서 걸핏하면 손해를 본다는 생각이 들었고, 주변의 상하이인과 할아버지나 아버지 연배 혹은 동년배들을 보더라도 '문함이 정한' 사람은 극소수에 지나지 않았다. 대부분이 '문함이 정하지 못한' 사람들인데, 어떻게 중국에서 '문함이 정한' 부류라는 것인가? 이런 말도 자주 듣게 되자 마치 몸에 이[虱]가 많아지면 별로 가렵지 않은 것처럼, 그렇게 익숙해졌다. 상하이인 가운데는 외지 사람이 "당신은 상하이인 같지가 않다."고 비행기를 태우면 임금의 은혜라도 입은 것처럼 기뻐한다는 것을 인정하는 사람이 많다. 어떤 이는 자기 족보를 들먹이며—이들은 그런 데에 미칠 기회가 없었음을 하늘은 알고 있다.— 마치 거지가

10) '문함정(門檻精)'이라는 말은 쑤저우와 상하이의 방언으로, 일처리가 주도면밀하고 이해타산에 밝아서 손해를 보지 않는 사람을 비유하는 말이다. 사람이 영리하고 기민하고 수완이 좋다는 것을 평가하는 말이지만, 폄의가 담겨 있다.

귀족의 혈통을 얻기라도 한 것처럼 여긴다. 사실 "상하이인 같지 않다."거나 "본래는 상하이인이 아니다."라는 평가를 영광으로 삼는 그런 상하이인은 아마도 문화대혁명文化大革命[11] 당시에는 상하이에서 쫓겨나지 않고 버텨냈을 것이고, 개혁개방 시기에는 상하이의 호구戶口에 미련이 남아서 선뜻 세상에 나설 결심을 하지 못하고 우두커니 앉아서 기회를 날린 모범적인 시민일지도 모르겠지만, 아무튼 표리부동한 상하이인의 기질을 지니고 있다. 그런 기질은 혈액과 골수에 담긴 성분인데, 어떻게 몇 마디 말로 완전히 없애겠는가? 나의 경험으로는, 상하이인이 이처럼 함축적 성격을 갖게 된 것은 자기보호본능과 방어적 처세태도에서 비롯된 것이다.

상하이는 상공업도시로 중국의 대지에서 우뚝 일어섰고, 근현대사에 있어서 중요한 자리를 차지했다. 전통적 의미에서 중국의 도시는 행정과 군사 중심지가 우선이고, 문화와 상업 중심지가 그 다음이다. 그러니까 '성城'이 우선이고 '시市'는 나중인 것이다. 상업적 분위기가 물씬 풍기는 남방의 광저우도 청나라 당시에는 양광총독兩廣總督의 관아가 있던 곳이었다. 상하이는 오랜 기간 동안 일개 현縣에 머무르다가, 옹정雍正 8년인 1730년에 분순소송병비도分巡蘇松兵備道가 설치됨으로써 비로소 '도대道臺'라는 1급 관리를 갖게 되었고, 아울러 행정 등급도 약간 격상되었다.

중국은 농업을 중시하고 상업을 억제하고, 관리를 중시하고 상업을 경시하는 문화적 전통을 지니고 있었기에, 재산이 많은 거상巨商도 관리의 면전에서는 자신을 낮추고 눈치를 보아야 했다. 만약 흥분하거나 자만한다면 자칫 죽음을 부를 수도 있었

---

[11] 문화대혁명은 1966년부터 1976년까지 10년에 걸쳐 당시 중국의 최고지도자인 마오쩌둥(毛澤東)에 의해 주도된 극좌 사회주의 정치운동을 말한다.

기에 '나라에 필적할 정도의 부유함'이 순식간에 머리통이 쪼개지는 죄명으로 바뀔 수도 있었다. 상하이와 밀접한 관련을 지닌 심만삼沈萬三—상하이에 가까운 저우쫭周莊에는 지금도 그의 저택이 남아 있지만, 저택이 완공되었을 당시에 심만삼은 이미 저 세상 사람이었고, 그의 저택은 그의 후손이 지은 것이라고 한다.—은 하나의 사례다. 명나라를 세운 주원장朱元璋은 군수물자를 조달하면서 지나치게 허풍을 떨었다가 결국 감당하지 못하고 말았다. 또 아편전쟁 이후에 조계租界가 설치되고, 외국의 자본이 물밀듯 들어오자, 토착 상공업자들은 다소 형편이 나아져서 머리를 약간 쳐들고 허리도 조금 꼿꼿하게 세우게 되었지만, 여전히 당당한 모습과는 거리가 멀었다. 마오쩌둥毛澤東은 이를 근거로, 중국의 민족자본계급은 나약하다는 결론을 내린 적이 있었다.

전통적 상인에서 근현대 민족자본계급에 이르기까지의 일관된 나약성은 상하이가 함축적인 문화적 성격을 갖게 된 심층 원인이었다. 성숙한 상하이인은 자신을 내세우거나 부질없는 명성을 좇기보다는 실리를 얻기를 좋아한다. 「지도전地道戰」이라는 영화에는 일본군 소대장이 "몰래 마을로 진입하고 총은 쏘지 말라."고 하는 대사가 있는데, 이것이 상영될 당시에는 관객에게 비웃음을 샀지만, 이내 학생들 입에 오르내리더니 지금까지도 전해진다. 이 영화를 기억하는 사람은 드물지만 이 대사만큼은 기억하는 것은 그것이 상하이인 마음속에 있는 가려운 구석을 긁어주기 때문이다.

이런 측면에서 보면, 나의 견해는 상하이인과 베이징인의 두드러진 성격 차이에 대한 하나의 증거를 제시할 수도 있을 것이다.—어쩌면 이런 표현 자체가 상당히 상하이 스타일일지도 모른다.— 베이징인은 천자天子의 발끔치 아래에서 사는 일등 신민(臣民:관리와 백성)이라는 우월감을 갖고 있다. 그래서 그들은 자신의 모든 것을 이제껏 없던 놀라운 것인 양 떠벌이고 과시하기를 좋아한다. 푹 식어버린 대완차大碗茶 한 잔으로도 과감하게 송가頌歌를 만들어 곳곳에서 노래하며 계겉스러운 자신감을 내보인다. 그러니 유서 깊은 10대 건축물이라고 하는 것이나 신축한 몇 대 건축물이라고 하는 것 등은 말할 필요도 없는 것이다. 상하이인은 베이징인이 아무렇게나 너무 떠벌인다고 생각한다. 하지만 베이징인은 조금도 주저하지 않는 것이 당연하다. 여느 도시와는 레벨이 다른 '수도'이기 때문에 뛰어난 것은 당연하고, 또 나라 전체의 영광을 구현하기 때문에 아무도 시기할 수 없으며, 수도의 물질문명과 정신문명 건설에 공헌할 기회를 주는 것은 영광스러운 것이라고 생각한다. 예를 들면 베이징에 들어가 중요한 공사를 설계하고 시공하거나, 공연을 펼치거나 전람회에 참가하는 것은 무척 기쁘고 영광스러운 일인데, 그럼에도 이러쿵저러쿵하겠는가?라는 식이다. 이 때문에 상하이인은 베이징인은 너무 으스대고 세속적이며, 자신의 힘을 믿고 남을 속이고, 세상의 명성을 훔친다고 여긴다. 하지만 베이징인 자신은 으스댈 자격이 있고, 또 감히 따라잡을 수 없다고 생각한다. 예전에 상하이는 '대변혁 3년 프로젝트'의 성과를 홍보하면서도 분수를 지키는 것에 특별히 주의했다. 분수를 지키는 것은 홍보부서나 언론매체에서만 특별히 관심을 기울인 것은 아니었고, 위로는 시장에서 아래로는 일반 시민까지, 누구나 공개적으로 의견을 발표할 기회가 있었기에, 모두가 자각적으로 분수를 지켰다. 상하이인은 핏속부터 오만한 구석이 없다. 그들은 오만함에 대한 면역항체가 갖추어져 있어서 남에게 오만한 인상을 줄까 염려한다.

「대변혁 3년 프로젝트 기간의 상하이인」이라는 표제가 붙은 TV 프로그램에서 이런 콩트를 본 적이 있다. 한 젊은이가 가게에서 구두를 사면서 점원에게 몇 번이나 다른 것을 보여 달라고 했는데, 그럴 적마다 거듭 '미안해요', '고마워요'를 연발했다. 점원은 시종 묵묵하게 응대했다. 콩트가 끝나자 스튜디오의 방청객들은 사회자와의 인터뷰에서 "손님과 점원이 위치가 바뀌었다."거나 "일본 스타일의 고객이 중국 스타일의 점원을 만났다."고 지적했다. 또 붉은 색 스카프를 맨 방청객은 고객이 몇 번이나 '미안해요', '고마워요'라고 말했는지 횟수를 말하기도 했다. 하지만 나이 지긋한 연기자 천수陳述는 "내가 보건대, 이 점원은 그래도 괜찮은 편이다."라며 아주 정확하게 지적했다. 콩트라는 것은 조금 과장되게 마련이지만, 나이 든 상하이인이라면 누구나 점원에게 공손하게 미소를 지어 보인 경험이 있을 것이다. 그 점원을 포함해, 그들이 고객의 입장이 된다면 그들도 똑같이 고분고분해질 것이다. 상하이인은 '고객이 왕王'이기를 결코 기대하지 않으며, 심지어 '귀족'이 되는 것도 감당하지 못한다. 중국이 개혁개방을 한 이후로 점원의 태도에도 변화가 생겨서 친절한 얼굴을 하고 자발적으로 인사를 건네는 경우가 늘어났지만, 상하이인은 이런 태도에 대해서 본능적으로 두려움 같은 것을 느낀다. 웃음 뒤에 칼날을 숨기고 있지는 않을까, 물건을 사지 않으면 무시하지 않을까 두려워서 이런 모습을 회피하는 것이다. 하지만 이런 두려움은 모두 표면적인 이유일 뿐이고, 이것저것 곰곰이 따지는 것은 뼛속에 여전히 평민의 감정이 남아 있기 때문이다.

상하이인은 평범한 시민이라도 '대변혁 3년 프로젝트'에서 얻어낸 성과를 언급할 적이면, 상하이에 대한 전국 국민의 성원에 감사드린다고 먼저 말하거나 마지막에 한마디 덧붙이는 것을 잊지 않을 것이다. 상하이인인 나는 상하이인이 이런 말을 할 적에는 그것이 대부분 진심에서 우러나온 것임을 경험으로 알고 있다. 하지만 외지 사람의 입장에서 이 말을 듣는다면, 아마도 "여기에는 3백 냥이 없습니다."[12]라고 강조하는 느낌이 들지도 모른다. 적어도 영국 사람이 '땡큐!' 라고 입에 달고 살지만, 이것이 진심으로 감사한다는 뜻을 담고 있지는 않은 것과 같은 느낌일 것이다. 처신이 곤란해진 상하이인은 공손함의 미덕을 길렀지만, 이 또한 위선이라는 인상을 주었다. 상하이인의 이런 문화적 성격이 언제 형성되었는지는 알 수 없다.

베이징과 상하이의 문화 정신을 비교한 한 저술에서는 "'외지 사람' 비웃기를 능사로 삼던 상하이인이 드디어 '외지 사람'이 함께 비웃는 대상으로 전락했다."—양둥핑楊東平, 「도시의 계절풍[城市季風]」, 11쪽—고 하였다. 그러나 내가 기억하기로는 상하이인은 결코 외지인을 능사로 비웃은 적이 없다. "어물전에 다녀왔다면 비린내가 나지 않겠는가?" 그런데 위추위余秋雨[13]는 「관향하처貫鄕何處」라는 산문에서, 열 살 때인 1957년에 고향 위야오余姚를 떠나 처음 상하이에 왔을 때, 상하이어를 몰라서 난감했던 경험을 자세히 언급했고, 상하이시장을 지낸 쉬쾅디徐匡迪도 기자들에게 그가 1960년대 초에 처음 상하이에 왔을 때, 상하이어를 몰라서 차별대우를

---

12) 어떤 바보가 은자 300냥을 땅에 묻고 "여기에 은 300냥이 없음"이라는 푯말을 세웠는데, 이웃의 '이사(李四)'라는 바보가 그 돈을 훔치고는 푯말의 뒷면에 "맞은편 집의 이사는 훔치지 않았음"이라고 써두었다는 이야기에서 나온 말이다. 눈 가리고 아웅하는 것을 비유하는 말로 흔히 쓰인다.
13) 1946~. 상하이의 문화 명인. 국제적 지명 작가. 상하이희극대학 교수.

당한 경험을 털어놓은 바 있다. 지금은 상하이의 유명 인사가 된 두 사람의 언급은—상하이인을 대표하여 자기비판의 의미를 지니기도 한다.— 마치 상하이인은 일찍부터 외지 사람을 매우 비웃은 것처럼 보이게 만든다. 그러나 기억을 더듬어보면, 상하이인은 결코 외지 사람을 무시한 것이 아니라 시골뜨기를 무시한 것이라고 생각된다. 이런 측면에 있어서 상하이인의 나쁜 습관이 다른 도시 사람보다 반드시 심하다고 할 수는 없다. 상하이인이 저지르는 잘못은 다른 도시 사람과—아마도 정저우鄭州, 창사長沙, 시안西安, 난닝南寧 같은 성省의 소재지급 도시가 포함될 것이다.— 농민을 제대로 구별하지 못해서 외지 사람이면 무조건 시골뜨기로 간주하는 경우가 있을 것이다. 사실 상하이인은 이제껏 베이징인이나 광저우인을 '시골뜨기'로 취급하고 경시한 적은 없었다.

상하이인은 보통화普通話에 대한 자각성이 베이징인보다도 높다. 베이징인은 자신의 사투리를 버리기보다는 오히려 발양하려고 한다. 문화대혁명 이전에 상하이 거리에는 광둥어廣東語 개인교습을 광고하는 전단이 붙어 있었다. 이것은 상하이 일부 시민이 홍콩의 생활방식을 동경한 것과 관련이 있었기 때문에 문화대혁명 과정에서 완전히 소탕되었지만, 오늘날에는 그 꺼진 불씨가 마치 되살아난 것만 같다. 또 지금 덕지덕지 붙은 매독이나 임질 따위 성병 치료 광고전단에는 '퇴역 군의관'이라는 명의 앞에 '광저우'라는 글자가 덧붙은 경우가 흔히 보이는데, 이는 상하이인에게 광저우가 매력을 준다는 의미다. 그러므로 베이징과 광저우에서 온 사람을 공손히 맞이해도 부족할 판인데 어떻게 함부로 깔보겠는가? 그러므로 대등한 시민과 시민 사이에 있어서는, 상하이인은 이제껏 남보다 잘났다는 오만한 감정을 지닌 적이 없었다고 생각한다. 상하이인은 늘 자신의 분수를 지키고 공손하게 행동했다. 그래서 상하이에서는 "너무 겸손하지 말라!"는 말이 유행하기도 했다. 아무튼 요약하자면, 결국 상하이인의 원형을 보기는 쉽지 않다는 것이다.

나는 첫 번째 연구방법을 동경한다. 학술적인 글이 정통이기는 하지만, 내가 능력이 미치지 못하기 때문이다. 나는 학문을 제대로 경험한 적이 많지 않고 책도 많이 읽지 못했으며 자료를 수집하고 정리하는 습관도 없다. 게다가 외지에 나가서 오랫동안 생활한 경험도 없다. 문화대혁명 기간에 상산하향上山下鄕[14]을 할 적에도 정책적 배려로 상하이에 속한 강 건너 충밍도崇明島로 갔을 뿐이고, 외국에 나가본 경험도 많지 않기 때문에, 두 가지 이상의 서로 다른 문화권을 비교할 수 있는 감성적 체험이 없다. 따라서 상황에 따라 두 번째 방법을 취하여 '안으로 비집고 들어가서', 수십 년 동안의 경험을 통해 일정한 높이에서는 세세하게 살피기 어려운 것들을 찾아내고 묘사함으로써, 이론적 연구를 위한 감성적 자료를 제공하는 수밖에 없다. '안으로 비집고 들어가는' 것은 어떤 결론을 따르든 아니면 바로 잡든, '밖으로 뛰쳐나와' 거시적으로 연구한 성과를 참고해야만 한다. '안으로 비집고 들어가' 살피는 것은 개인의 감정적 색채가 있기 때문에 이론적 결과는 그다지 중요하지 않고, 기법 그 자체가 중요하다. 이런 방식은 나의 생각과도 잘 맞는다. 어차피 작가는 학자보다 이미지나 형상을 통한 사유에 뛰어나게 마련이다. 다만 이 책을 보기 좋게 열심히 쓰기를 바랄 뿐이다.

---

[14] 문화대혁명 기간에 도시의 간부, 대학생 등 지식인들이 농촌지역에 들어가 생활한 일.

03 상하이어를 무시하는 상하이인

'안으로 비집고 들어가' 살피기 위한 입구로 상하이어를 선택한다.

어휘를 통해서 문화현상을 분석하는 방법은 학계에서 유행한다. 문화적 동물인 사람은 현실의 세계에서 살아가는 것이 아니라 어휘로 이루어진 관념의 세계에서 살아가기 때문에, 어휘에 대한 분석을 통해서 한 시대의 맥락을 짚어내는 것은 그 시대의 물질적 생산물에서 착수하는 것보다 훨씬 믿을 만하기 때문이라고 한다.

이런 이론은 흥미로울 뿐 아니라 갈수록 공감이 간다. 하지만 내가 상하이인을 분석하는 출발점으로 상하이어를 선택한 것은 이런 학술적 유행을 좇으려는 것이 아니라 직업적 고뇌에서 나온 것이다.

상하이의 작가로서 오랫동안 억압감과 자괴감을 느꼈는데, 상하이어를 작품에 활용하지 못하기 때문이었다. 다른 도시의 작가들에 비하면 상하이인은 이런 측면에 있어서는 유독 하늘의 은덕을 입지 못했다.

베이징인이 어떤 속어나 은어도 문학작품의 자양분으로 삼는다는 것은 누구나 알고 있는 사실이다. 말로 표현할 수 있는 것이라면 무엇이든지 글로 써낼 수 있고, 또 글로 써낸 것은 누구나 보고 이해할 수 있을 뿐 아니라 생동감이 넘쳐서 갈채를 받으며, 또 다른 지역에서도 흉내를 내기 때문에 자연스럽게 어휘의 새로운 조류를 이끈다. 광둥 사람이나 쓰촨 사람도 이에 뒤지지 않고 자기 고장의 기치를 높이 들고 광둥 방언과 쓰촨 방언으로 베이징과 경합을 벌이는데, 그들이 쓴 글을 읽어보면 경쾌하고 흥미진진하다. 문단에서 콩트가 유행하면서부터는 둥베이東北 지방이나 허난河

南 지방의 토박이 말씨도 갈수록 많이 들린다. 그곳 작가들은 이런 기회를 붙잡아 「강희자전康熙字典」, 「광운廣韻」, 「이아爾雅」, 「설문해자說文解字」15)에서 글자들을 찾아내거나 심지어 새로운 글자를 만들어서 문단에 새로운 '어족語族'을 내놓음으로써 할거 국면을 만들려고 하는데, 머지않아 이는 현실이 될 것이다. 그런데 상하이어는 말하는 것을 글로 쓰기 어렵고, 억지로 글을 써내더라도 어휘에 담긴 의미를 외지 사람들은 이해할 수 없어서,—어떤 어휘에는 여러 층위의 의미가 있기 때문에 구체적 언어 환경을 살펴야만 한다. 예를 들면 '하오터우號頭'라는 말에는 하오마(號碼 : 번호), 볜하오(編號 : 일련 번호)의 의미가 있고, 월명月名에 대해서는 특정한 이름이 있다. 이런 특수한 용법은 외지인들이 글자만 보고서는 이해할 수 없다.— 전국적으로 확산시키려면 설명이 필요하다. 종일 이런 어휘를 입에 올리면서 자신도 모르게 오묘한 뜻을 터득한 상하이인조차도 그 말을 글에서 읽게 되면 눈에 거슬리고 천박하다는 느낌을 확연히 갖게 된다. 신문지상에서 순결한 조국의 표준어를 사용할 것을 요구하고, 속어를 문학의 전당에서 축출한 것은 대개 옛 상하이에서였다.

방언은 특정 지역 사람의 구두 언어로, 다른 지방의 방언과는 다르게 마련이다. 그렇지 않다면 방언이 아니다. 그러므로 방언을 보급하고, 문어文語에서 수용하는 것을 다른 지역 사람들이 보고 모를까 봐 걱정할 필요는 없는 것이다. 광동인은 '생맹해선(生猛海鮮 : '싱싱한 해산물'이라는 뜻)'이라는 말을 북쪽으로는 하얼빈哈爾濱, 서쪽으로는 이리伊犁까지 전국 곳곳에 퍼뜨렸는데, 애당초 헤이룽장성黑龍江省 사람과 신장新疆 위구르자치구

---

15) 「강희자전」, 「광운」, 「이아」, 「설문해자」는 모두 한자의 의미나 발음을 담은 자전의 부류이다.

사람이 '생맹生猛'이라는 말의 의미를 아는지는 조금도 고려하지 않았다. 솔직히 나는 지금도 '생맹'이 단순히 '신선하다'는 의미인지 아니면 특별히 '선활(鮮活: '퍼덕퍼덕 살아 있다'는 뜻)하다'는 의미인지 확실치 않지만, 남쪽지방에서 올라온 분위기가 담긴 것이기 때문에 결코 '생맹'을 '선활'로 바꿀 수는 없다고 생각한다. 어휘의 배후에 함축된 복잡하고 미묘한 의미는 구어와 사투리가 문어에 섞여서 문어를 풍부하게 만들고 문어를 바꿔 놓기에 충분하다. 그러므로 일부 사람들이 보고 이해하지 못한다는 것은 이유가 되지 않는다. 보아서 알지 못하면 많이 보고, 앞뒤의 글과 연관짓고, 구체적인 언어 환경을 참조하고, 추측하고 시험하면 알게 된다. 사람은 문화적 동물이기에 새로운 어휘를 배우고 사용하는 능력을 타고났다. 생각해 보면 상하이어가 문어에 들어가는 것이 광둥어나 쓰촨어보다 장애가 더 많다고 할 수는 없으며, 베이징의 방언 또한 마찬가지다.

상하이인은 이런 측면에서 남보다 못할 이유가 없다. 그런데도 상하이인 자신은 상하이어가 '눈에 거슬리고' '저속하다'며 아주 못마땅해 한다. 한 지역의 방언을 문학의 전당에 올려놓으려면 그 지역민의 전폭적 지지가 필요하다. 마치 응원단이 구호를 외치고 박수를 치는 것처럼 말이다. 그런데도 유독 상하이인은 상하이 작가들이 상하이어로 영광을 얻으려는 노력을 지지하기는커녕 오히려 반대하고 야유하고 찬물을 끼얹으며 신랄하게 비난한다. 상하이인이 상하이어를 멸시하는 이런 현상은 중국에서는 물론 세계적으로도 유일무이할 것이다. 그렇지 않다면 어떻게 "사람은 문화적 동물이고", "어구語句로 이루어진 관념의 세계에서 살아간다."고 말할 수 있겠는가? 고등학교 시절에 읽은 리잉李暎의 「향음鄕音」이라는 시에서는 고향 사투리를 격정적으로 송찬했는데, 비록 시구는 잊었지만 당시 충격적이던 기억은 되살아나는 것만 같다. 상하이 문화계의 명사가 된 위추위는 「향관하처」에서 자신은 당시 젊어서 상하이어를 빨리 배울 수 있었기 때문에 금방 상하이인이 되었지만, 사실 기쁘기보다는 반감이 생겼다고 하였다. 그는 "상하이어는 '인공 게맛살' 따위와 유사한데, 각지에서 흘러든 사람들이 본연의 활력을 버리고 자신들의 접시로 들어오게 만든다."고 꼬집었다. 비록 감정적이고 학자로서 공정한 태도를 상실한 말이지만, 그래도 이해는 된다. 그는 옹알옹알 말을 배운 뒤로 날마다 혀끝에서 굴리던 고향 말씨에 깊은 미련을 가지고 있었다. 그는 "내가 마침내 고향 위야오의 말을 제대로 구사할 줄 모르게 되자" "고향은 내게서 사라졌고, 고향은 그렇게 나를 버렸다."며 서글픈 속내를 토로했다. 그의 거듭된 탄식에 동정의 눈물이 난다.

하지만 상하이인은 기어코 자신의 길을 간다. 정신적 측면에서 '중화일절中華一絶'이니 '천하일절'이니 하는 것을 논한다면, 상하이인이 상하이어를 경시하는 데는 당연한 구석이 있다. 나 역시 이런 측면에서는 범속함을 벗어나지 못한다. 오랫동안 이런 현상이 자연스러운 것이고, 나아가 문화적 격조가 높음을 내보이는 것이라고 생각했다. 다른 상하이 작가들도 이런 문제에 대한 인식이 나보다 그다지 높지는 않을 것이다. 그러고 보면 상하이어를 문어에 넣으려는 노력에 있어서 작가와 대중의 관계는 최선을 다하는 선수와 열심히 응원하는 응원단과는 다르다. 일차적인 문제는 선수가 최선을 다하지 않는 것이다. 필승의 신념이 없고, 경합을 싫어하고, 서로 대립한다. 여느 도시의 작가들이 방언과 민속을 통해 지역

특색을 알리고 문화를 풍부하게 만들려고 애쓰는 것을 보면 마음이 산란하다.

언젠가 오어吳語[16]로 쓴 「하전何典」, 「헐포조歇浦潮」, 「해상화열전海上花列傳」 같은 작품을 읽은 적이 있는데, 몇 번이나 머리칼이 곤두서서 결국 끝까지 읽지 못했다. 시어빠진 과일이 맛이 좋을 수는 없다. 사고를 통한 인식은 더러 억지로 갖다 붙일 수도 있지만 심미적 정감은 억지로 얻을 수 있는 것이 아니다. 어째서 상큼하고 활발하고 표현력이 풍부한 상하이어가 글로 써내면 이내 쉰밥처럼 되어버릴까? 상하이어는 선천적으로 부족하거나 타고난 운명이 천박하기 때문에 태생적으로 대아지당大雅之堂에 올라 문학작품에 녹아들 수 없는 것일까? 상하이는 베이징처럼 라오서老舍[17]와 같은 언어의 마술사를 배출하지 못했기 때문에 상하이어의 몸값이 오르지 않는 것일까? 하지만 상하이는 마오둔茅盾[18]과 바진巴金[19]을 낳지 않았던가?—그들은 상하이의 생활 모습을 자주 묘사하지 않았던가? 루쉰魯迅도 최고의 경지에 올랐을 때 상하이에 거주하지 않았던가?— 1920, 30년대에 상하이는 중국 신문화의 중심지가 아니었던가? 우수한 많은 작가들이 상하이에 모여들어 능력을 발휘하지 않았던가? 우리 연배는 재능이 부족하다 치더라도, 탁월한 성취로 현대 백화문체白話文體에 창조적으로 공헌한 선배 작가들은 어째서 상하이어를 고귀하게 만들지 못했던가? 더 거슬러 올라가서 「관장현형기官場現形記」,

16) 중국의 저장성, 장쑤성, 상하이 등지를 중심으로 사용되는 방언의 일종. 사용인구는 약 8천만 명으로, 한어의 방언 가운데 가장 통용범위가 넓다.
17) 1899~1966. 중국의 소설가, 극작가. 본명은 수칭춘(舒慶春). 대표작으로 「낙타상자(駱駝祥子)」, 「다관(茶館)」 등이 있다.
18) 1896~1981. 중국의 작가, 평론가, 문화운동가. 본명은 선더훙(沈德鴻).
19) 1904~2005. 중국의 문학가, 출판인, 번역가. 본명은 리야오탕(李堯棠). 대표작으로 3부작 「가(家)」가 있음.

「이십년목도지괴현상二十年目睹之怪現象」,「얼해화孼海花」,「노잔유기老殘遊記」 등 만청晩淸 견책소설譴責小說[20]은 상하이와 밀접한 관계를 지녀서, 상하이는 현대 백화소설의 발상지가 되는데, 어째서 상하이어는 비문학 언어라는 참담한 지경으로 전락한 것인가? 이는 결코 나만의 고뇌가 아니라 상하이인의 삶과 생각을 표현하고자 하는 작가라면 누구나 곤혹스러워하는 점이다. 예전에는 작품토론회나 문학토론회가 열릴 적이면 번번이 이 문제가 거론되었는데, 늘 탄식만 쏟아낼 뿐 뾰족한 해결책은 찾지 못했다. 당시에는 방언으로 좋은 글을 써내지 못하는 것이 상하이 문학의 비상을 가로막는 커다란 장애라고 여기는 사람들이 많았지만, 이제는 이 문제를 거론하는 사람조차 찾아보기 어렵다.

「얼채孼債」,「홍분紅粉」,「함채가기사鹹菜街記事」 같은 TV 드라마의 상하이어판이 나오자 상하이의 언론매체는 금세라도 상하이가 영광을 되찾을 것처럼 낙관적 분위기를 전했다. 하지만 나는 당시 신중한 태도를 취했다. 첫째, TV 드라마에서 인물 간 대화에 상하이어를 사용하는 것이 상하이어가 훌륭한 문장이 될 수 있음을 입증하는 것은 아니다. 더욱이 화면에는 여전히 표준어인 보통화普通話 자막을 깔아 음성과 자막이 일치되지 않아서 광둥어판 영화나 TV 드라마에서 '우[唔]', '마오[冇]', '예[哋]' 같은 글자,[21] 사투리, 속어를 사용하여 음성과 자막을 최대한 일치시키는 것과는 달랐다. 결국 상하이어판의 자막은 마치 더빙판의 자막 같았다. 그러니 작가가 무슨 성과를 거둘 수 있었겠는가? 미리부터 기뻐할 필요는 없었

---

20) 청나라 말기에 정치의 난맥과 사회적 부패 현상을 폭로하고 비판한 소설.
21) '唔(우)'는 의문을 나타내는 감탄사, '冇(마오)'는 '없다'는 뜻, '哋(예)'는 놀람이나 감탄을 나타내는 감탄사로, 광둥어에서 상용하는 독특한 글자들이다.

던 것이다.

다음으로는 연기자들이 간단한 상하이어조차도 정확하게 발음하는 것이 어려워서 상하이어가 아니면 담아낼 수 없는 심미적 가치를 생생하고 분위기 있게 전달하기란 애당초 불가능했다. 이런 식의 상하이어판은 상하이인이 들으면 갈증을 달래지 못하고, 외지 사람이 들으면 무슨 소리인지 알 수 없다. 그러니 건강하게 성장하고 생명력을 오래도록 유지하는 것이 가능하겠는가? 게다가 「홍분」은 이야기 배경이 쑤저우蘇州인데, 극중의 주요 배역은 모두 상하이어를 구사했다. 감독이 쑤저우어와 상하이어를 구별조차 못하는데, 어떻게 이런 작품을 상하이어 진흥의 근거지로 삼을 수 있겠는가?

지금 이 문제를 다시 들추는 것은 이런 문제를 해결할 방법을 찾자는 것이 아니라 상하이어에 대한 실질적 관심을 갖자는 뜻이다. 오랫동안 가슴에 담고 있던 문제이기에 말이 길어졌다. 그만 그쳐야겠다.

04 만리장성 쌓기보다 어려운 상하이어 만들기

이탈리아 작가 알베르토 모라비아[22]의 단편소설에 이런 장면이 나온다.

귀갓길에 버스를 탄 한 중년사내가 내려야 할 정류장을 지나친다. 사내는 걸어서 돌아온다. 오늘따라 많은 차가 주차된 거리가 새롭게 다가온다. 낯선 길을 걷는 것 같지만 오히려 즐겁고 설렌다. 앞서 걸어가는 아름다운 여인을 보자, 자신도 모르게 마음이 두근거린다. 살그머니 여인을 뒤따라 한 건물로 들어선다. 계단을 올라가고 문 앞에 멈춘다. 여인이 문을 여는 순간, 사내는 자신도 모르게 말을 건넨다. 여인이 고개를 돌리는 순간 사내는 그만 얼어붙고 만다. 여인은 바로 자신의 아내가 아닌가! 정신을 차려보니 자기 집 문 앞이었다. 아내는 미소 지으며 묻는다. "새롭게 꾸며봤는데, 나 어때요?"

소설은 허구다. 그런데 익숙한 관점을 바꾸면, 평소에는 보지 못한 전혀 새로운 의미를 발견하기도 한다. 관점을 바꾸어 생각하면, 상하이어는 나를 놀라게 한다.

우리 연배가 줄곧 무시한 상하이어는 사실 예사롭지 않은 문화 현상이다. 상하이는 1천만km²에 가까운 드넓은 중국의 대지에서, 게다가 수억 명에서 십 수억 명으로 불어난 사람들 사이에서, 최근 1백 년 동안에 새로 생긴 유일한 방언이다.

---

[22] Alberto Moravia, 1907~1990. 근대적 섹슈얼리티와 소외, 실존주의 등을 주제로 한 작품을 쓴 20세기 이탈리아의 선구적 작가.

한 가지 방언이 형성되는 것을 어떻게 간단히 말하겠는가? 항저우어는 남송南宋이 임안臨安에 수도를 정하자 대거 남하한 북방 사람들이 사용하던 언어가 오월吳越 지방의 토착 언어와 융합하여 성립된 것이다. 이런 사실은 언어학자들이 입증한 바다. 따라서 항저우 방언은 지금으로부터 이미 6, 7백년의 역사를 지녔다고 할 수 있다. 그 후로도 새로운 방언은 생겨났겠지만, 그런 경우는 매우 드물 것이다. 지금 남아 있는 현상에 따라 추측한다면, 새로운 방언을 만들어내는 것은 만리장성을 쌓는 것보다 더 어렵고 더 위대한 일이라고 할 것이다. 만리장성을 쌓는 것은 아무리 공사 규모가 크고, 백성들의 원망이 하늘을 찌른다고 하더라도, 결국 사람이 마음먹기에 달린 것이다. 하지만 새로운 방언은 여러 가지 객관적 조건이 자연스럽게 부딪치고 융합하여 형성된다. 그리고 이것은 볼 수도 없고 만질 수도 없고 계획을 세워서 진행할 수도 없고, 막거나 조장할 수도 없다. 제아무리 출중한 제왕도, 웅대한 지략가도, 지혜로운 성현도 여기에 대해서는 어떤 힘도 발휘할 수 없다. 바위틈새에서 튀쳐나온 요괴와도 같은 새로운 방언을 마주하여, 그것이 형성된 원인을 따지고 앞뒤를 그럴듯하게 둘러맞추려면 대단한 수완이 필요하다. 항저우어처럼 전쟁이 몰고 온 인구의 대이동은 새로운 방언을 낳는 한 가지 요인이지만, 그렇다고 인구의 대이동이 반드시 새로운 방언을 낳는 것은 아니다. 도처에서 모인 사람들이 뒤섞여 살아가고, 각지의 상인들이 운집하는 대도시에서는 상하이어처럼 새로운 방언이 생겨날 수 있다. 그러나 역대 왕조의 대도시 가운데 새로운 방언이 생겨난 경우는 많지 않았다. 상하이어가 형성된 직접적 원인은 아편전쟁 이후에 상하이가 통상항구로 개방되었기 때문으로 보인다. 그런데 항저우, 푸저우福州, 샤먼廈門, 닝보寧波도 상하이와 함께 통상항구가 되었고, 또 홍콩의 경우는 아예 영국에 할양되어 식민지가 되었는데, 이런 곳에서는 어째서 새로운 방언이 생겨나지 않았을까?

방언이 지닌 눈에 띄는 특징 가운데 하나는 보수성이다. 상하이의 나이든 이민자들은 상하이 토박이와 함께 새로운 방언을 만드는 데에 크게 기여했지만, 정작 그들 자신은 평생토록 고향의 방언을 고치지 못했다. 비록 그들이 구사하는 고향의 방언이 어느 정도 상하이화되었다고는 하나, 산둥山東 출신들은 끝내 혓바닥을 쫙 펼치지 못했고, 푸둥浦東 출신들은 도무지 콧소리를 내지 못했고, 쑤저우 출신들은 늘 말투를 은근히 늘였고, 닝보 출신들은 딱딱한 말투를 버리지 못했고, 광둥 출신들은 한사코 위턱을 팽팽하게 당겼고, 쑤베이(蘇北:장쑤성江蘇省의 북부지역) 출신들은 말의 여운을 차마 버리지 못하여, 유창하고 산뜻하고 순조롭게 상하이어를 구사하는 젊은이들 앞에서 탄식하지 않을 재간이 없었다. 또한 상하이 근교 거주민—충밍도崇明島를 제외하고—은 그들의 방언이 상하이 시내 지역에서 통용되는 상하이어와 연원이 가장 밀접하고 교류도 빈번하지만, 한사코 자신들의 방언을 지키려고 애쓴다. 즉, 촨사川沙, 난후이南匯, 자딩嘉定, 쑹장松江, 칭푸青浦, 펑셴奉賢, 진산金山, 바오산寶山 등지에서는 신세대들도 어른들의 말씨를 고수하는데, 마치 그들은 타고난 구강구조가 다른 것처럼 보인다. 충밍도를 제외한 것은 그곳 말씨는 더욱이 특별하기 때문이다. 큰 어족語族에서 하위 어족을 나눌 경우에, 충밍도 방언은 오방언의 하위 어족에 속한다. 충밍도 방언이 상하이어와 융합하는 날이 오기는 더욱 요원한 것 같다. 그러나 상하이에서 태어나서 자란 후손들 가운데는 충밍어의 어투가 없이 상하이어를 유창하게 구사하는 사람도 있다. 상하이 시내의 땅은 강력한 자력을 지닌 것 같다. 상하이어가 어째서 여러 가지 방언을 조정하고 통합하는 능력을 가졌는지는 정말 불가사의하다.

거시적으로 보면 방언의 보수성은 더욱 두드러진다. 푸젠성福建省에는 세 개의 큰 어족이 있다. 산마루 하나를 넘어가면 말이 통하지 않고, 이웃한 마을끼리도 말이 통하지 않기가 예사다. 객가어客家語를 사용하는 민월(閩粵:푸젠성과 광둥성) 지방의 객가인客家人은 남송南宋 무렵에 이주한 사람들인데, 6, 7백 년의 세월이 지난 지금도 옛 발음을 그대로 지키고 있어서, 고대 한어漢語의 살아 있는 화석이 되었다고 한다. 6, 7백 년 동안 중국인이 자랑하는 돌로 쌓은 만리장성은 몇 번이나 무너져 내려서 보수했지만, 객가인은 현지 방언에 물들지 않고 본래의 언어를 지켜냈으니, 그 완강한 생명력은 실로 혀를 내두를 지경이다. 그런데 이처럼 돌멩이보다도 단단한 방언이 상하이에 들어와서는 새로운 방언으로 융합되었으니, 그렇다면 상하이어는 기적이 아닌가?

방언과 상대되는 것으로 국어國語가 있다. 역사적으로 중국 역대 왕조의 통치자들은 전국적으로 통일된 언어를 사용하는 문제에 관심을 갖지 않을 수 없었다. 천하를 통일한 진나라 시황제는 '서동문書同文'[23]의 법령을 선포했지만, 그것은 서면상의 문자를 서로 일치시켰을 뿐이었고, 발음은 판이해서 서로 통하지 않았다. 문자를 통일하지 않았다면, 시황제는 금란전金鑾殿에서 대신들의 상주上奏를 들으면서 주변에 여러 명의 통역을 두어야만 했을 것이다. 이런 까닭으로 역대 왕조에서는 오늘날의 보통

23) 전국시대에 나라마다 다르던 한자의 서체를 통일한 일.

화와 비슷한 국어가 있었다. 국어는 옛날 표현으로는 '아언雅言'이라고 불렀는데,「논어論語」에 "공자께서 평소 '아언'으로 하신 것은 시詩, 서書, 그리고 예禮를 집전할 때였는데, 모두 아언으로 했다."(子所雅言, 詩·書·執禮, 皆雅言也.)고 한 말에서 유래했을 것이다. 일반적으로는 '관화官話'—관리들이 쓰는 말—라고 불렸는데, 인위적 흔적이 매우 두드러진 언어다.「사해辭海」에는 '공통어'에 대해 설명하면서 "기초 방언은 대개 정치, 경제, 문화가 발달한 지역의 방언이다."라고 했는데, 관화는 도성의 방언과 최고 통치자의 본적지 방언이 뒤섞여서 만들어졌던 것으로 추측된다. 그러나 인위적으로 만든 언어라고 할지라도 형성된 이후에는 독립성을 지녔고, 조대朝代를 뛰어넘어 계승되는 경우가 흔했다. 왕조가 바뀌면 황제는 국호國號와 기원紀元은 서둘러 바꿨지만, 관화는 서둘러 바꾸지 않았으며, 오히려 기존 관화가 새로운 황제와 관료에게 받아들여졌다. 따라서 관화의 교체는 왕조의 교체보다 적었다고 할 수 있다. 설령 기존 관화가 새로운 관화로 대체되더라도 즉시 소멸하지는 않았고, 일개 방언으로 전락했다. 통일된 관화는 방언을 소멸시킨 적은 없었고, 단지 공식적 장소에서—예를 들면 역사적으로는 조정, 관청, 학교 같은 곳과 오늘날에는 영화, TV, 방송 등의 매체에서— 방언을 대체할 뿐이었다. 관화는 개인의 생활공간에 침투하기 어려웠고, 개인의 내면 언어가 되기는 더욱이 어려웠다. 그러므로 사람은 본질적으로 방언으로 이루어진 관념의 세계 속에서 사는 것이다.

현재 사용하는 국어國語—보통화普通話—의 표준발음을 결정할 적에, 베이징 발음으로 할 것인가 아니면 중저우中州 발음으로 할 것인가를 놓고 한바탕 격론이 벌어졌는데, 양측 지지자가 엇비슷했기 때문에 선정위원회에서는 부득이 표결에 부쳤고, 결국 '베이징 발음'이 근소한 차이로 승리했다고 한다. 만약 '중저우 발음'이 이겼다면, 지금 중국인은 경극京劇이나 곤곡崑曲의 배우처럼 '샤오제[小姐]'를 '샤오지[小鷄]'로 발음할 것이다. 우스꽝스럽게 보일 수도 있지만 사실은 아주 정상적이고 자연스러운 일이다. 더욱이 문화적 연원을 놓고 말한다면, 중저우 발음에는 옛날 발음이 많이 남아있기 때문에, 옛날 시문詩文을 읽거나 한시漢詩를 짓는다면 한결 편리할 것이다. '중저우 발음'을 표준발음으로 삼는다는 가정이 어쩐지 어색하고 우스꽝스럽다고 생각되는 것은 '베이징 발음'에 대한 선입견 때문이다. 강제하고 반복하면 문화적 축적이 이루어지고, 장기간 사회적으로 통용하다 보면 일종의 미감美感이 형성되는 법이다. 이런 관점에서 보면, 상하이어가 형성된 것은 대단히 소중한 일이다. 상하이어는 국어처럼 배후에서 행정력이 강력하게 받쳐주기는커녕 오히려 국어의 압박을 받아야 했다. 상하이인이 상하이어를 경시하고 저속하다고 생각하는 것은 바로 이런 압박감을 드러내는 대목이다. 아무튼 상하이어는 1백 년이라는 짧은 동안에 형성되고 성숙되었다. 프리드리히 헤겔은 "현실적인 것은 모두 합리적이다."라고 했다. 상하이어라는 새로운 방언이 이루어진 합리성은 무엇인가? "사람은 본질적으로 방언으로 이루어진 관념의 세계에서 살아간다."고 했는데, 그렇다면 1백 년에 걸친 상하이어의 탄생과 성숙은 새로운 관념의 세계가 중국의 대지에서 태어나고 성숙했다는 사실을 보여주는 것이 아니겠는가?

05 근원을 망각함

상하이어가 이미 성숙한 방언이라는 사실은 누구나 인정할 것이다. 상하이어에 대한 현대 학자와 전문가들의 연구논문과 저작도 이미 나와 있는데, 어휘에 근거하여 상하이어를 분석한 것이 비교적 많다. 나는 상하이어는 고유의 어조語調를 이룬 데서 그 성숙함이 잘 드러난다고 생각한다. 어조는 청각에 호소하기 때문에 마음으로는 이해가 되지만 말로는 설명하기 어렵다. 이는 어휘가 소리 이외에도 의미를 지니고 있어서 다소 억지스럽더라도 특정 문자로 표현할 수 있기 때문에 파악하기가 상대적으로 수월한 것과는 다르다. 속담에는 '남강북조南腔北調'[24]라고 하는데, 이 말은 어조가 있어야 하나의 방언이 주체를 갖게 된다는 의미다. 방언은 다른 방언의 어휘나 외국어 또는 고문古文의 어휘를 받아들여 자양분으로 삼거나, 부단히 새로운 어휘를 창조하여 자신을 살찌울 수도 있다. 상하이어는 가장 새로운 방언이어서 다른 방언이나 외국어의 어휘를 차용하게 마련인데, 선명한 어조를 기둥으로 삼지 않았다면 아마도 잡동사니가 되고 말았을 것이다. 만약 그랬더라면 외지인에게 새로운 방언으로서의 또렷한 인상을 남길 수 없었을 것이다. 사오싱紹興, 위야오余姚, 상위上虞, 주지諸暨, 성현嵊縣 등지 방언의 경우, 그 지방 사람들은 서로의 차이를 명확히 인식한다. 그런데 어떤 어휘는 발음은 다르지만 어조가 비슷하기 때문에 외지인은 이 지역의 방언을 똑같은 것으로 여기고 '사오싱어'라고 일컫는 경우가 흔하다. 그러나 상하이어가 이웃한 쑤저우어와 구별되고, 또 자싱

---

[24] 구어가 순정하지 않고 방언의 어투가 섞여 있음을 형용하는 말.

嘉興이나 후저우湖州의 말과도 명확하게 구별되는 까닭은 어휘의 발음 때문이 아니라 어조 때문이다.

상하이어의 어조가 성숙되었다는 것은 다음 몇 가지 측면에서 그 실마리를 찾아볼 수 있다.

첫째, 현지어 어조와 분리되었다는 점이다. 「아필대회낭가阿必大回娘家」, 「암당상회庵堂相會」, 「매홍릉賣紅菱」, 「차황강借黃糠」 등 호극滬劇[25]의 전통적 레퍼토리를 들어보면 이런 특징은 명확하게 드러난다. 원로 호극 배우들이 극중에서 사용하는 말은 변형된 현지 토착어로, 대사를 치고 노래를 부르기 위해 부득이 토착 발음을 일부 고친 것이다. 이런 호극의 대사는 관화에 버금가는 성격을 지니지만, 오늘날 상하이 관객이 듣기에는 토종의 맛이 충분하기 때문에, 토종의 맛을 즐기려는 사람들은 갈증을 완전히 풀 수 있다. 나 역시 마찬가지다. 반면 신세대 호극 배우들의 대사는 호극의 맛이 사라졌다며 불만스러워한다. 하지만 일상에서 사용하는 말에 비추어 이런 호극의 어조는 이미 정통 상하이어가 아니어서, 젊은 사람이 평상시에 이런 말투로 상하이어를 말한다면, 시골뜨기로 오해받을 소지가 있다. 상하이인은 상하이 근교 토박이는 결코 정통 상하이인이 아니라고 생각한다. 사실 그들은 본적이 '상하이'라고 하여도 그것이 잘못되었다고 말할 수 있는 사람은 아무도 없지만 말이다. 그런데도 상하이인은 무례하게도 그들을 몽땅 '시골뜨기'로 취급한다. 상하이의 코미디언이 방언을 쓰는 배역을 맡으면, 푸둥 지역에서 사용하는 말도 여느 방언과 똑같이 간주한다. 이런 흥미로운 현상은 바로 상하이어가 새로운 방언이며, 이는

[25] 상하이, 장쑤성, 저장성의 일부 지역에서 전하는 전통 희곡(戲曲)의 극종.

상하이의 토착어와는 질적으로 다르다는 것을 의미한다.—교외 지역의 토착어를 방언으로 간주하는 것은 일종의 근본을 잊어버린 문화현상인데, 이것이 결코 상하이에서 시작된 것은 아니다. 쑤저우의 전통 설창說唱 문예인 평탄評彈에서는 인근 우현吳縣의 말을 일개 방언으로 사용하는데, 근현대 신흥 공업도시민들이 자기 몸값을 높이기에 급급했던 것을 보여주는 것이다. 이런 천박한 차별대우는 신흥문화를 대표하는 중국의 시민계층이 기반이 취약하고, 관방官方의 간섭과 농촌으로부터 전통문화의 강력한 압박을 받았다는 점을 고려할 때, 공격으로 방어를 삼는 태도로 이해할 수 있다.— 또한 호극의 대사에서는 관화에 준하는 어휘조차도 토종의 맛이 있어서 상하이어의 어조가 성숙되었음을 돋보이게 만든다. 추월당한 것은 호극의 대사만이 아니다. 상하이 TV의 상하이어 방송인들이 상하이어 어조의 성숙에 끼친 영향은 크지만, 지금 원로 방송인들의 방송을 다시 들어보면, 완양주萬仰祖[26]의 경우는 발음과 어조에서 상하이의 평범한 젊은이들과는 차이가 있다. 거리에서 듣는 상하이어는 그의 어조에 비하면 한결 나긋나긋하고 은근한 맛이 있다. 완양주 같은 사람조차도 자신의 역사적 사명을 다하고 한물간 사람이 되어버리는 것에서, 상하이어가 어떤 경지에 이르렀는지를 알 수 있다.

둘째, 주체적 어조를 형성한 다음에는 외래어와 고대 중국어 그리고 다른 방언의 어휘를 받아들여 개조하는 강한 능력을 발휘한다는 점이다. 상하이어는 받아들인 어휘의 발음을 약간 바꿔서 그 어원을 알 수 없거나 헷갈리게 만든다.

예를 들어 '판스番施'—face, 표준어인 보통화에서는 '롄臉'이라고 한

[26) 1919~2005. 상하이 출신으로, 상하이인민방송국의 프로그램 진행자를 지냈다.

다.―, '다카이쓰打開司'―kiss, 제원接吻―, '판얼凡爾'―valve, 파먼閥門―, '파란法蘭'―flange, 쟈쥐(夾具:죔쇠)―, '빙치린冰淇淋'―ice cream의 의역인 '빙(冰:얼음)'과 음역인 '치린淇淋'의 결합이다.―, '관나이여우攢奶油'―cream의 음역인 '관(攢)'과 의역인 '나이여우(奶油:크림)'의 결합이다.―, '차오커리巧克力'―chocolate, 커커탕可可糖―, '마이치린麥淇淋'―마아가린. 의미를 나타내는 '마이麥'에 음역 '치린淇淋'을 더한 것이다.―, '아라阿拉'―원래는 닝보 방언으로, '워먼(我們:우리)'의 뜻인데, 지금은 상하이인의 대명사가 되었다.―, '바이샹白相'―원래는 오吳 방언으로 '보샹薄相'이라고 하며, '완쇠(玩耍:장난치다)'의 의미이다.―, '과이과이룽디둥怪怪隆底冬'―원래는 양저우揚州 민요의 구절로 '징어(驚愕:소스라치게 놀라다)'의 의미이다.―, '과과자오呱呱叫'―원래는 쑤베이蘇北 방언인데 '하오(好:좋다)의 의미이다.―, '뎨彡'―원래는 오방언으로 '자오타이(嬌態:교태를 부림)'를 뜻하는데, 지금 상하이어에서는 '하오好'를 의미할 적에 일반적으로 사용된다.― 같은 말은 보편적으로 사용하는 말로, 딱딱한 느낌은 전혀 없이 가볍고 빠르게 발음한다. 이밖에 '무차오木殼', '앙산航三',[27] '타이싱台型', '자오스招勢', '라산垃三',[28] '스산뎬十三點',[29] '추비자오觸壁脚'같은 것은 외래어나 다른 방언에서 유입된 것이라고도 하고 속어나 방회(幫會:민간 결사)의 은어에서 유래한 것이라고도 한다. 이런 주장은 모두 나름의 이유가 있는데, 뒤집어보면 상하이어가 소화능력이 뛰어나다는 것을 보여준다. 풀을 먹고 우유를 생산했지만, 그 우유를 가지고서 어떤 풀을 먹었는지 알아내기란 어려울 수밖에 없다.

---

[27] 영어의 'on sale'에서 나온 말. 싸게 파는 물건은 품질이 떨어지게 마련이어서 '저질이다', '비열하다'는 의미로 쓰인다.
[28] 행실이 나쁜 여성을 이르는 말.
[29] 사람이 생각이나 행동이 우매함을 이르는 말.

이처럼 어원이 뒤섞이는 현상이 나타난 또 하나의 이유는 상하이인의 번역 습관이다. 상하이에서 번역은 예전부터 매우 발달했고, 지금도 나라의 절반을 차지한다는 명성이 있다. 상하이인은 번역을 하면서 외관을 비슷하게 하기보다는 느낌을 닮게 하려고 애쓴다. 명사를 번역할 적에는 음역音譯을 즐기지만, 의미나 형태가 본래의 어휘와 연관이 있는 글자를 선택하여, 암시성이 풍부한 새로운 낱말을 만들어 쉽게 연상하게 만든다. 따라서 '모호한 아름다움'을 지닌다. 린위탕林語堂[30]은 'humour'를 '여우모幽默'라고 번역했는데, 전형적인 상하이 스타일의 번역방법이다. '여우모'는 원래 '고요하다'는 의미로, 「초사楚辭」「구장九章」의 「회사懷沙」에 "공정유묵孔靜幽默", 즉 "들판이 조용하고 아늑하다"는 말이 나온다. '여우모'에서는 냉담하고 우습다는 연상을 자아내기 쉽다. 이 말의 유래는 모르더라도—대다수 사람들은 알지 못한다. 나 역시 마찬가지다. 사전을 뒤져봐도 이 말이 아주 오래되었다는 것을 알 수 없다.—'유幽'라는 글자에서 '유한幽閑', '유거幽居', '유명幽明', '유령幽靈'을 비롯해 상하이인이 툭하면 입에 올리는 '두여우여우獨幽幽'—'두여우여우(篤悠悠: 물끄러미)'—를 떠올릴 것이고, '묵默'에서 '침묵沈默', '말없는 냉소' 또는 '비웃음' 같은 것을 연상하게 된다. 이와 유사한 사례는 적지 않다. 번역과정에서 새로운 낱말을 만들어내는 상하이인의 이런 취향 때문에 연구자들은 영어에서 '무차오木敲', '앙산舡三', '타이싱台型', '자오스招勢', '라산垃三'과 의미가 가까운 어휘들이 있다는 것을 발견하고, 이런 낱말들이 외래어라고 생각하게 되었다. 그렇지만 이런 주장에 반대하는 사람들은, 이것들 대부분이 암흑

---

[30] 1895~1976. 현대 중국의 학자, 수필가, 언어학자.

가에서 사용되던 은어의 성격을 지닌 것이며, 사용자의 대부분이 문화적 수준이 떨어지기 때문에 외래어에서 조어造語의 자양분을 흡수했을 가능성은 그다지 크지 않으므로 민간의 속어와 건달들의 은어에서 유래를 찾는 것이 타당하다고 주장한다.

상하이어의 새로운 어휘는 먼저 구두로 퍼지면서 누구나 익숙하게 사용하게 되었는데, 애당초 천박하다며 회피하던 사람들도 거부하지 못하는 상황에 이르면 비로소 문자로 적을 수 있게 되었다. 이렇게 되려면 문자로의 번역 과정을 거치게 되는데, 이때는 이것이 외래어인지 토종인지는 따지지 않는다. 따라서 새로운 어휘가 구두에서 사용되는 것에서부터 문자로 번역되어 정착되기까지에는 많은 논란을 거치게 된다. 오랫동안 사용된 어휘의 경우는 더욱이 말할 필요가 없다. 한 가지 예를 들면, '추주처(出租車:택시)'를 상하이어에서는 '차터우叉頭'라고 하는데, 이는 'TAXI'의 'T'자와 'X'자가 마치 수차(樹叉:나무의 가장귀)처럼 생겼기에 붙은 이름이라고 한다. 그럴듯하기는 하지만 어쩐지 좀 억지스러운 설명이다. 이와는 달리 택시가 마치 머리에 촉수가 달린 갑각충甲殼蟲과 모양이 비슷해 붙은 이름이라는 설명도 있다. 이런 설명은 앞의 설명보다 더 생뚱맞다. 그렇지만 나는 '차터우'라는 말을 사용할 적이면 후자에 기우는 느낌이다. 아무튼 이런 설명에는 반어적 풍자와 유머가 많아서 조소에서 오는 쾌감 같은 것이 있기 때문에 '차터우'라고 말할 때의 느낌과 잘 어울린다. 그러나 이는 나의 개인적 느낌일 뿐이며 학술적 근거로 삼기에는 불충분하다.

이론은 불분명하지만 생명의 나무는 늘 푸르니 그나마 다행이다. 상하이인은 이 낱말이 어디에서 왔는지 어떻게 써야 하는지에 상관하지 않으며, 늘 그래왔듯이 입으로 즐겁게 만들어내고 전파하여 상하이어를 더욱 풍부하게 만듦으로써, 결코 가볍게 볼 수 없는 문화적 존재를 만들었다. 상하이인은 상하이어를 경시하면서도 다른 한편으로는 상하이어를 착실하게 기르고 발전시켜 나가는데, 이것이 바로 "인간의 의지로는 움직일 수 없다."고 말하는 것이리라.

06 나는 상하이인인가?

'침술마취'에 관한 장편 소설을 쓰기 위해 상하이시가 운영하는 한 병원에서 생활한 적이 있었다. 당시 병원 침술마취연구센터가 주관하는 침술마취원리세미나에 몇 차례 참석했는데, 세미나에서 가장 인상 깊었던 사실은 세상에 존재하는 사물이나 현상 가운데는 간단해 보이지만 파고들수록 복잡해지고 끝내는 그런 사물이나 현상이 애당초 존재하는가 하는 의문마저 드는 것이 있다는 사실이었다.

당시 침술마취의 이론적 진전을 위해서는 '통각痛覺 모델'을 만드는 것이 필요했다. 통각 모델이란 동물은 출생의 고통을 경험하면서 체내에 생리적 변화와 생화학적 변화가 생기는데, 사람과는 달리 동물은 통증을 느끼면 '아프다'고 소리치거나 언어로 의사를 표현할 수 없기 때문에, 동물이 아픈지 아닌지는 단지 구체적 데이터로 표시될 수 있을 뿐이라는 개념이다. 아주 간단한 문제 같지만, 이를 과학적으로 연구하는 것은 마치 넘을 수 없는 장벽처럼 여겨졌다. 마취과 주임은 차트를 들춰가며 한참 동안 설명했는데, 아세틸콜린·크로모글리케이트·덴드라이트·신경결神經結 따위의 온통 생경한 말뿐이었고, 겨우 알아들은 것은 생리적 방법이나 생화학적 방법으로는 정확한 통각 모델을 만들 수 없으며, 통증반응은 복합적 성격을 지닌 것이기 때문에 생리학적 방법과 생화학적 방법을 복합적으로 운용한다면 가능하다는 것뿐이었다. 일상에서 단순하게 여기던 통증이라는 문제가 정식 연구대상이 되자 이처럼 복잡해지는 것을 보면서, 나는 세상을 보는 나의 시각만이 옳다고 고집하지 않게 되었다.

아무튼 통각 모델은 개발하지 못했고, 침술마취를 통한 통증억지 원리에 대한 이야기도 잦아들었다. 1년 뒤에 내가 병원을 떠날 때까지도 통각 모델 개발 문제는 여전히 제자리걸음을 하고 있었다. 그 후 얼마 지나지 않아서 사인방四人幇[31]이 실각하고 문화대혁명이 종결되면서, 문화대혁명의 새로운 창조 가운데 하나로 여겨진 침술마취연구도 중단되고 말았다. 아마 통각 모델도 그대로 방치되고 말았을 것이다.

그 후 신문지상에서 상하이인의 문화적 특징을 토론한 글을 보다가 나도 모르게 예전의 통각 모델에 관한 일이 떠올랐다. 상하이인에 대한 토론 열기가 고조되던 당시는 마침 상하이의 경제적·문화적 지위가 중대한 도전에 직면하여 상하이인의 우월감이 빠르게 가라앉던 무렵이었다. 때문에 당시 상하이는 경험을 모으고 자신감을 되찾고 대책을 마련하여 새로운 시대의 경제적·문화적 틀 속에서 자신에게 알맞은 자리를 모색해야만 했다. 어려운 처지에 놓인 상황에서 벌어진 토론이었기에, 비록 용기를 북돋우는 의견도 있었지만, 초조하고 답답하고 비관적인 견해가 훨씬 많았다.

문제점을 찾아내 재발을 막는다는 관점에서 보면, 엄격한 자기비판은 공적기록부에 기대어 능력도 없이 꾸미기만 하는 것보다는 훨씬 현명한 것이다. 그러나 비판이 반드시 나쁜 것만은 아니다. 비판적인 사람은 세상일에 대한 분석이 낙관적인 사람들보다 한결 깊이가 있다. 여기에서 상하이인의 기개가 드러나는데, 상하이인은 남의 의견을 허심탄회하게 받아들일 뿐 아니라, 남에 대한 비판보다 자기비판에 한결 엄격하다. 자기

---

[31] 문화대혁명 기간에 무소불위의 권력을 휘두른 장칭(江靑), 왕훙원(王洪文), 장춘차오(張春橋), 야오원위안(姚文元) 등 4명의 공산당 지도자. 마오쩌둥이 서거하자 정권탈취를 기도한 혐의로 체포되어 숙청되었다.

비판에 과감한 사람은 희망이 있고 미래가 있는 법이다. 그러므로 상하이인은 희망이 있고 밝은 미래가 있을 것이다.

하지만 토론회나 자문회의에서 기조발언이 핵심을 짚어내면, 다음 발언자는 심리적 관성에 쫓겨서 발언이 격렬해지는 것처럼, 비관적 기조에 근거한 '상하이인'에 대한 토론은 점점 도덕적 자기 비하로 나아갔다. 그리하여 상하이인은 소시민의 동의어가 되었는데, 비록 문화대혁명 당시에 걸핏하면 '소자산 계급'으로 불린 것처럼 매섭지는 않았지만, 이런 도덕적 경멸은 그 어떤 정치적 압제보다도 마음에 큰 상처를 남겼다.

더욱이 문화대혁명 당시의 '소자산 계급'은 상하이 시민 가운데 지식분자만을 가리키던 것으로,—국가의 기준으로는 고급지식분자와 소지식분자로 나뉜다.— 여기에 기업의 직원,—이력서상에는 '간부'라고 기록되었더라도— 상점의 점원,—지금은 편제상으로 '노동자'에 속한다.— 대학생, 상산하향上山下鄕한 지청知靑[32]을 더해 상하이 인구의 상당 부분을 차지하더라도, 수백만 명의 산업노동자는 해당되지 않았다. 하지만 지금 '소시민'이라는 말은 상하이인을 빠짐없이 포함하기 때문에 누구도 자유로울 수 없다. 이 때문에 대화나 글을 통해서 "나는 상하이인이지만, 상하이인을 경멸한다."거나 "외지 친구들은 모두 내가 상하이인 같지 않다고 말한다."는 식의 말을 하면서 일종의 위안 내지는 영광스러운 느낌을 갖는 것이다.

잠재한 응어리 때문일지도 모르겠지만, '상하이인'에 대한 논의 가운데는 세상을 놀랍게 하는 허무주의적 논조가 있다. 그들은 곰곰이 생각한 끝에 '상하이인'은 본래 '커리쿵

32) 1950년대부터 문화대혁명이 끝날 때까지, 자원에 의해서 또는 강제적으로 도시를 떠나 농촌으로 들어가 생활하던 중국의 지식청년을 이르는 말.

(客里空:허풍쟁이)'이라는 사실을 발견한 것이다.—「사해辭海」에는 '커리쿵'이란 "제2차 세계대전 당시에 나치 독일이 소련을 기습 침공할 때 나온 희곡 「전선戰線」에 등장하는, 근거 없는 사실을 날조하는 신문기자의 이름으로, 나중에는 언론계에서 차용해 허무맹랑한 자산계급의 보도 행태를 가리킨다."고 풀이했다. 상하이인의 일상 구어에서는 이런 의미가 더 확장되어 일체의 허구, 날조, 빛 좋은 개살구를 가리킨다. 발음과 의미를 두루 고려한 '커리쿵'이라는 번역 방법은 상하이인이 유난히 좋아하는 것이다.— 그런데 과연 이런 사람이라야만 상하이인이라고 할 수 있는 것인가? 상하이 시내와 교외에 거주하는 주민에 국한한다면, 상하이에서 태어나거나 거주하다 나중에 내지 건설, 변방 건설, 결혼, 학업, 직장 등 갖가지 사정으로 다른 지역으로 떠났거나, 외국에서 오랫동안 살면서 상하이인으로 자처하는 사람들은 상하이인이라는 자격을 인정받을 수 있는가? 또 상하이어를 구사하는 것을 기준으로 삼는다면, 구세대의 상하이인이나 상하이의 경제와 문화를 만든 사람들은 그들이 자기 고향의 말투를 버리지 않았기 때문에, '상하이인'의 순수성을 지키기 위해서 부득이 역사를 잘라내고 그들을 배제해야 하는가? 지금 상하이인의 대다수는 각지에서 이주한 사람과 그들의 후손이다. 심지어 어떤 의미에서는 상하이 토박이조차도 이주민이라고 할 수 있다. 마치 인디안 원주민이 지금 미국에서는 오히려 소수민족으로 불리는 것과도 유사한 것이다. 각지에서 이주한 사람들, 특히 그들의 후손은 비록 외지인의 눈에는 마치 하나의 틀에서 찍어낸 동전처럼 구별하기 어렵지만, 상하이인 사이에서는 차이가 분명하다. 예를 들면 내가 어렸을 때에 비하면 많이 달라졌지만, 쑤베이蘇北 출신을 차별대우하는 낡은 관습은 여전히 남아 있다. 타

지에서 이민한 사람과 그들의 후손들은 필요에 따라서, 어떤 경우에는 자신이 상하이인이라고 강조하고, 어떤 경우에는 자신은 조상의 혈통과 고향의 풍속을 지키고 있기에 상하이인이라고 할 수 없다고 말하는데, 도대체 어떤 주장이 옳은 것인가? 개인에 대한 내면적 느낌, 객관적 필요성, 자기 평가와 구두 성명聲明에 따라 상하이인이라거나 혹은 아니라고 판단할 수 있는 것인가?

'상하이인'을 한 지역의 집단이라는 개념으로 정의하는 것은 다소 위험하다. 왜냐하면 변동성이 너무 크기 때문이다. 행정구역은 필요에 따라 바뀔 수 있고, 사회주의 계획경제에서 시장경제로 궤도가 바뀐 뒤로는 인구 이동이 훨씬 커졌다. 게다가 다음의 사례는 이런 정의가 부적절하다는 것을 보여줄 수 있을 것이다. 1980년대 중반까지만 하더라도 상하이인은 도시의 중심부 거주민과 변두리 거주민의 차이와 소통에 관심을 기울였는데, 지금은 더 이상 거론하지 않는다. 그것은 상하이의 도시 건설이 빨라지고 규모가 확대되면서, 중심부의 기능이 계획적으로 전환되자 중심지 거주민들이 변두리 거주민보다 더 먼 곳으로 이주했기 때문이다. 상하이인들은 중심지와 변두리의 구분이 의미가 없어졌기 때문에 새 거주지를 우스갯소리로 '싱가포르'라고 불렀다.─신자푸莘嘉浦: '신자푸'는 신쫭莘莊, 자딩嘉定, 푸둥浦東을 가리킨다. '싱가포르'는 중국어에서 '신자포新加坡'라고 하여, '신자푸'와 소리가 유사하다.─ 하지만 그렇다고 이주와 더불어 상하이 시민 사이에 존재한 중심지와 변두리가 가리키던 문화적 층위와 문화적 심리의 차이가 완전히 사라진 것일까? 그렇지는 않은 것 같다. 만약 완전히 사라졌다면 상부구조를 뜯어 고치고 의식의 형태와 전통적 관념을 바꾸는 것은 너무도 손쉬울 것이다. 이런 차이는 훗날 상하이인이 새로운 어휘를 찾아내 담아낼 것이 틀림없다. 그리고 우리는 중심지와 변두리의 논법이 빠르게 사라진 것을 통하여, 상하이인의 품성을 통해 문화를 연구할 적에 지나치게 지역성에 근거하는 것은 허약한 것임을 알 수 있다.

만약 '상하이인'이 문화적 군집의 개념이라고 한다면, 이 군집을 하나로 응집할 수 있는 핵심을 찾아내야 한다. 핵심을 찾아내기는 쉽지 않지만, '상하이인'의 혼을 찾아내고 정의하는 것이 어렵다는 이유로 엄연히 존재하는 객관적 사실을 말살한다면, 마치 음식물이 목에 걸린 것 같은 느낌이 들 것이다. 그러나 한참을 토론해 보면 결국 토론대상이 애당초 환상에 지나지 않았다는 것을 발견하게 될 것이어서, 토론에 참여한 사람이든 참여하지 않은 사람이든 모두가 상심하고 낙담할 것이다.

상하이에서는 「사내대장부를 찾아서尋找男子漢」라는 연극이 공연된 적이 있었다. 그런데 상하이인은 사내대장부를 찾기에 매달릴 것이 아니라 먼저 '상하이인'을 찾는 것이 나을 것이다. '상하이인'의 영혼을 찾아내면 '사내대장부'는 저절로 나타날 것이다. 다만 '상하이인'을 찾아내는 것이 '통각 모델'을 만드는 것처럼 그렇게 어렵지 않기를 바랄 뿐이다.

07 상하이어에 담긴 상하이인의 영혼

나는 내가 상하이인의 '영혼'을 찾아냈다고 생각한다.

상하이인의 '영혼'은 상하이어다.

하지만 단순히 "상하이어를 사용하는 사람이 바로 상하이인이다."라고 말할 수는 없다. 나는 일단 이렇게 정의한다. "상하이어를 내면의 언어로 삼고, 이것으로 이루어진 관념의 세계에서 살아가는 문화 집단이다."

그렇다면 '내면의 언어'란 무엇인가?

이는 내가 깊이 생각하여 만든 개념이지만, 그렇다고 내가 꾸며낸 것은 아니며 객관적으로 존재하는 것이다.

1995년 3월 19일자 「신민만보新民晚報」에 실린 구원칭顧云卿의 「라오푸의 꾸짖음—「홍분紅粉」을 통해 영화와 드라마의 상하이어화를 이야기하다」라는 글은 나의 관점을 설명하기에 아주 유용한데, 문장이 길지 않기에 여기에 옮겨 싣는다.

> 「홍분」에서 라오푸老浦는 왕샤오어王小萼가 사네 못사네 하며 야단법석을 떨어서 궁지에 몰리자 정통 상하이 스타일의 욕지거리를 퍼붓는다.—인용하지 못하는 것을 양해 바란다.— 관객들은 비로소 이것이 상하이어판의 영화라는 사실을 깨닫게 된다. 영화와 드라마의 상하이어화는 점점 늘어나는데, 앞서는 「얼채孽債」가 있었고 이어서 「홍분」이 나와 분위기를 만들고 상하이어의 잠재력을 발굴함에 있어 두드러진 성과를 올렸다. 하지만 「얼채」에서 이미 그랬고, 「홍분」에서

도 똑같이 나타나는 현상이 하나 있는데, 바로 극중 인물의 대사 일부가 상하이어에서 나온 것이 아니라 보통화를 상하이어 발음으로 내는 현상이다. 예를 들면, 물건이 많다는 것을 형용할 적에 상하이인은 '자오관交關'이나 '자오자오관관交交關關'이라고 표현하지, '헌둬很多'나 '부사오不少'라고 말하지는 않는다. 또 "배부른 사람은 배고픈 사람의 심정을 모른다."(飽漢不知餓漢饑.)는 북방 사람의 표현을 단지 상하이 말투로 읽어낸다고 되는 것은 아니다. 상하이인은 이런 식으로 표현하지 않기 때문이다. 북방의 연기자가 상하이어에 서투른 것은 이해하지만 배역에게 주어진 대사가 어울리지 않는 것은 받아들일 수 없다. 진정한 의미의 상하이어판 영화나 드라마라면, 반드시 대본작업부터가 엄격하게 상하이인의 언어 방식, 어휘 사용 관습, 발음에 따라 창작되어야 하며, 나아가 상하이인의 마음가짐과 생각 그리고 모든 행위를 보여줄 수 있어야 한다. 이런 것을 제쳐두고 그저 발음만 옮겨서 '상하이어판'을 만든다면, 앞으로는 라오푸의 욕설이 '타마더他媽的'[33]로 바뀔지도 모른다.

상하이인은 평소 대화에서 "상하이어의 발음으로 보통화를 말하는" 경우는 결코 없으며, 단지 특별한 경우에만 "배부른 사람은 배고픈 사람의 심정을 모른다."는 식으로 말할 뿐이다. 하지만 감정이 격해져 말을 가릴 겨를이 없거나 말을 가릴 필요가 없는 사적인 대화를 나누는 경우라면, 결코 이런 식으로 말하지는 않는다. 이처럼 의식하지 않고 자연스럽게 나

---

[33] 표준어인 보통화에서 상용하는 욕설로, 영어의 "Fuck you!", "Go to hell!"의 의미다.

오는 언어가 바로 '내면언어'이며, 이와 같은 상황에서 사용하는 방언이 진정한 방언이다. 그것은 내심에 있는 감정을 표현하는 것이지, 번지르르 하게 꾸미거나 당당하고 차분하게 선언하는 것이 아니다. 그러므로 진정한 방언이 아니면 지역적 특색을 잘 담아낼 수 없는 것이다.

상하이어뿐 아니라 어떤 지역의 방언으로도 보통화를 읽어낼 수는 있지만, 그렇게 발음하는 것은 방언이 아니라 일종의 '준관화(準官話 : 차次 표준어)'인 셈이다. '준관화'의 발음은 관화—국어國語, 아언雅言, 보통화普通話—와는 다르지만, 그것이 담아낸 관념의 세계는 규범적이고 이념성이 강하다. 개념이라는 것은 그 외연이 넓어질수록 내용이 빈약해지는 것처럼, 관화와 준관화는 방언에 비해 그 내용과 표현방식이 빈약하고 천근할 수밖에 없다. 때문에 관화 역시 방언에서 속어를 받아들여 자양분으로 삼으려고 한다. 하지만 '관화화'된 속어는 다른 지역의 방언에게는 외래어이기 때문에 번역의 과정이 필요하다. 간단한 방법은 소리를 옮기는 것인데, 예를 들어 "배부른 사람은 배고픈 사람의 심정을 모른다."(飽漢不知餓漢饑.)는 말을 상하이어의 발음으로 읽는 것이다. 다른 방법은 의미를 옮기는 것인데, 마치 서양 속담을 우리 방식대로 표현하는 것처럼, 자신의 방언 속에서 의미가 유사한 구절을 따서 옮기는 것이다. 예를 들어 "배부른 사람은 배고픈 사람의 심정을 모른다."(飽漢不知餓漢饑.)는 말을 "남이 짐을 지고 있는 것을 보는 것은 힘들지 않다."(看人挑擔不吃力.)거나 "서서 이야기를 하면 허리가 아플까 걱정하지 않는다."(站着說話不怕腰痛.)는 식으로 옮기는 것이다. 서로 비유는 달라도 의미는 엇비슷한데, 자세히 비교하면 두 가지 방언에 나타난 관념의 세계에 미묘한 차이가 있다는 사실을 발견할 수 있다.

방언과 준관화의 이런 차이는 차를 마시거나 식후의 휴식 시간에 사람들의 이야깃거리나 비웃음거리가 된다.

닝보寧波 인현鄞縣에서 동향 출신의 상하이 작가를 초청한 적이 있었다. 환영파티에서 한 노인이 "마오 주석의 어록인 '니먼 녠칭런 스 상우 바주 뎬중더타이양.'"(你們年輕人是上午八九點鐘的太陽: '젊은 그대들은 오전 8, 9시경의 태양이다.' 라는 뜻이다.)이라는 말을 닝보어로 어떻게 하는지 아는가?"라고 물었다. 모범답안—억지로 음역을 한 것이다.—은 "우눠 허우성자 스 상반랑 바주뎬중거르터우."(吾諾後生家是上半朗八九點鐘格日頭.)였다. 사람들은 한바탕 웃었다. 문화대혁명 기간에 닝보 사람은 시골의 농민도 마오 주석의 어록을 이렇게 외울 수는 없었고, 만약 그랬다면 감옥에 갔을 것이다. 하지만 관화를 단순히 방언으로 옮기면 이렇게 되는 것이다. 때문에 "관화는 이제껏 개인의 생활공간에 침투하기 어려웠다."고 말한 것이다.

이런 사실은 방언이 내면언어가 된다는 하나의 증거가 된다. 방언은 마음속 감정을 가장 소박하고 자연스럽게 내보일 수 있다. 또 하나의 증거는 방언을 내면언어로 삼는 사람들은 방언의 어휘와 표현에 있어서의 미묘한 구석을 깊이 이해하고 아울러 말에 숨은 뜻을 느낀다는 것이다.

상하이어는 진정으로 성숙된 방언이다. 행정적 수단에 의지해 보급된 적이 없을 뿐 아니라, 문어에 기대지 않고서도 모든 상하이인의 내면 깊숙이 들어가 복잡한 생각과 미묘한 감정을 표현하게 만든다. 산둥 출신이든, 푸둥 출신이든, 닝보 출신이든, 쑤저우 출신이든, 광둥 출신이든, 쑤베이 출신이든 모두가 발음은 다소 나쁘지만, 내면의 소리는 정통적인 상하이어로, 그들은 상하이어로 이루어진 관념의 세계에서 물을 만난 고기처럼 자유롭다. 그들은 상하이어의 유행어를 유창하게 말하지 못하거나 말하기를 원치 않을 수는 있지만, 그런 말에 담긴 오묘한 구석을 파악하고 말에 숨은 뜻을 이해함에 있어서는 결코 젊은이에 뒤지지 않는다.

상하이어는 가장 늦게 형성된 방언으로, 어휘와 표현은 상대적으로 풍부하지 않은 편이다. 그러나 이런 약점은 상하이어 특유의 어휘와 표현의 다의성多義性을 만들어낸 것으로 보인다. 하나의 어휘나 표현이 몇 가지 의미를 갖기도 하고, 심지어 정반대의 의미를 지니기도 하기 때문에, 언어의 상황은 상하이어에 있어서 대단히 중요하다. 내가 장편소설 「정상인正常人」에서 묘사한 장면을 예로 들어 보겠다.

교문을 벗어나 시골 농장으로 갔을 때, 나는 '둥징懂經'이라는 말의 뜻을 몰라서 몹시 곤혹스러웠다. 한번은 휴일에 룸메이트인 '털보'와 진鎭[34]으로 놀러갔다. 배불리 식사를 하고 술이 얼근해졌을 무렵에 정색을 하고 털보에게 "자넨 무척 '둥징'하군."이라고 말했는데, '털보'는 벌컥 화를 냈다. 나는 영문을 알 수 없었다. 당시 내가 저지른 잘못은 먹물 냄새를 물씬 풍겼기 때문이지, 상하이인의 방식으로 '둥징'이라는 낱말을 이해했기 때문은 아니었다. 상대에게 "당신은 '둥징'하다"라고 말한다면 여기에는 '카이화開化', 즉 '생각이 트여 있다'는 의미가 있다. 하지만 '카이화'에는 '성적性的 개화'라는 의미가 이면에 들어 있다. 따라서 '무척 둥징하다'는 말은 '바

34) 중국의 행정 단위의 하나. 도시형 소읍(小邑).

람둥이'라는 의미가 되는 것이다. 그러니 내가 털보에게 "자넨 무척 '둥징'하군."이라고 말했을 때, 털보가 어찌 난감하고 또 화가 치밀지 않았겠는가? 털보가 화를 낸 것은 내가 '둥징'이라는 말을 제대로 사용할 줄 몰랐던 것 이외에도 상하이인답지 않은 사고를 하는 상하이인과 마주했기 때문이었던 것이다. 내가 아주 정색을 하고 말했기 때문에, 그는 말하기가 난처했고, 또 말머리를 돌리기도 난감했던 것이다. 그는 몹시 힘이 들었고, 상하이인은 힘든 것은 도저히 견디지 못하기 때문에, 벌컥 화를 낸 것이었다.

상하이인이 이 대목을 본다면 회심의 미소를 지을 것이고, 외지 사람이 본다면 어리둥절할 것이다. 이것이 바로 '상하이어판'의 절묘한 구석이자 또한 한계다. 한 가지 예를 더 들자면, 가장 간단한 욕설인 '차오나操那'는 중국의 대표적 욕설인 '타마더他媽的'와 비슷한 뜻이지만, 상하이인은 이 말을 잘못을 크게 뉘우치거나, 자조하거나, 경멸하거나 심지어 기뻐할 적에도 사용한다. 몹시 복잡해 보이지만 상하이 토박이라면 절대로 부적절하게 사용하지는 않는다.

그들의 후배들은 더 말할 것이 없게 되었다. 생각부터 말씨까지 철저하게 상하이화된 세대 앞에서 본적은 진부한 개념이 되었고, 이력서에서도 전혀 의미 없는 난이 되어버렸다. 어디 사람이냐고 묻는다면, 거침없이 '상하이인!'이라고 대답할 것이고, 다만 무언가 고려하거나 혹은 특별한 상황에서만 비로소 본적을 떠올릴 것이다. 우리의 자녀세대는 더 나아가 자신이 '상하이인'이라고 떠벌이지는 않지만, 자신과 전혀 관계 없는데도

'××사람'이라고 본적을 말하면 오히려 이상하고 불합리하고 우스꽝스럽다고 여길 것이다. 철저히 귀화하지 못한 기성세대는 자신의 본적을 내세우고 고향을 그리워할 적이면 상실감을 느낄 것이다. 자신이 고향의 관습을 지키고 있다고 말할수록 마음은 서글퍼지고, 이미 자신은 고향과 멀어졌음을 느낄 것이다. 언젠가 고향에 돌아가 정착한다면, 아마도 그곳의 환경과 관습에 적응이 되지 않을 것이다. 그러므로 살아 있는 언어가 죽은 고향보다 더 사람의 영혼을 붙들 수 있는 것이다.

중국과 영국이 맺은 난징조약으로 상하이가 통상항구가 된 날로부터 지금까지 한 세기 반이 지났을 뿐인데, 상하이 토착어는 현격한 차이를 지닌 닝보어, 쑤베이어, 광둥어, 베이팡어北方語 그리고 외국어와 뒤섞여 하나의 성숙한 방언을 이루어 마치 여느 방언처럼 장구한 역사를 지닌 것처럼 보인다. 이는 실로 감탄스러운 것이다. 새로운 방언이 형성된다는 것은 새로운 관념의 세계가 만들어진다는 의미다. 중국의 근현대사에 있어서 세상을 뒤흔든 정치적 대사건을 제외하면, 그 어떤 문화적 현상이 이보다 중요하고 위대하겠는가?

08 상하이의 사람과 도시화

상하이어가 지닌 예사롭지 않은 문화적 가치를 발견하고, 상하이인의 영혼은 상하이어에 있다는 사실을 발견하니 한 시름 놓는다. 상하이 출신들은 어떤 느낌일지 모르겠지만, 나는 이제부터 내가 상하이인이라는 사실을 의심하거나 두려워할 필요가 없을 것이다.

물론 '상하이인'이 꾸며낸 유령이 아니라는 결론만을 인정하기에는 여전히 만족할 수 없다. 상하이어의 문화적 의미가 그렇게 큰데, 상하이인이 상하이어의 형성과 발전에 공로가 없겠는가? 방언은 인위적으로 만들어 낼 수 있는 것이 아니다. 여러 가지 객관적 요인이 어우러져 형성되는 것이다. 상하이인이 그저 행운아이겠는가? 중국과 영국이 맺은 난징조약에 따라 개항한 광저우, 샤먼, 닝보, 톈진 그리고 식민지로 전락한 홍콩과 마카오는 상하이와 인문적 환경이 비슷한 구석이 많은데, 어째서 다른 방언이 형성되지 않은 것인가? 여러 가지 이유가 있겠지만, 사람의 주관적 능동성을 완전히 배제하는 것은 옳지 않을 것이다. 방언의 형성에 있어서 반영되는 사람의 주관적 능동성은 일부의 의도적 제창이 아니라 무리 전체에 잠재된 남다른 자질의 영향일 것이다. 즉 방언은 한 문화집단의 독특한 자질의 표현 형식인 것이다.

그렇다면 상하이인은 어떤 독특한 자질을 지녔는가?

개항 이후의 상하이 인문 경관에 대해 다각도로 연구한 적은 없지만, 오랜 경험에서 나온 피상적 느낌을 소개하여 고견을 이끌어내고자 한다.

먼저 '독특한 자질'이 무엇인지 정의할 필요가 있다. 그 동안 상하이인의 특징―물론 장점과 단점이 모두 있다.―에 대한 이런저런 논의가 있었지만, 사실 구체적이지 못하다는 느낌이다. 그간 논의된 특징이 상하이인에게 해당되지 않는다는 말이 아니라, 그런 특징은 상하이인뿐만 아니라 광저우인, 베이징인, 청두인成都人은 물론이고 외국 도시의 시민에게도 있을 수 있다는 말이다. 하지만 이런 특징들이 모여서 상하이인의 자질, 삶의 방식, 심리상태를 이룬 것이다. 나중에 특정한 측면에서의 상하이인의 자질을 언급하겠지만, 기실 이런 것은 '독특한 자질'이 아니기 때문에 상하이인을 다른 문화집단과 구별하는 경계선은 아니며, 또한 상하이인이 지닌 문화적 가치의 출발점도 아니다. 그러므로 먼저 독특하지 않은 자질을 가려내야 한다.

한 가지 예를 들어 보자. 사람들은 상하이인이 구경하는 것을 좋아한다고 말한다. 하지만 나는 그것이 터무니없는 말이라는 사실을 단편소설 「길목」에서 묘사한 적이 있다.

> 문화대혁명 당시에 배불리 먹고 할 일이 없던 지청知靑 몇몇이 대로의 교차로에서 배수구를 들여다보았다. 금세 사람들이 에워싸더니 무슨 일인지 물었다. 지청들은 흰 쥐가 있다고 대꾸했다. 구경꾼은 갈수록 늘어났고, 지청들은 몰래 인파를 헤치고 빠져나왔다. 그들이 주변을 한 바퀴 돌고나서 다시 그곳으로 돌아가니, 거리는 인산인해를 이루었고, 인파 한가운데서 누군가가 "나왔다. 대가리를 내밀었어!"라고 외치는 소리가 들려왔다.

그리고 "지청들도 궁금증을 떨칠 수 없었다."는 말로 이야기를 끝냈다. 그런데 나중에 편집자가 이런 결말은 상식에 맞지 않는다고 지적하기에 "위대한 멍청이들!"이라는 한마디를 덧붙였다. 소설이 발표되자 여기저기에 전재되고 이런저런 논평이 있었는데, 이는 당시 독자들이 상하이인에게 이처럼 엉뚱한 구석이 있다는 사실을 인정한 셈이었다. 오 헨리의 단편 소설에는 교회에서 열린 결혼예배에 몰려든 하객들이 서로 비집고 들어가느라 자신들이 무엇 때문에 교회에 왔는지 망각하는 장면이 나온다. 그렇다면 미국인도 구경하기를 좋아하는 심리가 상하이인에게 결코 뒤지지 않는다. 내가 본 바로는 이런 기호는 비단 도시인에게만 국한되지는 않는다. 농부는 밭을 갈다가 자동차가 지나가면 자연스럽게 고개를 들고 바라본다. 농촌은 지역이 넓고 인구가 적어서 도시인처럼 구경거리를 자주 찾을 수 없을 뿐이지, 구경거리를 찾는 것은 마찬가지다. 아마도 이는 사람의 천성일 것이다. 넓은 의미에서 보면, TV 드라마·영화·연극을 보고, 신문을 읽고, 라디오방송을 듣는 것도 모두 구경하는 것이다. 타이완의 고속도로에서 자동차 사고가 나고, 미국의 작은 도시에서 마약 밀거래자를 붙잡은 것이 나와 무슨 상관인가? 하지만 사람들은 늘 브라운관 앞에서 그런 광경을 흥미롭게 본다. 앞서 인용한 글에서 지청들이 거짓으로 꾸며낸 '흰 쥐'는 평소 우리 주변에 널려 있는 황당함의 하나일 뿐이다. 사람들은 이런 '위대한 멍텅구리'가 있다는 것을 알면서도 여전히 구경거리를 찾는데, 이런 삶의 상태를 일러 '소일'이나 '오락'이라고 부른다. 소일이나 오락이 없는 생활은 얼마나 메마르고 소름이 끼치겠는가! 그러므로 구경을 즐기는 것은 누구나 지닌 변하지 않는 본성이며, 단지 구경을 하는 방식에 있어서 고급스러운가 아니면 천박한가 하는 차이가 있을 뿐이다. 여가생활이 여유로워지면 구경 방식도 고급화되고 다양화되기 때문에 저급한 '구경'은 비중이 줄어들 것이다. 차량이 뻔질나게 지나간다면 농부는 고개를 들어 바라보는 재미가 줄어들 것이다. 상하이에서 고층빌딩이 우후죽순처럼 들어서자, 한두 시간씩 말뚝처럼 서서 레미콘 작업을 구경하던 '구경 애호가'는 손에 꼽을 정도로 줄어들었다. '흰 쥐가 있다'고 한 속임수 따위는 더 이상 한가한 사람들을 끌어들이지 못할 것이다. 코가 높고 눈이 푸른 외국인을 에워싸고 구경하던 현상이 일찌감치 상하이에서 자취를 감춘 것처럼 말이다. 이것이 상하이인이 구경하기를 즐기지 않고 시대의 흐름을 따라가게 되었다는 의미는 아니지만, 적어도 구경을 즐기는 것이 상하이인만의 특징은 아니라는 사실은 보여줄 수 있다.

나는 단편소설 「시초市梢」에서 한 상하이 시민이 시장에서 땅콩장수와 한참을 흥정하여 겨우 몇 푼을 깎는 광경을 담아냈다. 작품이 발표되고 여러 해가 지난 뒤에, 뜻밖에도 「청년작가靑年作家」 편집부에서 보낸 원고료를 받았다. 이 작품이 쓰촨성의 TV 방송에서 콩트로 개작되어 신년 특집 프로그램에서 공연이 되었다는 것이었다. 만약 그 지역의 도시생활에서 이와 같은 현상이 존재하지 않는다면, 아마도 이 소설은 여러 해가 흐른 뒤에 그곳에서 다시 발굴되지는 못했을 것이다. 예전에 한 문예 포럼에서 허난성河南省에서 온 여류작가를 만났는데, 그녀는 이렇게 말했다.

"당신네 상하이인은 너무 쩨쩨해요. 물건을 살 때면 요모조모 너무 따진다죠. 우리 고장에서는 사람들이 순박해서 농민들이 좌판을 벌이면 달라는 대로 값을 치르죠."

나는 이렇게 대꾸했다.

"당신네 거기도 도시화가 들이닥치면 그런 순박한 민풍도 금세 무너질 겁니다. 상하이인처럼 사소한 것도 시시콜콜 따지는 기질이 아마 유행성 독감보다도 더 빠르게 퍼질 겁니다. 그야말로 존재가 의식을 결정한다고 하는 것이지요."

훗날 그 여류작가는 선전深圳으로 갔다는 소문을 들었는데, 만약 그녀가 예전의 그 사소한 언쟁을 아직도 기억한다면, 분명 느낌은 예전과 다를 것이다.

한동안 상하이인은 흥정에 대한 자신감을 잃어갔다. 그들은 수십 년 동안이나 계획경제의 강물 속에서 자신의 솜씨를 닦았는데, 시장경제의 물결이 본격적으로 들이닥치자, 앞서 연마한 솜씨가 별다른 도움이 되지 못했기 때문이다. 그들은 마치 사레라도 걸린 것처럼 몹시 당황했지만 차츰 자구능력을 키워나갔다.

1989년에 친구들과 푸저우福州로 출장을 간 적이 있었다. 현지에 도착한 날 저녁에 시내 중심가에 있는 시장을 찾았더니 물건 가격이 상하이 화팅로華亭路 시장의 갑절 이상으로 비쌌다. 그런데 며칠이 지나서 친구들이 꽤 많은 물건을 사들고 왔기에 물어보니, 실제로 구입한 가격은 심한 경우에는 표시된 정가의 20%에 불과했다. 정가가 200원으로 매겨진 원피스의 경우 겨우 40원에 샀다는 것이었다. 가격을 무려 다섯 배까지 터무니없이 붙여놓고 파는 셈이었다. 앞서 가격을 절반이나 깎아서 아주 싸게 샀다고 좋아하던 친구는 '바가지를 썼다'며 흥분했다. 이는 흥정에 있어서 상하이인의 경험적 범위를 크게 넘어서는 것이었고, 이런 흥정은 상하이인보다도 훨씬 '상하이 스타일'이었다고 할 수 있다. 지방 도시의 순박하던 사람들이 몰려오는 시장경제의 물결에 맞서 자기 방어를 위해 시작한 것이 도가 지나쳐 더욱 비뚤어진 결과를 낳았고, 결국 상하이인은 그들 앞에서 아무 말도 꺼내지 못한 것이었다.

한 친구는 또 이런 경험을 들려주었다. 명승지를 관광하러 갔는데, 입구에 잡동사니를 펼쳐놓은 노점이 줄지어 있었다. 한 노점에서 80원이라는 가격표가 붙은 청바지를 발견하고, 괜한 말참견을 하고 말았다. 그는 동행하던 사람에게 "저런 바지는 상하이에서는 기껏해야 40원밖에 안 하죠." 이 말을 들은 노점 주인은 "그래요? 그럼 40원에 가져가시오." 하였다. 그가 얼른 "됐어요!"라고 했더니, 노점 주인은 "값을 후려쳐 놓곤, 이 양반이 장난하나?"라며 험상궂은 표정을 지었다. 게다가 주변의 동업자들이 둘러싸고 가세했는데, 그들은 손에 이런저런 연장을 들고 있었다. 청바지를 사지 않았다가는 무슨 봉변을 당할지 모르겠다는 생각에 순순히 지갑을 여는 수밖에 없었다. 그가 유일하게 할 수 있었던 것은 상하이로 돌아온 이후에 만나는 사람에게 자신의 경험담을 들려주면서 외지로 여행을 가게 되면 무슨 물건이든 가격이 상식에 맞지 않으면 절대로 나서거나 흥정하지 말고 아예 모른 체하라고 일러주는 것이었다. 흥정을 잘하기로 소문난 상하이인이 이제는 흥정이라는 말이 나오면 연신 고개를 내젓고 심지어 낯빛이 변하기도 한다. 그러니 상하이인에게 그런 월계관을 씌우는 것은 지나친 것이다.

한편, 각지의 신문에서는 상하이인이 신참을 속인다거나, 외지인과 시골사람에게 오만하게 군다고 흔히 비판한다. 하지만 나는 베이징과 항저우 등지에서 그곳 점원들에게 오만하고 거짓된 태도를 한 수 배웠다. 앞서 거론한 사례는 '촌스러운 속임수'에 지나지 않는 것으로, 도시인에 대한 농촌 주민의 보복이라고 할 수 있다. 나는 홍콩 여행에서는 그런 태도를 경험하지 못할 뻔했지만 딱 한 차례 경험할 수 있었다. 가이드가 우리를 유명한 금방으로 안내했는데, 점원 아가씨들이 우리를 보면서 광둥어로 무언가 이야기를 나누었다. 우리들 가운데 몇몇은 장신구를 살 것이고, 나머지는 그저 구경이나 할 것이라는 내용이었다. 그들이 나눈 대화는 일행 가운데 광둥어를 구사하는 사람이 있어서 알 수 있었다. 몹시 화가 치밀었고, 인격을 모독한다는 생각마저 들었다. 이 유쾌하지 못한 작은 일을 제외하면, 어디에 가든 종업원들은 항상 밝은 미소로 맞이하고 웃으며 전송했다. 게다가 그 미소는 너무도 자연스러워서 물건을 사지 않으면 그들의 미소에 빚을 지게 된다는 그런 부담감도 없었다.

이런 사례를 통하여 상하이인 고유의 특성처럼 간주되던 일처리 방식이 사실은 도시인이면 누구나 지니고 있다는 사실을 확인할 수 있다. 도시화 비율이 높아지면서 이런 특성은 빠르게 전국적으로 퍼질 것이고, 특이하다고 말할 수 없게 될 것이다. 하지만 설익은 도시인만의 특징도 일부 남아 있는데, 예를 들면 저급한 구경거리를 만들거나 속임수를 부리는 것이 그런 것이다. 하지만 이런 것은 도시화의 정도가 더욱 진전되면 저절로 사라질 것이다.

09 영리함의 원류

도시인의 공통적 특징 이외에 상하이인이 지닌 일부 특징은 아마도 남방 사람의 공통점일 것이다. 예를 들면 성품이 유쾌하고 상냥하고, 사소하게 영리함을 내보이거나 짓궂은 장난을 즐기고, 지략을 중요하게 여기고, 부드러움이 강함을 이긴다는 것을 믿고, 타인과의 교제에서 시원시원하고 솔직한 것을 장점으로 여기기보다는 남의 생각을 잘 이해하는 것을 중요하게 여기고, 일에 대해서 충동적이지 않고 신중하게 저울질을 하고, 앞뒤를 재지 않는 것을 경멸하고, 차분한 것을 중요하게 여기고, 구부정한 가운데서 곧은 것을 찾고, 평범한 가운데서 특이함을 드러내고, 마음의 자유를 중시하고, 성실하게 갈고 다듬는 것을 꺼리고, 새로운 것에 열광하고, 전통의 계승에 대한 열의가 부족한 것 등이다.

중국의 남쪽 지방과 북쪽 지방이 학술·문화·예술 등에 있어서 많은 차이를 지니고 있다는 것에 대해서는 이미 많은 학자들이 관심을 기울였는데, 쳰중수錢鍾書의 「중국시와 중국화를 논함」에서는 이 문제가 상세히 언급되었다. 프랑스의 역사학자이자 비평가인 뗀H. Taine도 「예술철학」에서 유럽의 일부 국가에서는 북방과 남방의 국민 간에 서로 성격 차이가 존재한다는 사실을 지적했는데, 여기에는 기후를 비롯한 지리적 환경이 크게 작용한다고 설명했다. 중국의 경우, 창강長江의 북쪽과 남쪽의 사람은 인종적으로 서로 다르다고 주장하는 학자도 있다. 어떤 이유에서든 이런 차이는 오래전부터 존재했고, 또 누구나 알고 있는 사실이다.

역사적 사례를 들어 보자. 전국시대에 제후들은 패자霸者가 되고자 서로 다투었다. 망국의 위기에 부딪친 북방 연燕나라의 태자 단丹은 진秦나라 임금 영정(嬴政:통일 이후의 시황제)을 척살하려고 역수易水에서 형가荊軻를 떠나보내며 비장한 노래를 불렀다. 이 얼마나 장한가! 반면 남방 월越나라의 임금 구천句踐은 온갖 수모를 참고 와신상담臥薪嘗膽하면서 오吳나라 임금 부차夫差에게 자객을 보내기는커녕 절세의 미인을 바쳤다. 자객을 보낸 경우에도, 오나라 사람 요리要離는 자신의 한쪽 팔을 자르고서야 경기慶忌를 척살했으니, 형가와는 사뭇 달랐다. 사전준비는 모두 고육지책이었는데, 형가는 진나라를 배반한 장수 번어기樊於期의 머리를 들고 갔고, 요리는 가족의 목숨과 자신의 한쪽 팔을 희생했다. 하지만 진행과정을 보면, 형가는 자신의 용기와 담력은 믿었지만 계획은 치밀하지 못했고, 요리는 아주 주도면밀하게 준비함으로써 성공 가능성을 높였다. 결과는 어땠는가? 요리는 목적을 이루었지만, 그는 완벽한 일개 자객일 뿐이었다. 사마천司馬遷은 그의 행적이 갖는 문화적 가치를 높이 평가하지 않았기 때문인지, 「사기史記」에 이 일을 기록하지 않았다. 반면 형가는 실패했지만, 비극성이 흘러넘치기 때문에 사마천은 「자객열전刺客列傳」에서 이 일을 대서특필했고, 이로써 형가는 천고에 이름을 남기게 되었다. 용기는 분명 지혜보다 눈길을 끌고 심금을 울리기 때문에 심미적 가치 또한 높다. 문예학에서는 비극이 희극보다 우수하다는 관습화된 관점이 있다. 하지만 용맹함과 강직함이 지나치게 강조된 비극은 우스꽝스러울 수도 있다. 숱한 영웅호걸을 배출한 제로(齊魯:지금의 산둥성 일대) 지방에서 "복숭아 두 개가 세 명의 장사를 죽인 일화"[35] 같은 있을

---

35) 복숭아 두 개를 세 명의 장사에게 주었는데, 장사들이 서로 다투다가 죽었다는, 「안자춘추(晏子春秋)」에 나오는 이야기. '차도살인(借刀殺人)'의 비유로 쓰임.

수 없는 일이 벌어지기도 했다. 용맹함과 지혜로움은 서로 우열을 가리기 어렵지만, 행위 방식의 배후가 되는 심리의 차이는 아주 분명하다. 그러므로 '영리하고', '유쾌하고', '사소한 이익을 잘 챙기고', '고생을 해보지 않았다'거나 '교활하다'는 따위의 특징은 상하이인에게만 뒤집어씌울 수는 없는 것이다.

한 친구가 내게 남방 사람과 북방 사람의 체질 차이를 관찰한 사실을 이야기한 적이 있었다. 그는 문화대혁명 당시에 북쪽 지방으로 올라가 삽대插隊한 친구였다.

"북방 남자들은 환갑 이전에는 체력이 남방 남자들보다 강하지만, 노년기에 접어들면 순식간에 늙어 버린다네. 얼굴에는 온통 주름살이 생기고, 갖가지 병치레에, 허리는 굽고, 기력은 줄고, 다리에는 힘이 빠지지. 이와 반대로 남방 남자들은 마치 장생불사약을 복용한 것처럼 얼굴에는 혈색이 돌고 피부는 윤택해지고 머리는 세지 않고 다릿심도 기민하지."

그가 얻어낸 결론은 사람의 에너지는 일평생 정해진 양이 있다는 것이다. 즉, 북방 사람은 환갑 이전에 에너지를 몰아서 쓰기 때문에, 앞서는 풍부하지만 나중에는 허약해지고, 남방 사람은 마치 가는 물줄기가 길게 흐르는 것처럼, 에너지를 평생 동안 일정하게 나누어 사용한다는 것이다. 그의 주장은 무척 흥미로운데, 만약 이런 주장이 성립된다면, 이것으로 남방 사람과 북방 사람의 성격 차이의 기인을 설명할 수도 있을 것이다.

남방 사람은 체력과 정력 등에 있어서 약세이기 때문에—환갑 이전은 일생에서 가장 체력과 정력을 많이 요구하는 시기다.— 지적 능력으로 보충하는 수밖에 없는데, 이것이 때로는 특별한 효과를 거두기도 한다. 중국 역사에 있어서 약한 소수의 군사로 강한 대군을 격파한 '곤양지전昆陽之戰',36) '적벽대전赤壁大戰',37) '비수지전淝水之戰'38) 같은 사례는 모두 남방이 북방을 격파한 전투였다. 이들 사례는 공통점이 있는데, 우선 의도적으로 약세를 내보여서 상대를 교란시킨 다음에 상대의 약점을 공략해 치명적 일격을 가했다는 점이다.

이와 유사한 전술이 오늘날 술자리에도 등장한다. 중국은 오랜 음주문화를 지닌 나라다. "무엇으로 근심을 풀런가? 술뿐이로구나."(何以解憂? 唯有杜康.)라거나 "이백은 술 한 말에 시 1백 편을 지었다."(李白斗酒詩百篇.)고 노래한 천고의 명구를 알든 모르든, 중국인이라면 누구나 술은 사람을 흥분시키고 감정을 복받치게 하고 근심을 삭이고 번민을 풀어주고 나풀나풀 신선이 되려고 하고 마음을 후련케 하고 기분을 상쾌하게 만드는 신기한 음료라는 사실을 알고 있다. 그래서 경사나 손님접대에는 흥을 돋우는 술이 빠져서는 아니 되었다. 그런데 이런 음주문화가 지금은 그 유쾌한 이면에서 상대방에게 칼날을 겨누게 되었다. 술을 억지로 권하는 풍속이 언제부터 생겼고, 또 건배를 하는 풍조는 언제 생겼는지 알 수 없지만, "감정이 깊으면 단숨에 털어넣고, 감정이 옅으면 한 모금씩 홀짝거린다."는 말은 서로에게 술을 권하는 이유가 되어버렸다. 이렇게 술을 권하는 것은 마치 벌주처럼, 그 자리에서 망측한 꼴을 보고야 말겠다는 의미가 뚜렷이 들어 있다.

기업의 유통과장으로 근무하는

---

36) 서한 말기에 한나라 황실을 찬탈한 왕망(王莽)이 40만 대군으로 유수(劉秀)가 이끄는 8천 명의 농민봉기군과 맞서 패배한 싸움.
37) 동한 말기에 손권(孫權)과 유비(劉備)의 연합군이 조조(曹操)의 대군을 적벽(赤壁)에서 대파하고 삼국정립(三國鼎立)의 토대를 놓은 싸움.
38) 남북조 시대에 북방 전진(前秦)의 80만 대군이 비수에서 남방 동진(東晋)의 8만 군사와 맞붙어 대패한 싸움.

한 친구는 이런 경험을 들려주었다. 북방에 있는 한 도시에 계약을 하러 갔는데, 현지 바이어는 다짜고짜 그를 이끌고 가서 술부터 마셨다. 자신은 위장병 때문에 술을 마시지 못한다고 하자, 바이어는 이 술은 반드시 취하도록 마셔야만 서로 벗이 될 수 있고, 그렇지 않으면 비즈니스도 없다고 말했다. 로마에 가면 로마법을 따라야 하듯이, 취할 때까지 퍼마시는 수밖에 없었다. 비즈니스는 결국 성사되었고, 그는 돌아와서 사장에게 칭찬을 받았다.

또 한 친구는 술이 약해서 북쪽 지방으로 출장을 가게 되면 늘 마음이 불안하다고 말했다. 들어본 적도 없는 노래를 따라 불러야 하고, 술을 권해야 하고, 술을 따라야 하고, 시권猜拳[39]을 해야 하는 등 억지로 술을 마셔야 하는 일련의 과정이 마치 가슴에 무거운 돌덩이를 올려놓은 것만 같다는 것이었다. 나중에 이런 이야기를 들었다. 그가 현지에 도착하기 바로 이틀 전에 그 도시의 한 부서에서 덕망 높은 노교수를 전송하는 술자리가 있었는데, 후의의 표시로 모두가 돌아가며 술을 권했고, 노교수는 그 자리에서 술에 취해 쓰러져 병원으로 후송되었지만 결국 세상을 뜨고 말았다. 황당한 사건이 벌어지자, 시장은 술자리에서 강제로 술을 권하지 못하도록 행정명령을 내렸고, 그 덕분에 친구는 한결 마음이 홀가분하게 출장길에 올랐다고 한다.

술자리가 이 지경에 이르자, 마침내 직업적인 술상무가 등장했다. 비록 영화나 콩트에서는 이런 일을 소재로 삼아 풍자하고 비판하지만, 이런 풍조는 수그러들 기미가 조금도

---

39) 술자리에서 하는 벌주놀이. 두 사람이 각자 숫자를 말하면서 손가락을 펼쳐서, 상대가 내민 손가락의 숫자를 알아맞히는 놀이. 알아맞히는 쪽이 승리하고, 진 쪽이 벌주를 마심.

보이지 않는다. 아마도 사람이 또 죽어야만 그치려나 보다. 하지만 그렇더라도 오래가지는 못할 것이다. 노교수가 사망하는 사고가 벌어진 도시에서는 억지로 술을 먹이는 것을 금지했다지만, 그것은 행정명령에 지나지 않고 게다가 구두지시일 것이다. 명문화된 법령조차도 그다지 개의치 않는 지금, 일개 구두지시가 며칠이나 가겠는가?

오늘날 술자리가 갈수록 전쟁터를 방불케 하자 갖가지 전술이 따라서 등장한다. 남방 사람이 북방 사람보다 태생적으로 주량이 약한지는 모르겠지만, 남방 사람은 설사 술을 즐기고 주량이 세다 하더라도, 음주를 개인적인 일로 여겨서 기분이 좋아질 정도만 마시지 자신의 주량을 떠벌이는 것은 원치 않으며, 남과 주량을 겨루려고 하지도 않는다. 이는 남방 사람이 생명의 에너지를 평균적으로 분배하여 사용하는 잠재적 기질 내지는 생명의 리듬과 무관하지 않을 것이다. 북방 사람은 술을 마시면서 통쾌함을 추구하는 반면 남방 사람은 즐겁고 편안함을 중요하게 여긴다. 남방 사람이 어쩔 수 없이 북방 사람과 대작을 하는 경우에는 만약 체면을 구기거나 상대가 낫다는 것을 인정하고 싶지 않다면, 일종의 계략을 쓴다. 남방 사람이 술자리에서 단체로 작전을 펼치는 것을 여러 차례 목격한 적이 있는데, 누가 선봉을 맡고 누가 매복을 할지, 언제 방어하고 언제 공격할 것인지 하는 것이, 전투를 벌이는 것과 다르지 않았다. 결국 전체적 실력이 북방 사람에게 뒤지는 남방 군단이 완벽한 승리를 거두는 경우가 흔하다. 패배한 북방 사람이 남방 사람에게 '쩨쩨하다'느니 '꼼수를 부린다'느니 하고 비난하는 것도 당연하다. '꼼수를 부리는' 것은 기실 약자가 어쩔 수 없이 취하는 방법이다. 술자리에서 잔꾀를 부리는 남방 사람 가운데는 물론 상하이인도 적지 않지만 그렇다고 상하이 사람만 있는 것은 아니다.

그런데 상하이는 이민도시이고, 남방과 북방이 교차하는 곳에 자리 잡고 있기 때문에—창강[양쯔강]의 동쪽 끝이다— 상하이인의 남방적 특성은 그다지 순수하지 않다. 예를 들면 광저우인과 비교하여, 상하이인은 남방 사람이면서도 북방문화에 적극적으로 다가서는 경향이 있다. 음식문화에 있어서 광저우인은 자신의 천성에 따라 "차茶로 술을 대신한다"는 사실을 확실히 내보인다. 그들에게는 차를 마시는 것이 술을 마시는 것처럼 교양이 있고 품위가 있는 것이다. 상하이인은 무절제하게 술을 마시는 것을 좋아하지 않지만 손님을 식당으로 초대해 대접하는 경우라면, 술이 빠지면 체면이 서지 않는다고 생각한다. 문화생활에 있어서 광저우인은 애절하고 재잘거리는 풍의 유행가를 좋아하는 것을 전혀 부끄러워하거나 자신이 저속하다고 생각하지 않지만, 상하이인은 이런 측면에 있어서 좀 쑥스럽게 여긴다. 고상한 예술을 이야기할 적에도 상하이의 특산품인 호극滬劇, 월극越劇, 골계희滑稽戲, 평탄評彈을 당당하게 내세우지 못하고, 오히려 경극이나 곤곡崑曲을 굽신거리며 정통으로 받든다. 언어에 있어서도 광저우인은 월어粵語를 자랑스럽게 앞세우고 세상을 누비며, 남들이 자신들의 서툰 표준어를 비웃는 것을 전혀 두려워하지 않지만, 상하이인은 상하이어를 저속하다고 여겨서 상하이인이 있는 장소에서만 사용하고, 그런 경우에도 간간이 보통화 몇 마디를 섞어서 자신이 품위와 교양이 있다는 것을 내보이고자 한다. 이런 까닭으로 광둥 지방에서 상하이인은 '베이라오北佬', 즉 '북쪽 놈'으로 취급된다고 한다. 처음 이런 말을 들었을 적에는 좀 어처구니가 없었지만 곰곰이 생각해 보니 일리가 없는 것이 아니었다. 광둥인이 보기에 상하이인은 '베이라오'의 표준이 너무 많은지도 모른다. 베이징인은 침착하고 묵직함을 즐기고, 광저우인은 자유스럽고 얽매지 않는 것을 좋아하며, 상하이인은 이 두 가지를 겸비함으로써, '영리함'을 가져왔다. 하지만 남북의 문화 융합이 그렇게 쉬운 것인가? 이런 까닭으로 상하이인은 '영리하다'는 평판을 얻게 되었는데, 그 대가는 그리 크지 않다.

10 도장과 성형수술

상하이인은 '영리하다'는 감투를 오랫동안 써왔는데, 그런 감투를 벗어던지기는커녕 오히려 '영리하지만 뛰어나지는 않다'는 테만 하나 더해졌다. 이런 평가는 당초에는 사람들의 입에서 전해지더니, 신문과 잡지에 오르내리고 논문과 저술에 등장하면서, 마치 정론처럼 되어버렸다.

1990년대로 접어들면서 상하이에서는 재정수입이 감소하고 각종 도시병이 모습을 드러냈다. 주택 부족, 교통 체증, 지하 파이프라인 · 선로 · 전선 · 케이블의 노후, 통신 낙후, 환경오염 등이 심각한 문제로 떠올랐다. 당시 사람들은 이런 문제에 대한 말만 들어도 몹시 불안했다. 상하이가 수렁에 빠진 거인처럼 되어버린 것이 마치 상하이인이 '영리하지만 뛰어나지는 않기' 때문인 것만 같았기에, 상하이인들은 억울한 생각이 들었다.

상하이인은 "영리하지만 뛰어나지는 않다."는 말은 세세히 따져볼 필요가 있다. 이런 말은 홍콩과 타이완의 사업가에게서 처음 나온 것으로 기억한다. 설명을 덧붙이자면 상하이인과는 비즈니스를 하기가 어렵다는 원망이 섞인 말이었다. 비즈니스가 어려운 데는 여러 가지 이유가 있었다. 우선 제도적 측면을 들 수 있다. 행정 간섭이 지나치고 허가 절차가 너무 복잡했다. 하지만 이런 결점은 정도는 달라도 전국의 어느 도시에나 있었다. 경제특구를 만들어 개혁을 실험할 필요성이 대두되었지만, 상공업 중심지인 상하이는 영향력이 너무도 컸기 때문에 체제 개혁에 있어서 유난히 신중하고 더뎠다. 여기에는 정책적 판단이 중요하게 작용하였고, 상하이인의 문화적 심리와는 그다지 관계가 없었다.

여기에서 상하이의 경제체제 개혁에 대해 변호를 좀 해야겠다. 그러지 않으면 상하이가 개혁의 발걸음이 더디고 투지가 높지 않았던 것이 모두 지도자와 경제분야 종사자들의 사고가 닫혀 있었기 때문이라는 인상을 줄 수 있을 것이기 때문이다. 그렇게 느끼거나 평가하는 것은 공정하지 못한 것이다. 나는 경제에 대해서는 문외한이지만, 경제 중심의 상공업 도시에서 오랫동안 살았기 때문에 나름대로 보고 들은 것이 있어서, 경제부문에서 일하는 사람들의 고충을 나름대로 이해할 수는 있다. 중화인민공화국이 건국되면서 중국 경제는 계획경제체제를 모델로 삼았다. 계획경제의 특징은 행정의 간섭과―사실 '간섭'이라는 표현은 너무 약하고, '통제', '지휘', '관리', '결정'이라고 해야 할 것이다.― 정경일체政經一體다. 때문에 기업체의 사장이나 공장장, 공산당 조직의 서기書記는 정부부처의 직급에 준해 정하고 급여도 지급하였다. 경제체제의 개혁은 계획경제에서 시장경제로 체제를 전환하고, 행정명령을 법규제정으로 바꾸고, 정경일체를 정경분리로 전환해야 하는데, 중소도시나 경제가 낙후된 지역에서는 쉬웠겠지만 상하이에서 적용하기는 곤란했다. 혼란이 두려웠기 때문이다. 상하이는 국민경제에서 차지하는 지위가 대단히 중요하기 때문에 혼란해져서는 아니 되었다. 상하이의 경제가 요동치면 수습할 수 없는 도미노 반응이 일어날까 두려웠던 것이다. 마오쩌둥毛澤東은 혼란을 전혀 두려워하지 않았다. 그는 혼란 속에서 상황을 통제할 수 있다는 자신감이 있었고, 그리하여 안정 속에서의 점진적 변화로는 얻어낼 수 없는 효과를 얻었다. 그는 "천하가 크게 혼란해지면 천하는 크게 다스려지게 될 수 있다."는 명언을 남겼다. 그런 그도 문화대혁명이 전개되는 10년의 세월 동안 유일하게 상하이만큼은 혼란에 휩싸이지 않기를 원했다. 마오쩌둥조차도 그랬는데, 10년에 걸친 문화대혁명의 소용돌이가 남겨놓은 교훈을 거울삼아서 시종일관 '안정적 단결'을 국정 운영의 최대 방침으로 내세운 중국 공산당의 제2기, 제3기 핵심 지도자들이야 어땠겠는가? 게다가 어떤 사물도 개조하는 것은 새로 만들기보다 어려운 법이다. 사물을 개조하려면 본래의 것을 마치 낡은 건물을 철거하듯이 할 수는 없고, 기존의 토대 위에서 쓸 수 있는 것은 남겨놓고 이용해야 하기 때문에, 새로 만들기보다 훨씬 번거롭다.

상하이는 예전에는 푸시浦西 지역을 개조했기 때문에 눈에 띄게 느렸고, 근자에는 푸둥浦東 지역에 건설했기 때문에 빨랐다. 그런데 상하이는 체제개혁과정에서 일부 중소도시처럼 먼저 개혁을 하고 나중에 설명을 할 수가 없었다. 상하이를 개혁하는 문제에는 사전에 반드시 뒷일을 고려해야만 했다. 학비가 너무 비쌌기 때문이다. 예를 들어 상하이 정부는 토지 이용과 부동산 개발을 일부 개방하고 권한을 산하기관에 넘겼는데, 각종 문제점이 드러났다. 철거민의 이주지가 부적절하고, 잘못된 토지점용 허가로 멀쩡한 주택을 철거하고 호텔이나 상가를 지어 주택난을 야기하고, 신축 건물이 규정을 위반해 주변 주민의 권익을 침해하고, 새로 지은 상품방商品房[40]이 품질이 형편없고, 분양주택의 공기가 지연되고, 부동산시장의 관리가 제대로 되지 않는 등이었다. 이 모든 문제는 적기에 바로잡지 못하면 이내 돌이킬 수 없는 지경에 이를 것이었기 때문에, 시당국은 정책의 허점을 조이고 내려 보낸 권한을 거둬들였다. "거두어들이면 죽어버리고, 풀어놓으면 어지러워진다."는

40) 2001년 6월 1일부터 시행된 「상품방판매관리법」에 근거하여 부동산시장에서 자유롭게 거래할 수 있는 개인 소유의 주택.

말은 계획경제체제의 어려움을 형용한 말인데, 상하이의 경제분야 인사들이 이와 같은 진퇴양난에 빠져 있었다. 당시 푸둥에 있는 상링上菱 냉장고 공장에 들렀을 때, 공장장은 공장 안에 화장실 하나를 짓기 위해서는 담당 부서를 찾아다니며 1백 개가 넘는 도장을 받아야 한다며 푸념을 늘어놓았다. 당시 얼마나 황당하던지 소설 한 편을 쓰고도 남겠다는 생각이 들었다. 하지만 현실적인 것은 모두 합리적인 것이다. 그렇다면 1백 개가 넘는 도장의 합리성은 도대체 어디에서 나온 것이었는가?

1백 개도 넘는 도장을 받아야 하는 화장실 신청서를 들고 관계부서를 쫓아다니면, 아마도 부서마다 도장을 찍어야만 하는 나름의 이유를 댔을 것이다. "일련의 허가 절차를 없앤다면, 좋지 않은 여러 가지 결과가 초래될 것이다."라고. 성실하고 책임 있는 담당자라면 실례를 들추어가며 반드시 도장을 찍어야만 하는 이유를 설명했을 것이다. 한 바퀴 돌아가며 도장을 받고 나면, 몹시도 황당한 이 일에 대해서 어떻게 말해야 좋을지 알 수 없었을 것이다. 주룽지朱鎔基[41]가 상하이 시장을 맡았을 때, 그는 도장을 줄이는 일을 명확히 거론했다. 그런데 1990년 7월, 그는 뉴욕 방문에서 "내가 시장에 취임하기 전에는 합자기업을 설립하는 데 도장 158개를 찍었지만 지금은 200개가 필요해졌다."고 말했다. 시장은 도장을 줄이겠다는데, 어째서 오히려 늘어난 것이었을까? 그가 추진력이 약하고 능력이 부족했던 것일까? 아니다. 상하이인은 주룽지가 상하이 시장으로 재임하던 당시의 정치적 업적에 대해 자자하게 칭송한다. 따라서 이는 경제의 '보이지 않는 손'이 시장의 손보다 더욱 힘이 있어서, 시장이 결코 이

---

41) 1928~. 전 중국국무원 총리. 1987년부터 1991년까지 상하이 시장을 지냈다.

'보이지 않는 손'과 팔심을 겨룰 수는 없었다는 사실을 보여준다. 이런 사실은 상하이에서의 경제개혁의 어려움을 설명할 뿐 아니라, 역대로 상하이에서는 경제 담당자가 주관적 의지에 따라 무리하게 하기보다는 경제법칙에 따라 차근차근 실질적인 개혁을 진행했다는 것을 의미한다. 조금 '느려' 보이기는 하지만 결국은 전진했고 큰 혼란은 없었다.

도장 찍는 일을 다시 살펴보자. '줄이는' 것보다 더 절실하고 중요한 것은 기존의 도장이 갖는 유효성과 권위성을 강화하고, 이중삼중의 심사과정을 줄이고, 시행 과정에서는 감독하고 책임지는 사람이 없어서 서로 책임을 떠넘기고 다투는 일이 생기지 말아야 한다. 예전에 TV와 신문에 난 건설공사 관련보도를 보면, 흙탕물이나 심지어 시멘트가 뒤섞인 물을 하수도로 그냥 흘려보내 가뜩이나 열악한 상하이의 배수 시스템을 악화시켜서 우기에는 시내 곳곳이 물바다가 되는 일이 벌어졌다. 당시 시당국의 인프라건설 담당 부시장이 곳곳을 돌아다니며 소방대원처럼 샅샅이 살펴보았다. 1백 개도 넘는 결재 도장 가운데서, 상하이인의 생명과 관계된 중요한 이 사건에 대해서 책임질 것이 하나도 없단 말인가? 없었다면 그 이후에 만들어야 했고, 있었다면 그것은 찍으나마나 한 도장이 아니었던가? 찍어도 찍지 않은 것과 다르지 않은 도장은 어느 정도나 되는가? 몇 개의 도장이 실질적 역할을 하는지를 명확하게 해야만 무엇을 줄일지 말할 수 있다. 하지만 그토록 많은 도장을 누가 어떻게 명확히 가려낸단 말인가? 그러므로 행정명령에서 법제화된 감독으로 바꾸는 것은 쉬운 일이 아니다. 행정이 경제를 관리하는 것에 있어서 가장 우스운 구석은 평소에는 부서마다 사람은 넘치고 업무는 없어서, 모두들 신문을 들추거나 차를 마시거나 담배를 태우며 시간을 죽이다가, 일단 문제가 벌어지면 책임을 추궁하고 원인을 찾으면서 모든 부서가 감독이 부실하고 법집행이 허술한 것은 인력이 모자라서라고 강조하는 것이다. 이런 상황은 상하이에서 아주 심각하다. 왜냐하면 상하이는 계획경제체제가 가장 발달한 곳이었기 때문이다. 적어도 이런 점은 해결이 어렵다. 철저하게 없애거나 근본적으로 해결할 수는 없지만, 반드시 안정적으로 바뀌어야 한다. 상하이에서 경제를 개혁하는 것은 마치 우아한 중년부인이 이마와 눈가의 주름살을 수술하는 것처럼, 더 젊고 예뻐 보이게 만들 수는 있지만 청춘을 되돌아오게 만들 수는 없는 것과 같다. 성공만 허락하고 실패는 허락하지 않으니, 칼을 들고 얇은 얼음을 디딘 것처럼 조심스러워야 한다.

홍콩과 타이완 사업가만 상하이에서 비즈니스하기 힘들다고 불평한 것은 아니다. 상하이인 자신도 그런 원망을 쏟아냈다. 그러니 홍콩과 타이완의 사업가는 상하이인은 "영리하지만 뛰어나지는 않다."고 말할 수 있었지만, 상하이인은 누구를 원망했겠는가?

11 '자오신' 스타일

미국에 이민간 지 8년 만에 그린카드를 들고 돌아온 친구가 있었다. 그 친구는 친지를 만나러 귀국했다가 중국에서는 어떤 비즈니스가 괜찮은지 둘러보았는데, 상하이에 얼마쯤 머물다 누군가의 초청으로 상하이 인근의 한 도시에 가서 부동산 프로젝트를 둘러보고 돌아와 이렇게 말했다.

"그 사람들은 상하이 지척에 살면서도 비즈니스에 대해서는 아직 캄캄이더군!"

그는 약간 상기된 어조였다.—이 친구는 문화대혁명 당시에 농장에서 지낼 적에 '흥분을 잘하기로 유명한 인물'이었는데, 그런 성미는 지금도 여전했다. 어쩌면 미국이라는 젊은 나라가 그처럼 잘 흥분하는 성격을 길러내는 온상인지도 모르겠다. 할리우드 영화를 보면 걸핏하면 등장인물이 흥분해서 발을 구르고 주먹을 불끈 쥐고 고함을 치지 않던가? 영화 속 인물과 비교하면, 그가 흥분한 것은 그래도 우아한 편이고 또 중국적이다. 하지만 나처럼 본토 중국 사람이 보기에 그는 몹시 흥분한 것 같았다.—

"한 눈에 보기에도 삼킬 수도 뱉을 수도 없는 지경이더군. 그건 날강도 같은 프로젝트였어."

그는 말했다. "시내 중심가 노른자위 땅에 20층이 넘는 고층빌딩 두 동을 짓는 데 달랑 인민폐 몇 천만 원을 투자한다더군. 상하이라면 최소한 그 열배는 될 걸세. 게다가 자금이라고는 달랑 몇 백만 원을 모아서 공사를 시작하는데, 기초공사는 30층 빌딩을 올리는 정도로 파더라고. 그러니 나중에 외국 측에서는 설계 변경을 통해 층수를 높이라고 할 것이 뻔하고,

높인 층수만큼의 이익은 죄다 그들의 몫이 되겠지. 그러면 그들은 엄청난 돈을 챙기게 될 테고. 만약 여기에 동의하지 않는다면, 아마도 자금을 투자하지 않겠지. 게다가 그들은 계약에 여지를 남겨 두어서 삼키지도 뱉지도 못하게 했더군. 이런 식의 사업을 상하이에서 벌이기란 애당초 불가능하지."

나는 부동산 투자의 묘한 구석에 대해서는 전혀 모르기 때문에 현지의 중국 쪽 관계자가 협상 과정에서 황당한 잘못을 저질렀는지는 판단할 수 없고, 더욱이 상하이인이었다면 분명히 그런 잘못을 저지르지 않았을지도 판단할 수 없다. 나는 단지 그에게 그가 상하이를 떠나 생활한 지난 8년 동안에 신문지상에서는 상하이인이 비즈니스에서 사기를 당하는 일이 적지 않게 보도되는 것을 보았다는 사실을 일러주었다. 그는 연신 고개를 끄덕이며 말했다.

"자네는 모를 거야. 자네가 상하이인이 사기를 당했다고 하는 것은 몇십만 원, 몇 백만 원짜리의 사소한 비즈니스일 걸세. 이런 대형 프로젝트라면 상하이인은 절대로 사기를 당하지 않을 걸세. 상하이인의 비즈니스 수완은 국제적으로도 정평이 나 있거든."

그가 '국제적'이라는 말을 들먹이자, 나는 할 말이 없어졌다. 하지만 그의 말에서 문득 한 가지 생각이 떠올랐다. 생각을 달리해 보면, 외국인 사업가가 상하이에서 비즈니스하기 어렵다고 불평하는 것이 나쁜 일만은 아닐 수도 있다. 외국인 사업가에게는—홍콩과 타이완 사업가를 포함해—자신의 상품을 가지고 들어와 시장을 점령하고, 최소의 투자로 최대의 이윤을 남기는 것이 가장 유쾌한 일이다. 중국 쪽에서는 남이 돈을 벌지 못하게 하는 것이 현명한 것은 아니지만, 어떻게 하면 교역에서 많은 이익을 얻고, 중국의 산업에 도움이 되고, 상대가 만든 올가미에 걸리지 않고, 불법적인 사업가들에게 사기를 당하지 않느냐 하는 것이 비즈니스라는 말에 담긴 의미라고 생각한다.

따라서 상하이인이 비즈니스에 있어서 '영리하지만 뛰어나지는 않다'는 것이 사실인지를 따지는 것은 일부 외국인 사업가의—설사 중국에 대해서 매우 우호적이라고 하더라도— 의견을 잣대로 삼아서는 아니 되며, 그 비즈니스가 만들어내는 경제적 실익과 사회적 실익을 기준으로 삼아야 한다. 효율과 이익이라는 측면에서 상하이는 자금·특허·사업의 유치에 있어서 여전히 전국에서 선도적 자리에 있다. 상하이인은 수십 년 동안 외국인과 접촉하고 비즈니스를 한 경험을 밑천으로 삼을 수 있지만 자만해서는 아니 된다. 또 '영리하지만 뛰어나지는 않다'는 고깔을 씌워 상하이인을 억울하게 만드는 것도 좋지 않다. 비록 달리는 말을 채찍질하여 격려하려는 의도가 있을지라도, 이런 의견을 내놓는 외부의 사업가들이 모두 상하이가 더욱 발전하기를 바라는 호의를 지녔겠는가? 아무튼 전파매체를 통한 부당한 선전으로 '영리하지만 뛰어나지는 않다'는 것이 상하이인에 대한 최종적 평가가 되어버린다면, 상하이의 당당한 풍모를 다시금 떨치기에는 불리할 것이다.

나는 상하이인의 일원으로서, 상하이의 기업인을 취재하면서 상하이인의 처지를 깊이 통감한 적이 있었는데, 마치 바진巴金의 소설「가家」에 나오는 자오신覺新과 비슷하다는 것이었다. 상하이인은 새로운 사고와 관념에 대한 열정이 모자라는 것이 아니라 미래에 대한 동경과 계획을 갖고 있어서 솜씨를 뽐내고 싶어한다. 하지만 현실에 얽매이고, 대가족을 부양해야 한다는 책임감에 얽매여, 선택을 할 적이면 규정을 지키고 신중하게 행동하는 소극적 방법을 취하기 때문에, 과감하게 앞장서는 용기는 잃고 만다.

예를 들면 일찍이 상하이는 화장품·음료·식품 같은 내수용 소비재를 위한 외자도입이나 합작 프로젝트를 일절 허용하지 않았다. 그 이유는 국가에서 규정한 외자도입 프로그램에 따라 생산품은 반드시 해외로 수출해야 했기 때문이다. 다른 지역에서는 이런 규제를 다투어 철폐하여 많은 수익을 올렸지만, 상하이는 조금씩 완화하는 수준에 머물렀다. 또 한 가지 예를 들면, 마케팅에서 리베이트를 제공하는 것이 전국적으로 공공연한 비밀이 되었지만 상하이시 당국은 리베이트 수수가 불법임을 거듭 천명하면서 마지못해 리베이트를 허용했다. 게다가 리베이트 제공 내역은 반드시 기장記帳하고, 비자금을 조성해서는 아니 되며, 개인적 수수는 금지했다. 이런 규정은 비록 실효가 없었지만, 법규를 그대로 유지했기에 일단 문제가 불거지면 법규에 따라 처리될 수 있었다.

때문에 상하이에서 부패 관료의 뇌물사건 재판은 일벌백계의 작용을 할 수 있었다. 그러나 피의자가 속한 직장의 직원과—자신이 피해를 보는 경우를 제외하고는 몹시 분개할 것이다.— 법률집행 담당자—사건처리 과정에서 심혈을 기울여 피의자와 지혜와 의지의 날카로운 대결을 벌인다.—를 포함한 대다수 상하이인은 그들에 대해 정도는 다르지만, 안타까움과 동정을 표시한다. 다른 지역에서는 아무 것도 아닌 액수에 대해서 실형을 선고한다면, 다른 지역의 사장이나 공장장은 열에 아홉은 입건될 것이기 때문이었다. 대다수 상하이인은 비즈니스를 해 본 적도 없고, 권력을 잡고서 뇌물을 받아본 적도 없고, 다른 지역에 나가 비즈니스를 한 적도 없었지만, 한 가지 공통된 인식이 있었는데, 상하이의 높은 양반들은 다른 지역의 높은 양반들보다 담은 작고 손도 작고 마음은 곧아야 한다는 것이다. 조금 전까지 탐관오리를 욕하다가도 TV를 켜고 아무개 부구청장, 아무개 부국장, 아무개 공장장, 아무개 사장이 초췌한 몰골로 피고석에 앉아서 눈물을 흘리며 하소연하는 모습을 보면, 이내 재판을 받는 나리나 사장을 대신해 그들의 결백을 호소할 것이다. 이처럼 유치하고 가소로운 인식에서 상하이인의 인격적 특징—성실히 법을 지키는 것—이 드러난다.

중국인은 예로부터 "적은 것을 근심하지 않고 균등하지 않은 것을 근심했다." 법망이 느슨하면 사람들은 이내 불공평해질 것이다. "담대한 사람은 배가 불러서 죽고, 소심한 사람은 배가 고파서 죽는다."는 유행어가 있는데, 이 말은 상하이에서는 널리 퍼지지 못했다. 새로운 어휘와 표현을 잘 만들어내는 상하이인은 이와 의미가 유사한 표현을 만들어서 자신을 면려한 적도 없었다. 이는 상하이인이 이런 현상을 부득이 인정하기는 하지만 찬성하지는 않으며 더욱이 추종하지는 않는다는 사실을 보여준다. 남들이 '영리하지만 뛰어나지는 않다'고 말하더라도 상하이인은 여전히 차근차근 나아가지, 튀어나온 서까래처럼 되려고 하지는 않는다. 이런 배경에서 상하이인은 종종 승복하지 않는 태도를 내보인다. 부신성步鑫生[42]의 경험담이 전국으로 확산될 때, 상하이의 사장과 공장장의 첫 반응은 "그게 뭐야? 내가 했다면 훨씬 멋지게 해냈을 것인데."였다. 이런 반응에는 우물

---

42) 1980년에 저장성 하이옌 현의 의복공장 공장장으로 있으면서 '철밥통'의 고용구조를 혁신하여 1년 만에 저장성에서 최우수 경영성과를 달성했고, 1983년에는 전국의 모범사례가 되었다.

안 개구리 같은 측면도 있지만, 전적으로 그렇다고 할 수도 없다.

상하이인은 현대적 경영에 있어서 분명 뛰어난 구석이 있다. 적어도 외국의 선진적 경험을 배우고 받아들이는 능력은 전국에서 손꼽힌다. 예를 들어 마케팅의 중요한 수단인 광고에서 상하이인의 재능은 탁월하게 드러난다. 나는 많은 지역을 가보지는 못했지만, 적어도 베이징·광저우·항저우·쑤저우 등지의 쇼윈도는 상하이를 따라잡지 못한다. 상하이의 유명 세제업체인 오창五廠은 가내 수공업에서 시작했지만, '바이먀오白描'라는 세정액으로 기업을 키웠고, 액체 비누인 '펑화蜂花'와 '다얼메이達爾美'시리즈로 상하이의 스타 기업에 올랐는데, 그들이 성공한 요인은 바로 최적의 광고전략이었다. 1981년에 내가 오창의 공장장을 인터뷰했을 때, 그는 마룻바닥이 삐걱대는 작은 사무실에서 광저우상품전시회 개막 이틀 전에 TV 광고를 통해 단번에 상품의 인지도를 높인 일을 생생하게 말했다. 그는 당시 내가 만난 기업인 가운데 광고에 대해 가장 뚜렷한 인식을 가진 인물이었다. 또 형편없는 설비를 갖춘 마을공장에서 출발한 '샤페이霞飛'는 일약 상하이는 물론 전국적으로 촉망받는 기업이 되었고, 생산한 제품은 전국의 10대 유명 브랜드 가운데 하나가 되었는데, 이 또한 성공적인 광고 전략 때문이었다.

지금까지 언급한 현상은 지난날 상하이인의 심리상태일 뿐이다. 중앙에서 정책을 내놓아 푸둥을 대대적으로 개발하는 등 여건이 바뀌면서 상하이인의 '자오신' 스타일의 마음가짐에도 많은 변화가 생겼다. 따라서 이런 심리상태는 누적되어 형성된 문화적 심리는 아니기 때문에 상하이인의 특별한 자질로 치고 토론할 수는 없는 것이다.

12 위대한 '연인의 벽'

상하이인에게는 도시인의 일반적인 심리적 특성이나 중국의 남방 사람이 보편적으로 지닌 심리적 특성과는 다른, 어떤 독특한 구석이 있을까? 곰곰이 생각해 보면 문화를 창조하는 능력이 떠오른다.

문화는 인간이 만드는 것이다. 이는 뒤집어 말하면 인간은 누구나 문화를 창조하는 능력을 지니고 있다는 말이다. 그런데 어떻게 '문화 창조 능력'을 상하이인만의 독특한 소질이라고 할 수 있을까?

앞서의 정의는 넓은 의미에서 말한 것이고, 좁은 의미에서 보면 개인과 개인, 집단과 집단, 시대와 시대는 문화 창조력의 정도가 서로 다를 수밖에 없다.

여기에서 말하는 문화 창조력은 어떤 각도에서 보든지 창의적 행위의 지향성을 잘 드러낸다. 창의적 행위의 지향성이란 '시류의 선도'라는 의미로 개괄할 수 있는 것이 아니다. '시류의 선도'에는 기회를 포착한다는 의미가 들어 있다. 시류를 선도하는 행위는 대개 창의성을 지니지만, 때로는 창의성은 없이 모방하거나 묵은 것을 리메이크하여 신선한 것으로 간주되기도 한다. 하지만 창의적 행위를 지향한다고 모두 기회를 포착하는 것은 아니다. 이런 행위는 전통과는 별반 관계가 없어 보이고, 같은 시기에 새롭고 기발한 주장을 내놓아 차별성을 보이며, 다른 지역의 사람들에게는 인정받지 못하는 경우가 흔하다. 역사의 무거운 짐을 짊어진 중국 민족이 창조를 거부하고, 역사적으로 숱하게 벌어진 혁신운동이 걸핏하면 복고의 기치를 내걸었던 것에 비추면, 상하이인의 창조 정신은 매우 소중한 것이다.

상하이인의 문화 창조 능력을 보여주는 가장 전형적인 것은 와이탄外灘의 '정인장情人墻', 즉 '연인의 벽'일 것이다.

'연인의 벽'이 상하이 최고의 볼거리로 꼽히던 시절이 있었다. 1980년대 초에 나는 베이징에서 온 편집자 두 사람을 맞이한 적이 있었다. 당시 그들은 저녁에 와이탄 구경을 가겠다고 하기에, 나는 밤이 되면 황푸 강변에는 가로등도 없고, 불 꺼진 빌딩은 보이지도 않는다고 말했다. 그랬더니 그들은 빌딩은 앞전에 상하이에 왔을 적에 이미 구경했고, 지금은 빌딩 구경을 하려는 것이 아니라 사람 구경을 하려는 것이라고 했다. 그들은 빙그레 미소를 지으며 물었다.

"밤이면 와이탄에 남녀 커플이 모여 서로 부둥켜안고 있다던데, 그게 사실인가요?"

"조금 과장이기는 하지만, 그런 셈이죠."

그 일에서 나는 상하이인에게는 자연스러운 현상도 외지 사람에게는 ─수도 베이징에서 온 사람조차도─ 호기심을 유발할 수 있다는 사실을 깨달았다. 이후 나는 연인의 벽에 대해 관심을 가졌고, 그것이 결코 베이징에서 온 두 편집자만이 특별히 호기심을 느낀 것은 아니며 외지 사람이라면 누구나 자못 흥미를 느낀다는 사실을 알게 되었다. 나중에 상하이에서도 방영된 TV 프로그램 「정대종예正大綜藝」[43]에서 진행자인 자오중샹趙忠祥[44] 이 '연인의 벽'을 거론하기도 했지만, 당시에는 연인의 벽이 이미 상하이에서 역사의 메아리가 되어버린

---

[43] 1990년 4월 중국중앙 TV에서 첫 전파를 탄 이후 20년째 계속되고 있는 최장수 인기 프로그램.
[44] 중국중앙 TV의 유명 사회자.

뒤였다.

외지 사람의 시각을 경험하면서 나는 비로소 '연인의 벽'이 지닌 색다른 구석에서 그 문화 현상의 배후에 담긴 의미를 찾아내게 되었다. 그래서 나는 지금도 '연인의 벽'은 문화사에서 세월이 흘러도 바뀌지 않고 영원히 청춘을 지킬 것이라고 믿는다. 나와 같은 시대를 살아가는 상하이인이라면 누구나 '연인의 벽'에 벽돌 하나씩을 쌓았다고 할 것이다. 지금 우리가 그런 환경으로 돌아간다면, 상하이인의 위대한 문화 창조 능력을 실감할 것이다.

'연인의 벽'이 생겨난 데는 두 가지 객관적 요인이 있었다.

첫째, 상하이인의 협소한 생활공간 때문이었다. 상하이인의 주거 환경은 몹시 열악하다. 당시에는 두 세대 내지 세 세대가 한 집에서 살기가 예사였다. 연애를 하는 청춘남녀는 상대의 집으로 찾아가게 되면, 온 식구들의 관심 속에 소곤소곤 이야기를 나누고 눈빛으로 감정을 전해야만 했기에 아주 불편했다. 그래서 그들은 부득불 밖으로 나가는 수밖에 없었다. 당시 공원은 한여름을 제외하면, 저녁에는 대부분 문을 닫았다. 설사 공원이 야간개장을 하더라도 으슥한 곳에는 반드시 순찰을 도는 규찰대원이나 경비원이 있었다. 때문에 연인들의 은밀한 행위가 방범 손전등에 포착되기라도 한다면 민망하기 짝이 없는 일이었다. 아마도 요즘 젊은이가 들으면 마치 아라비안나이트와도 같은 이야기일 것이다. 당시에는 커피숍, 바, 클럽, 비디오방 같은 곳도 없었기에 연인들이 즐겨 찾는 곳은 주로 대로변이었다. 그래서 '거리를 쏘다닌다'는 의미의 '탕마루蕩馬路'라는 말이 상하이에서는 연애의 대명사로 쓰였다.—지금 이 말은 '연인의 벽'처럼 역사의 무대 뒤로 사라졌다.—

거리를 쏘다니는 연인들은 인적이 드물고 불빛이 희미한, 호젓한 곳을 찾게 마련이었고, 그래서 두 번째 요인이 생겨났다. 사회의 치안 상황이 좋지 않았던 것이 문제였다. 외진 곳에서는 강도를 만나거나 불량배에게 행패를 당하거나 아니면 규찰대원의 순찰이 지나쳐서, 연인들은 반항하든 달아나든 아무튼 좋지 못한 기억을 남길 수밖에 없었기에 마치 약속이라도 한 것처럼 으슥하면서도 안전한 곳을 찾게 되었고, 점점 많은 사람들이 모여들면서, 와이탄에는 자연스럽게 '연인의 벽'이 형성된 것이었다.

와이탄이 안전한 것은 당연하지만, 으슥한 것은 상하이인이 심혈을 기울여 만든 것이었다. 어둠이 깔린 황푸강을 향해서 제방에 앉으면, 구경꾼들은 그저 뒷모습만 볼 수 있을 뿐이어서, 누구인지 알아챌 가능성은 매우 낮았다. 그런데 중요한 것은 집단적 감정의 일치와 공동의 참여로 일구어낸 적자생존의—연애도 생존에 필요한 중요한 것이다.— 과감한 정신이다. 처음 와이탄의 '연인의 벽'에 앉은 연인들은 옆에 있는 사람들이 모두들 자기 일에 몰두하느라 남을 돌아볼 겨를이 없다는 것을 알면서도, 몹시 어색해했다. 하지만 경험이 쌓이면서 마침내 남의 눈을 의식하지 않고, 연인과 볼을 맞대고, 자기만의 감정에만 몰입하는 경지에 이르게 되었다.

어떤 나이 지긋한 분은 내게 '연인의 벽'은 상하이에만 있는 것은 결코 아니라면서, 자기 고향에서는 연인들이 오래된 성벽 아래를 흐르는 실개천을 찾아다녔다고 회고했다. 그의 말에서 나는 어느 곳의 젊은이들이든지 데이트를 할 적에는 호젓한 곳을 찾는다는 또 하나의 현상을 주목하게 되었다.

약속처럼 굳어버린 연애의 명소는 문화적 상징성을 지닌다. 예를 들면 연인들이 황산黃山 천도봉天都峰의 난간에 자물통을 채우며 영원히 헤어지지 않기를 소망하는 마음처럼 말이다. 데이트 장소는 시적인 분위기가 넉넉해야 하고, 최소한 연인들이 자신을 숨길 수 있어야 한다. 연인들은 자연의 따스한 품속에서 사랑을 속삭이며 아름다운 인생의 기억을 만들어 나가는 것이다. 하지만 상하이의 와이탄은 이런 환경을 전혀 갖추고 있지 못했다. '연인의 벽'은 풀 한 포기 자라지 않는 콘크리트 바닥에 상하이인이 만들어낸 녹음이 울창한 정신의 숲으로, 연인들에게는 한여름 밤의 꿈을 꾸게 만들었다. 변변찮은 작품을 다듬어 훌륭하게 만들고, 진부한 것을 신기하게 바꾸어 놓은 것이기에 '연인의 벽'은 어떻게 찬미한대도 지나치지 않을 것이다.

구경삼아 가는 외지 사람에게는 상하이인이 성적性的으로 개방되어 보였을지도 모른다. 그들은 상하이는 동방의 파리에 손색이 없고, 상하이의 청춘 남녀들은 파리의 청춘 남녀들처럼 낭만적이어서 대로에서 얼싸안고 입을 맞추는 것도 부끄러워하지 않는다고 생각했을지 모른다. 사실 상하이인은 사생활을 아주 소중하게 여기는데, 중국의 대도시 가운데 으뜸일 것이다. 따라서 상하이의 연인들은 자신들의 은밀한 감정이 남의 눈에 띄는 것을 결코 원치 않았을 것이다. 하지만 환경이 그런 여건을 제공하지 못하자, 상하이인은 진부한 규범을 묵묵히 따르지 않았다. 그들은 전통적 관념에 주눅이 들거나 하늘을 원망하거나 남을 탓하거나 포기하지 않고, 적극적으로 마음을 다독인다. 이런 재주는 자질이 뛰어남을 보여주는 것이다. 이는 하루아침에 갖추어지는 것이 아니라 수세대에 걸쳐 축적된 문화인 것이다. 그러나 일단 '마음으로 외물을 돌려놓을 수 있는' 자질을 갖추면, 어떤 환경에서도 자유롭게 살아갈 수 있다.

13 '연애 코너'에서의 우연한 만남

'연인의 벽'과 유사한 창의적 문화 현상으로 '연애 코너'[戀愛角]와 '외국어 코너'[外語角]가 있었다. '코너'라고 부르는 것처럼, 그 세력의 범위가 작아서 그다지 눈길을 끌지 못했기 때문이다. '연인의 벽'처럼 전국적 지명도를 갖지는 못했지만, 그 문화적 가치는 '연인의 벽'에 조금도 뒤지지 않는다.

지명도가 낮았던 것은 이것이 마치 가느다란 물줄기가 모여서 강물을 이루는 것처럼 그렇게 이루어졌기 때문일 것이다. '연인의 벽'은 남의 이목에 아랑곳하지 않아서 외지 사람이 상하이인을 비웃는 구실이 되었지만, 오히려 그런 까닭으로 멀리 알려지고 오래 기억되었다. '연애 코너'와 '외국어 코너'도 필요에 따라서 생긴 것이었지만, 그런 것 가운데서는 그다지 눈길을 끌지 못한 것이다. 하지만 창조에는 저항이 따르게 마련이기에 '연애 코너'와 '외국어 코너'의 탄생도 결코 순탄치 않았다.

나는 '연애 코너'가 형성된 원인과 변화의 과정에 대해 소상히 알고 있다. 본래 '연애 코너'는 한 대중단체의 중앙 지도자가 결혼적령기를 놓친 미혼남녀를 위해 개최한 만남이벤트에서 비롯되었다. 하지만 이벤트에 참가한 남녀 대부분은 정해진 시간 동안에 마음에 드는 상대를 찾지 못했고, 그들은 자발적으로 행사를 확대했다. 그래서 '연애 코너'는 처음 공원에서 시작하여 노동자문화센터로 옮겨가고 다시 공원으로 돌아갔는데, 주변의 권유로 참가하거나 소문을 듣고 찾아오는 사람들이 많아지면서 참가자가 갈수록 늘어났다.

'연애 코너'는 전통적인 묘회廟會[45])에서의 결혼 중매 장소처럼 되었고, 변방의 소수민족 지역에서 성행하는 전통적인 짝짓기 방식을 변형시켜 현대의 대도시에 이식한 것만 같았다. 말쑥하게 차려입은 참가자들은 유쾌하고 명랑한 모습이었다. 비록 저녁 어스름 무렵에 열리는 것이 못내 아쉬웠지만, 건강하고 낭만적인 분위기였다. 당시 내가 참가자들에게 물어보니, 그들은 이런 방식이 자연스럽고 솔직하여 적극적으로 사랑의 기회를 찾을 수 있기 때문에 인위적 이벤트가 마치 조종을 받는 느낌인 것과는 다르다고 했다. 그들 가운데는 이제 사랑에 갓 눈을 뜬 어린 남녀도 있었고, 억지로 수줍은 표정을 짓는 가식적인 자기 암시도 있었다. '연애 코너'는 '연인의 벽'과 마찬가지로 참가자들이 자발적으로 만들어낸 정신적 오아시스였다. 이곳에 들어서면 부끄러워 드러내기 어려운 내면의 갈망이 충분히 존중받고 이해되었다. 참가자는 그 자리에서 이성의 선택을 받지 못하더라도 동병상련의 동성同性을 찾을 수 있었다. 상하이인은 위대한 문화 창조력으로 현대의 도시병을 치료하는 묘약을 만들어낸 것이다.

그런데 안타깝게도 당시에는 상하이 공공장소의 일부 책임자들이 이런 현상이 갖는 본질적 의미를 미처 깨닫지 못하고, 자칫 골치 아픈 문제를 일으킬지도 모른다는 생각만을 하고 말았다.

'연애 코너'는 상하이 서남쪽에 있는 한 공원에서 처음 시작되어 일요일마다 열렸다. 당시 공원 책임자는 풀밭에서 남녀가 모여 이야기를 나누는 모습을 보면서 직장이나 단체의 야유회쯤으로 생각하고 별다른 관심을 두지 않았다. 그런데 일요일마다 사람들이 모여들고 점점 늘어나자, 이

---

45) 잿날이나 특정일에 불교 사찰이나 도교 도관(道觀) 어귀에 서던 임시 시장.

상하다는 생각이 들었다. 사람을 시켜 확인했더니 한 대중단체가 주관하는 미혼 남녀의 만남이벤트라는 대답이 돌아왔다. 공원 측은 대중단체에 연락을 취했고, 단체의 관련자는 자신들이 주관한 이벤트는 진즉에 끝났고, 현재의 활동은 자신들과 무관하다는 입장을 공식적으로 밝혔다. 공원 측은 이렇게 많은 사람이 자발적으로 모여든다는 사실이 믿기지 않았고, 마침내 어떤 조직의 개입 없이는 불가능하다는 판단을 내렸다. 조직의 실체는 무엇인가? 어째서 모습을 드러내지 않는가? 모임을 갖는 진짜 동기는 무엇인가? 하는 의문이 꼬리를 물었다. 무슨 일이든 분석을 하려 들면 간단하던 것도 복잡해지고 만다. 공원 측은 결국 사람들을 추방하기로 결정했다. 하지만 추방을 하기란 간단치 않았다. 첫째, 행정적으로나 법적으로 아무런 근거가 없었다. 저들은 관람객의 신분으로 공공장소를 찾은 것이었고, 공원 측은 그들에게 서비스를 제공할 의무는 있지만 내쫓을 권리는 없었다. 둘째, 모임을 기획한 사람은 찾아내지 못하고, 오합지졸만 마주하는 꼴이어서, '일벌백계'의 효과를 기대할 수 없었다. 하지만 공원 측은 이런 문제를 덮어버리고 사람들을 깡그리 내쫓았다. 공원에서 쫓겨난 '불순세력'은 상당 기간을 이곳저곳으로 떠밀려 다니다 노동자문화센터로 들어서게 되었다. 당시 나는 「공인창작工人創作」의 편집부에서 일했는데, 편집부는 노동자문화센터 4층에 있었다. 나는 퇴근 시간 이후에 사무실에 남아서 몇 시간씩 소설을 쓰다가 집으로 돌아가기가 일쑤였기에 사람들로 북적대는 '연애 코너'를 몇 차례나 목격할 수 있었다. 그 장면은 아주 근사했고 감동적이기까지 했다. 나 또한 나이 서른이 넘어 결혼을 했기 때문에 과년한 젊은이들의 고충을 잘 알고 있었다. 나는 과감하게 행복을 창조하려는 그들의 행동에 박수를 보냈다. 그러나 문화센터의 책임자는 자리가 자리인지라 나처럼 감정적으로 대처할 수는 없었고 냉정하게 따질 수밖에 없었다. 이 집회는 내력이 불분명하고 온갖 사람들이 모여들기 때문에 문제가 생길 소지가 많다고 판단하고, 마침내 여느 공공장소에서 그랬듯이 사람들을 쫓아내기로 결정했다.

당시 상하이시 노동자문화센터가 내린 조치는 이랬다. 먼저 홀의 기둥에 공고문을 내붙였다. 공고문의 문구는 심사숙고한 끝에 중성적인 어휘만을 사용했는데, 모호하면서도 뼈가 있게 쓰기란 결코 녹록치 않았다. 공고문이 나붙었지만 효과는 미미했다. 그러자 센터에서는 경비원을 사람들 사이로 들여보내 훼방을 놓았다. '연애 코너'는 사람들의 밀도가 평방미터당 대략 세 사람 정도로 매우 높아서 시내버스에는 미치지 못해도 새벽시장에 못지않았을 것이다. 경비원들이 휘젓고 다니며 참가자들과 몸이 서로 부딪쳤지만, 청춘 남녀들은 개의치 않았다. 오히려 참가자들은 점점 늘어나 문화센터를 독차지할 기세였다. 이렇게 되자 문화센터의 책임자는 난감해졌다. 사람들을 내쫓지 못하면 계속 드나들 것이고, 그러다보면 언젠가는 나그네가 주인 노릇을 하게 될 것이다. 그러면 어떻게 할 것인가? 상하이인인 문화센터의 책임자도 창의력이 풍부했다. 그는 지혜를 짜냈고, 마침내 절묘한 방법을 찾아냈다. 그는 필름을 넣지 않은 카메라를 들고 사람들 앞에 나서 한 컷 한 컷 부지런히 셔터를 눌러댔다. 사람들은 황급히 사방으로 흩어졌고, 이튿날 저녁부터 문화센터에서는 더 이상 '연애 코너'가 열리지 않았다.

이 사건은 아주 희극적이다. 누가 옳고 누가 그른지도 말하기 어렵다.

그러나 상하이인이 난감한 문제를 처리함에 있어서—결혼적령기를 넘긴 젊은이들은 자신의 짝을 찾으려 하고, 공공장소의 책임자는 안정을 지키려고 하고—보여준 지혜로움과 임기응변은 사람들에게 호평을 받았다.

'연애 코너'는 상하이시 문화센터에서 퇴출된 이후에 다시 몇 군데를 전전하다 시내 한 복판에 있는 인민공원에 둥지를 틀면서, 마침내 언론매체의 관심을 끌었고 신문지상에 보도되었다. '연애 코너'라는 이름은 바로 그때부터 공식적으로 사용되었다. 하지만 보도내용에는 부정적 내용이 많았고, 전반적 논조는 참가를 만류했다. 온갖 부류의 사람들이 뒤섞이기 때문에 불순분자들에게 기회를 주기 쉽다는 논리였다. 신문지면을 통한 공개구혼 광고의 경우는 금전을 편취하는 사례가 적지 않음에도, 금지된 적이 없었다. 그런데 어째서 '연애 코너'는 해로운 것으로 치부했을까? 안정을 희구하는 심리 때문이었을까? 지나침은 모자람만 못하다는 의식 때문이었을까? "남자와 여자는 가까이 주고받지 않는다."는 전통적인 관념 때문이었을까?

모임에 참석한 젊은이들은 훌륭했고, 그들의 생각은 아주 현대적이었다. 그들은 어떤 선언도 내놓은 적이 없었지만, 그들은 진정한 문화 선봉대였다. '연애 코너'는 신문에 보도되고 얼마 지나지 않아 잊혀졌다. 그들의 용감한 도전은 아직 때가 아니었던 것이다. 5천 년이나 된 문명의 전통이 그들의 상대였기에, 그들은 조용히 실패하고 말았다. 안타까운 일이기는 하지만, 그런 일이 발생했다는 사실이 더욱 중요하다.

'연애 코너'와 비교하면 '외국어 코너'는 행운아였다. 1992년에는 '어린이 외국어 코너'도 생겨났는데, 마치 혈통을 잇는 것처럼 보였다. 하지만 당초에는 그것을 저지하는 힘이 '연애 코너'보다 작지는 않았던 것 같다. '연애 코너'는 내정內政에 국한되지만 '외국어 코너'는 외교와 연관되기 때문이었다. "외교에는 사소한 일이 없는 법이다." 일련의 사람들이 모여 떠들고 때로는 외국인들도 어울렸는데, 국격國格을 해치는 일이 벌어지거나 심지어 스파이사건이 생긴다면 큰 문제가 아니었겠는가? 내가 당시 공원의 책임자였다면, '연애 코너'에는 관용을 베풀었겠지만, '외국어 코너'는 그냥 넘길 수 없었을 것이다. 소인배의 마음으로 군자의 생각을 헤아리자면, '외국어 코너'의 발전 역사에 담긴 이야기는 적지 않고, 또 심금을 울리거나 가슴을 설레게 만드는 숱한 이야기가 있었을 것이다. 그것이 오래도록 이어지고 또 발전할 수 있었던 것은 개혁개방이라는 좋은 때를 만났기 때문이었다.

진짜 행운을 누린 것은 더 나중에 나온 '암 클럽'이었다. '암 클럽' 역시 상하이인의 문화 창조력을 보여주는 것이다. 죽음과 맞서 싸우는 암환자들이 자발적으로 모여 기공氣功을 연마하고 서로 도우며 위협받는 생명에 빛을 주었는데, 이는 서로 소원한 현대인에게 감동을 주었다. 그들이 활동을 시작하자 편협한 일부 시민들은 공원에서의 기공 연마는 타인에게 병균을 옮긴다는 식으로 비판하고 공격했다. 하지만 여론의 지지와 상하이시 노동조합 등 단체의 효율적 지원을 받으면서 암 클럽은 갈수록 커졌고, 심지어 국경을 넘어선 영향력을 발휘했다.

당시 결혼적령기를 넘긴 미혼 남녀가 받은 관심과 동정은 암환자들에게는 훨씬 미치지 못했다. 훌륭한 문화를 창조하는 능력도 좋은 결과를 얻으려면 걸맞은 환경이 필요한 것이다.

14 철책의 구멍

인부들이 무리지어 오더니, 붉은 벽돌로 상단에 편평한 구멍을 남긴 기둥을 하나씩 쌓았다. 그것은 날개를 펼치고 힘차게 날아오르는 힘찬 매를 연상케 하였다. 기둥의 겉면에는 시멘트를 바르고, 완성된 기둥과 기둥 사이에는 철책을 걸었다. 녹이 슬고 칠이 벗겨진 철책에는 부식을 막는 빨간 칠을 한 다음 파란색 페인트를 덧칠했다. 이리하여 내가 사는 신촌新村의 녹지는 도로와 차단되었고, 우리 동네는 글자 그대로 '새마을'이 되었다. 내가 시내 한복판에서 신촌으로 이사한 지 1년 쯤 지났을 무렵의 일이다.

하지만 주택단지의 미관을 개선하고 몸값을 올려준 철책은 주민들이 드나드는 데는 불편을 가져왔다. 원래는 도로로 나가려면 녹지 옆의 키 작은 붓순나무 울타리를 넘어서—밟고 다니는 사람이 많아지면서 붓순나무 울타리에는 널찍한 통로가 생겼고, 나중에는 지나다닐 적에 붓순나무 울타리를 타넘느라 다리를 들어올릴 필요도 없게 되었다.— 사람들이 지나다녀 녹지 한 가운데로 비스듬하게 난 길을 따라가면, 1분 만에 도착했다. 그럴 적이면, 루쉰魯迅의 「고향故郷」 말미에 있는 명구가 떠오르고는 했다. "땅에는 본래 길이 없었지만 오가는 사람이 많아지자 길이 생겼다." 이 구절을 알든 모르든 사람들은 지나다녔고, 너나없이 편리하게 여겼다. 신촌에는 앞뒤로 출입구가 있었는데, 철책을 만들자 얼마쯤 에돌아다녀야만 했다. 길이란 제아무리 곧아도 지름길이 가장 가깝게 마련이다. 30초를 돌아가야 한다면 노정의

50%가 늘어나는 셈이고, 1분을 돌아가야 한다면 두 배로 늘어난 셈이었다. 가장 큰 문제는 심리적 불만이었다. 철책이 눈에 들어오는 순간, 예전에 질러 다니던 길이 연상되었던 것이다. 미관은 공동의 몫이지만, 불편은 개인의 것이 된 셈이었다.—나중에 알려진 사실로는, 철책이 달린 담장은 미관만을 위한 것이 아니라 방범의 용도도 있었다고 한다. 통계적으로도 담장을 설치한 이후에 도난사건 발생률이 현저하게 줄었다고 한다. 빈틈없는 계획에 대해서 "안전은 공동의 것이고, 손실은 개인의 것"이라는 말을 더해야 할 것이다.— 그런데 하루는—철책을 만들고 보름쯤 지나서일 것이다.— 철책에 구멍이 뚫린 것을 발견하고 경악을 금치 못했다. 세로 쇠막대의 하단이 잘려나가고 구부러져 있었는데, 구부러진 아래쪽 끝은 마치 자유의 여신상이 보검을 들고 있는 것처럼 하늘을 향해 있었다. 손가락만큼이나 굵고 전기용접을 한 쇠막대를 톱으로 잘라낸 것인가? 두드려서 부러뜨린 것인가? 잡아당겨서 구부린 것인가? 애당초 용접이 제대로 되지 않은 것인가? 자세히 살펴보니 구멍은 녹지를 비스듬히 관통한 샛길이 끝나는 곳에 나 있어서 마지막 가능성은 없다고 확신했다. 누군지는 몰라도 주민들의 편의를 위해 이처럼 애쓸 줄은 몰랐기에 나는 매우 감동했다. 나는 유쾌한 마음으로 구멍으로 들어가 익숙한 샛길을 거쳐 따뜻한 집으로 돌아왔다. 이틀 후, 자유의 여신이 들고 있던 보검이 사라졌다. 보검의 뾰족한 끝은 비록 위로 들려있었지만, 그래도 무언가 불안한 생각이 들었는데, 이제 안심하고 드나들 수 있게 된 것이었다. 공익에 열심인 사람들은 아직 남아 있었고, 또 이토록 철저했던 것이다.

나중에 친구집에 다녀오는데, 친구가 나를 버스정류장까지 배웅하겠다면서, 내게 가까운 길을 안내하겠다고 자랑했다. 도로변에 세운 철책에 구멍이 뚫린 것이 보였다. 철책 기둥에는 하얀 타일을 붙이고 아래에는 50cm 정도 되는 받침대가 있었다. 철책에 '구멍'을 뚫은 사람도 나름대로 신경을 써서 구멍 양편에 보도블록 두 개를 쌓아서 발판을 만들어 두었다. 그 구멍을 보는 순간 문득 한 가지 영감이 떠올랐다. 상하이인은 요모조모 따지기도 하지만, 콘크리트에 오랫동안 갇혀 지내면서 억압감을 느끼기 때문에 재주를 펼칠 기회만 생기면, 갖가지 방식으로 유유한 재미를 내보인다는 것이었다. 그래서 융통성과 말쑥함을 중요하게 여기는 상하이인은 일순간에 쉰 목소리로 "과감하게 나아가라!"고 말하는 것이다.

서북풍西北風.

그 해에 서북풍이 불어올 무렵에 우리 주택단지에는 또 한 무리의 민공民工[46]이 들이닥치더니 녹지의 잡초를 제거하고 잔디를 깔고 고무호수로 이틀 동안 물을 뿌렸다. 우리 주택단지의 녹지는 아주 볼품없고, 그나마 주위에 둘러놓은 붓순나무, 한가운데의 말라빠진 목련나무와 잎이 듬성듬성한 히말라야삼목이 조금 나은 편이었다. 빈 땅은 놀리기 아까워 대나무 울타리를 두르고 채소를 키웠다. 마침내 누군가 그것을 바로잡을 생각을 한 것이다. 아들이 "저게 뭐예요?" 하고 묻기에, 내가 "잔디다."라고 대답했더니, 아들은 작은 눈동자를 깜빡이며 믿기지 않는다는 표정이었다. 심어놓은 잔디가 약하고 누

46) 도시에 들어와 일하는 농촌 출신의 노동자.

래서 생기라고는 찾아볼 수 없었던 것이다. "내년 봄이면 잔디가 훌쩍 자라 있을게다."라고 한마디 덧붙이는 수밖에 없었다.

하지만 금세 잘못 말했다는 것을 깨닫게 되었다. 비스듬한 샛길을 잔디로 겨우 덮어놓았는데, 이튿날 이미 새로운 샛길이 나 있었던 것이다. 잔디가 어떻게 철책과 같겠는가? 철책인들 어찌 사람의 의지를 이겨내겠는가? 나와 아내 그리고 아들은 더 이상 샛길로 다니지 않게 되었다. 하지만 나는 철책의 구멍에 가까이 갈 적마다 악마의 유혹 같은 것을 느낀다. 그럴 적이면 나는 "사람은 의식이 있어야 한다."는 마오쩌둥의 어록을 되뇌었다. 동시에 자신이 점점 어리석어짐을 느꼈다.

……

이상은 내가 지은 수필 「샛길」의 일부분이다. 작품에서 말한 철책에 난 구멍은 이듬해 겨울이 되어서야 관리사무소에서 인부를 동원해 용접하여 막았다. 하지만 며칠 지나지 않아 누군가가 또 아랫부분을 잘라냈는데, 이번에는 하나가 아니라 두 개나 뚫어놓았다. 두 구멍의 거리는 10미터도 되지 않아서, 투입—철책을 뜯어내는 것—과 산출—가까운 길을 찾는 것—을 따지면 그다지 채산이 맞지 않는 것 같았다. 철책을 뜯어 구멍을 낸 사람은 불굴의 의지를 내보이려는 것이었을 수도 있겠고, 단순히 장난으로 한 것일 수도 있었다. 위추위余秋雨는 수필 「상하이인」에서 "상하이인의 계교는 대개 자신의 영리함을 내보이려는 데서 나온다. 지혜는 생명의 힘을 이루지만, 때로는 발설하려고 한다. 그 대상이 자질구레한 것이더라도 발설해야만 자신의 강건함을 느낄 것이다."라고 했다.

이듬해 봄이 되어도 잔디는 조금도 자라지 않았다. 결국 관리사무소는 품만 들고 소용이 없는 일에서 손을 놓고 말았다. 우리 가족은 구멍으로 드나들지 않은 지 1년 반쯤 지나자, 이런 고집이 자신만 답답하게 만들 뿐이며 전혀 의미가 없다는 사실을 깨달았다. 녹지에는 샛길은 완전히 사라졌고, 그 자리에는 전혀 자라지 않는 것처럼 보이는 나무 두 그루만이 남았다. 무수한 발자국에 밟혀서 풀 한 포기 자랄 수 없게 다져진 마당에 우리가 무엇을 지켜내겠는가? 품을 들여 깔고 이틀 동안 물을 뿌린 그 잔디를 지킬 것인가? 구멍으로 다시 머리를 들이밀 생각을 하자 우스꽝스러운 생각이 들었다. 들이밀기 전에는 어색하더니만 막상 들이밀고 나자 그런 어색함은 사라지고 말았다. 어쩌면 이것이야말로 자연의 상태로 돌아간 것인지도 모르겠다는 생각이 들었다.

새삼 지난 이야기를 꺼낸 것은 상하이인의 숱한 문화적 창조가 떠오르고—'연인의 벽', '연애 코너', '외국어 코너', 그리고 '주택 교환 시장', '골동품 시장' 등 자발적으로 형성된 공개적 내지 반半공개적 교역시장, 문화대혁명 당시 사용하던 배지, 반도체 부품 교환 시장 등은 설사 '영혼 깊은 곳에서 혁명이 폭발하여', '자본계급을 비판하는 권리'에 대한 물결이 높아지던 시대라 하더라도, 상하이의 모던 보이들은 나름의 방법을 찾아서 해마다 최신 스타일을 내놓았던—동시에 나도 모르게 철책에 뚫린 구멍이 떠올랐기 때문이다. 한쪽에서는 세우고 다른 한쪽에서는 무너뜨리는 것은 마치 방법은 다르지만 똑같이 재주를 뽐내는 것만 같다.

상하이인은 대체로 질서를 중시하는 편이다. 질서는 안전감과 안정감을 주기 때문이지만, 상하이인은 질서정연함을 즐거움, 영예, 시의詩意, 인정미로 삼을 줄 알기 때문이다. 이런 까닭으로 철책에 뚫린 구멍도 다른 창조적 행위와 마찬가지로 상하이인의 성격을 보여주는 상징이라고 할 수 있다. 사소한 것에 매달리는 것처럼 보이지만 그 즐거움은 끝이 없는 것이다. 실리적이면서도 형이상학적이다. 지칠 줄 모르는 창의성은—기존의 것에 대한 부정과 파괴적 성격을 지닌 것도 포함된다.— 일상에서 비극적인 것을 희극적인 것으로 돌려놓는다. 인격의 역량은 해소의 방법을 사용하지, 정복의 방식으로 대상을 투사하지는 않는다. 대상이 끊임없이 해소되는 과정에서 자신의 강도強度도 해소된다. 어떤 이는 강도가 없는 상태로 탁월한 강도를 드러낸다고 말한다.

연애 장소의 문제, 결혼적령기를 놓친 미혼 남녀의 문제, 외국어 학습 환경의 문제, 암환자의 자구노력 문제, 주택문제, 정상적 유통 채널이 수요를 따르지 못하는 문제 등 중국의 도시가 직면한 현실적 문제에 있어서, 오직 상하이인만이 유연성 있는 해결책을 찾아냈고, 나아가 문학적 운치와 인정미를 더했다. 몇몇 언론매체가 앞장서 설맞이 행사에 아동복지원을 찾아 고아들을 위문하던 것에서 시작하여, 병원에서 장애 고아를 무료 수술하고 또 양육을 책임지는 것으로 나아가고, 해고노동자의 직업훈련 문제를 해결하고자 상하이항공사가 방직여공 가운데서 '스튜어디스'를 선발한 것 등은 상하이인의 지혜의 표현이라고 할 수 있다. 그러므로 오늘날 상하이인의 문화 창조력은 천부적인 것이라고 할 것이다.

15 야심이 너무 커서는 아니 된다

강도强度가 없는 상태로 탁월한 강도를 드러낸다는 것은 내게 상하이인이 무엇 때문에 상하이어를 경시하는지 일깨워주었다. 문어文語에 대한 상하이인의 지나친 겸양은 커지는 야심을 가리려는 속내다. 상하이인은 언어에 있어서 한 지역의 맹주가 되는 것은 원치 않으며, 천자를 끼고 제후를 호령하기를 원한다. 어떤 의미에서 상하이인은 이미 소리 없이 자신의 야심을 이루었다고 할 수 있는데, 바로 현대 한어漢語에 규범적 문체를 제공한 것이다.

청나라 말기 이래로 상하이는 오랜 세월 새로운 문예의 중심이었다. 당시 상하이에서는 오어吳語를 사용한 창작이 한동안 성행했기 때문에, 상하이인이 거기에 힘을 쏟았더라면 오어의 문체를 성숙시키기는 어렵지 않았을 것이다. 이보가李寶嘉의 「이십년목도지괴현상二十年目睹之怪現象」, 하경거夏敬渠의 「야수폭언野叟曝言」, 장남장張南莊의 「하전荷典」, 한방경韓邦慶의 「해상화열전海上花列傳」, 증박曾樸의 「얼해화孽海花」, 해상설몽인海上說夢人의 「헐포조歇浦潮」 등 만청晩淸 시기의 유명 소설은 대화나 서사에 오어를 많이 사용하였는데, 독자층은 대부분 상하이, 장쑤성, 저장성 일대의 사람들이어서 언어적 장애가 크지 않았다. 오어에는 오늘날의 표준어인 보통화에서 사용하지 않는 고대 한어의 어휘들이 많은데, 근거가 확실해서 새로운 낱말을 억지로 만들 필요가 없었다.—예를 들면 상하이어에서는 덥지도 춥지도 않다는 것을 '원툰溫暾'이라고 하는데, 당나라 왕건王建의 시구에 "날이 개자 풀빛은 초록이 따사롭다."(新晴草色綠溫暾)고 한 것으로 거슬러 올라간다. 또 상하이어에서 '과抓'는 '움켜쥐다', '쓰다듬다'는 뜻인데, 「회남자淮南子」
에 "사람이 옥석玉石을 움켜잡지 않고 과호瓜瓠를 움켜쥐는 것은 무엇 때문인가?"
(人之所以不抓玉石, 而抓瓜瓠者, 何也?)라고 한 것으로 거슬러 올라간다.— 수요
자—독자—가 있고 공급자—오어에 익숙한 작가와 고대 한어의 어휘—가 있
는 일종의 새로운 문체였다. 상하이어의 문체는 물이 흘러서 생긴 도랑처
럼 생동감이 넘치지만, 새로운 문체가 태어나지 않아서, 누군가는 '요절
한 조산아'라고 말하기도 한다. 마치 애당초 생겨나지도 않았던 것처럼,
이내 사람들에게서 잊혀진 것은 상하이인의 열정이 다른 곳으로 옮아갔기
때문이었다. 상하이인은 전국적으로 널리 통용되는 관화官話를 더욱 원했
던 것이다.

상하이는 통상 항구이자 바다에 인접한 공업도시로, 문화는 경제적 필
요에 의지해야만 했다. 명나라와 청나라 두 왕조가 수도를 베이징에 둔 세
월은 5백 년이 넘었고, 북방어가 중국 대부분 지역의 사람들이 사용하는
구어가 된 역사는 이보다도 더 길었다. 이런 상황에서 오어를 관화로 발전
시키는 것은 어렵고도 요원한 것이었기에 북방의 언어를 개조함으로써 품
을 더는 편이 나았다. 때문에 상하이인은 언어의 지역주의를 스스로 내던
지고—설사 상하이어가 전국적으로 유행하여 자아감을 대단히 만족시키더라
도— 새로운 국어國語의 창조를 전폭적으로 지지했다. 이런 선택은 쉽지
않았지만 현명한 것이어서 중국의 근현대사에서 상하이인의 문화적 지위
를 크게 높여주었다.

상하이에서는 먼저 번역이 봇물처럼 발전하여, 구두어의 번역문제가
완벽하게 자리를 잡았는데, 번역문체는 서양의 문법구조를 도입함으로써

현대 한어의 규범적 문체를 만드는 데에 초석이 되었다. 뒤를 이어 상하이의 작가들은 상하이 시민의 일상생활을 규범적 문체로 묘사함으로써 상하이인의 공감을 얻고 호평을 받았다. 상하이인은 소설의 등장인물이 '니侬', '농儂', '이伊'로 서로 호칭하지 않고,[47] '자이在'를 '러랑勒浪'이라고 말하지 않고, '셴성先生'을 '거루華履'라고 부르지 않는 것을 전혀 어색해하지 않았다. 돌아보면 마오둔茅盾[48]의 빛나는 명저「자야子夜」[49]는 문체적 의미가 심미적 가치를 넘어서는데, 백화 문체가 상당히 규범화되었음을 보여주는 표지가 되는 작품이다.

뒤이어 영화산업이 상하이를 근거지로 크게 번창했다. 초기 영화는 상하이 시민의 일상과 강남 수향水鄕의 정감을 담은 것이 많았는데, 관객은 대부분 상하이인이었다. 상하이인이 상하이어를 널리 알리기에 열중했더라면, 영화야말로 더할 나위 없이 좋은 매체가 될 수 있었다. 하지만 상하이인은 배우가 쑤저우 방언과 비슷한 국어國語로 말하는 것을 좋아했다. 이런 현상으로 경극京劇, 월극越劇, 화극話劇[50]은 갈수록 상하이인에게 환영을 받은 반면, 호극滬劇이나 독각희獨角戲[51]에 대한 관심은 식어갔다. 토착 극종劇種에 대한 상하이인들의 푸대접은 토착 극종의 예술적 방향을 바꾸도록 압박했다. 호극의 경우를 보면, 소재는 화극에 가까

---

47) 상하이 방언에서 사용하는 대명사로, 표준어인 보통화의 '워(我)', '니(你)', '타(他)'에 해당하는 말이다.
48) 1896~1981. 중국의 소설가, 평론가. 본명은 선더훙(沈德鴻). 마오둔은 그의 필명.
49) 1933년 1월에 발표한 마오둔의 대표작. 제국주의의 침략 속에서 매판자본과 민족자본의 대결 상황을 묘사한 작품으로, 상하이를 무대로 민족자본가 우쑨푸(吳蓀甫)와 매판금융자본가 자오보타오(趙伯韜)의 흥망성쇠를 그렸다.
50) 대사를 중심으로 이야기를 연출하는 서구식 연극. 중국의 전통극은 노래가 중심이고 대사는 보조적 기능이어서, 흔히 서구의 오페라에 비견됨.
51) 상하이, 항저우, 쑤저우 등지에서 유행한, 북방의 만담 '상성(相聲)'과 유사한, 설창(說唱) 문예의 하나.

워졌고, 노래와 대사도 고유의 맛이 차츰 사라지고 대신 서구식 오페라의 맛이 농후해졌다. 독각희도 한 사람 또는 두 사람이 짝을 지어 연출하던 전통적 형식에서 벗어나 방언으로 구성된 희극喜劇에 노래를 가미하는 양상으로 바뀌었다. 그러나 이런 노력은 모든 상하이인의 문화적 야심을 넘어서지 못했고, 국어를 사용하든 방언을 사용하든, 점차 아雅와 속俗의 분수령으로 변모했다. 그 가운데 월극은 저장성 성현嵊縣의 지방극에서 상하이의 대표적 극종으로 발전하여 호극의 정통적 지위를 대신했는데, 연착륙을 바란 상하이인의 마음가짐을 엿볼 수 있다.—'소흥희紹興戲'로 불리는 '월극'은 대사에 항저우어, 즉 북방 방언화된 오어를 사용하여 상하이인의 마음을 끌었다. 상하이인은 월극이 섬세하고 부드러워 강남의 분위기에 어울리고, 소리를 길게 늘여 교양 있게 보이는 점을 좋아했다. 평탄評彈에서는 지체가 높은 사람은 모두 중주中州의 어투를 썼고, 신분이 낮은 사람이나 부정적 인물만 방언을 사용했다. 이런 점은 상하이인의 문화적 심리를 보여준다.—

수십 년에 걸친 차분한 노력으로 상하이인은 큰 성과를 거두었다. 1960년대에 언어의 마술사로 불린 마오둔·바진·라오서·자오수리趙樹理[52] 가운데, 남방 출신인 마오둔과 바진은 오랫동안 상하이에 창작의 둥지를 틀고, 번역문체에서 나온 규범문체를 사용하여 대표작을 완성했다. 반면 이 두 사람과 등을 맞댄 북방 방언 계열의 두 대가는 의식적으로 지역성을 강조하여 방언의 어휘를 구사함으로써 경파京派[53]와 산약

---

[52] 1906~1970. 중국 산시성(山西省) 출신의 현대 문학가. 화베이(華北) 지방 농촌을 배경으로 농촌사회의 현실을 다룬 많은 작품을 써서 중국 현대문학사에서 중요한 영향력을 미친 '산약단파(山藥蛋派)'의 비조가 되었다.

[53] 1930년대에 베이징과 톈진을 중심으로 문학활동을 하던 선충원(沈從文), 리젠우(李健吾), 주광첸(朱光潛) 등을 부르던 말로, 나중에는 '베이징 풍격'의 문학이나 예술 활동을 일컫는 말로 사용되었다.

단파山藥蛋派의 비조가 되었다. 규범적 문체에 비하여 그들의 문체는 특징은 있지만 편향된 구석이 있었다. 치우친 것이 온전한 것이 되고 온전한 것이 치우친 것이 되는, 이런 흥미로운 문학현상이 나타난 것은 개인의 학문이나 수양과는 그다지 관계가 없었고—라오서는 마오둔이나 바진처럼 서양 유학을 한 적이 있고, 그의 대표작 「낙타상자駱駝祥子」는 영어로 쓴 뒤에 중국어로 번역되었다.— 독자들의 심미적 취향에 한층 제약을 받았기 때문이다. 북방의 독자들은 중국의 유구한 문화적 전통을 지니고 있다고 자처하기 때문에 "중국의 학문을 본체로 삼고, 서구의 학문을 응용으로 삼는다."(中學爲體, 西學爲用.)는 관점을 기꺼이 받아들였다. 돼지우리를 쌓은 벽돌이 한나라 때의 것일 수도 있고, 청경채를 담은 접시가 당나라 때의 가마에서 구워낸 것일지도 알 수 없는 것처럼, 그들은 동작 하나 말 한마디가 알게 모르게 조상이 남긴 정신적 풍모에 젖어 있었다. 때문에 그들은 "지역적일수록 민족적이다."라거나 "민족적일수록 세계적이다."라고 아주 과감하게 말한다. 그들은 한쪽으로 치우치는 것을 두려워하지 않았고, 오히려 치우치려고 했다. 그리고 치우친 것을 온전한 것이라고 생각하고 온전한 것을 치우친 것이라고 생각했다. 상하이인은 이런 허점을 파고들어 현대 중국어의 규범적 문체가 형성되는 데에 결정적으로 기여했다. 남북문화의 대립이라는 관점에서 본다면, 남방이 북방에 끌려간 것처럼 보이지만, 사실은 북방이 남방에게 조종되고 이화異化된 것이었다. 뗀느H. Taine는 "군중이 예술가를 만든다."고 했다. 마오둔과 바진, 이 두 언어의 마술사는 상하이인이 그들을 끊임없이 자신들을 성원하고 자양분을 공급해 주었다는 사실에 감사해야 한다.

이렇게 보면, 지금 상하이의 작가가 언어에 있어서 자기비하에 빠지고 고뇌하는 것은 문화적 심리의 위축을 보여주는 것이다. 심리적으로 더 이상 세상을 끌고나가는 문화의 중심으로 자처하지 못하기 때문에 방언을 문어에서 사용하는 것을 부끄럽게 여기는 것이다. 야심만만하던 앞 세대 상하이 작가에 비해 시야가 좁아진 우리 세대는 대도大道를 내던지고 사소한 재주를 중시한다. 물론 그 책임이 몇몇 전업작가에게만 있는 것은 아니다. 모든 상하이인이 문화적 사고가 쇠퇴하는 조짐을 보인다.

언어로 되돌아가 보자. 예전에 "너무 ××하지 말라!"(不要太××噢!)는 식의 말이 상하이에서 빠르게 확산된 적이 있었다. 이런 말투는 "쇠락을 탄식하는 울적한" 심경을 보여준다. 부정적 수사방식으로 놀라움을 드러내고, 그 놀라움과 두려움에는 쓰라림이 담겨 있고, 질투나 경고를 은연중에 내보이고, 남이 쇠락함으로써 한쪽으로 기운 자신의 심리적 저울이 균형을 되찾게 되기를 기대한 것이다. 당시 이런 말투를 사용하던 상하이인은 이런 마음을 자각하지는 않았더라도, 그런 집단무의식이 없었다면, 그토록 짧은 동안에 어떻게 이런 말이 상하이에서 유행했겠는가? 나는 이런 말투에 대해 문제의식을 느끼면서도 즐겨 사용했는데, 그것은 마치 '막을 수 없는 유혹'과도 같았다. 이런 말투로 감탄이나 쾌감을 드러내는 것은 상대의 무지함을 조롱하고, 대상이 뿌리가 없음을 경멸하는 것이었다. 이런 식으로 수사를 더하면, 화자의 자아감은 청자와 대상을 능가하게 된다. 이와 같은 정신적 승리의 방식은 종래 상하이인의 자기비하 태도를 많이 덜어주었다. "겸손은 사람을 발전하게 만들고, 교만은 사람을 낙후하게 만든다."는 말은 "진보는 사람을 겸손하게 만들고, 낙후는 사람을 교만하게 만든다."고 뒤집더라도, 역시 바꿀 수 없는 진리이다. 따라서 상하이인이 '대大상하이'를 들먹이거나 '해파문화海派文化'[54]를 들먹이는 것을 잊어버리는 날이야말로 '대상하이'와 '해파문화'가 다시 빛을 발하는 날이 될 것이다. 과연 그런 날이 올 것인지는 비관하지 않아도 될 것이다. 상하이인은 야심이 너무 커서는 아니 될 것이다.

[54] 상하이의 개성을 지닌 지역문화.

16 색다른 것에 빼앗긴 마음

상하이인은 '상하이어를 내면 언어로 삼는' 문화 집단이라는 나의 주장과는 생각이 정반대인 친구가 있다. 그의 논리는 이렇다.

"남과 대화할 때는 습관적으로 상하이어를 사용하지만, 보통화를 써야 하는 특정한 상황에서는 말을 더듬거나 표현상에 어려움을 겪는다. 하지만 혼자 있으면서 글을 읽거나 글을 쓰거나 무언가를 생각할 적에는 내면의 목소리가 표준적인 보통화이므로 상하이인은 보통화를 내면의 언어로 삼는다."

문화인류학을 연구하는 친구의 주장은 나를 당황스럽게 만들었지만, 그가 말한 그런 상황도 확실히 존재한다.

예성타오葉聖陶[55]는 "글을 쓰는 것은 말을 쓰는 것이다. 글을 쓸 적에는 마음으로 묵독해야 한다. 자연스럽지 않으면 자연스러울 때까지 되풀이하여 읽어야 한다."고 말했다. 나는 글을 쓰면서 다른 한편으로 묵독을 하는데, 묵독하는 소리는 정통적인 보통화다. 이 결정적 고비가 순조롭지 않으면 '내면 언어'에 대한 생각은—남다른 기발한 주장이라고 우쭐대는 것일지라도— 버릴 수밖에 없고, '상하이인'에 대한 정의도 처음부터 다시 시작할 수밖에 없다.

'내면 언어'는 입에서 꺼낸 적이 전혀 없는 것은 아니지만 내심으로 들을 수 있는 언어를 말한다. 언어란 개인이 말을 하는 과정 내지는 그 산물을 가리킨다. 소쉬르[56]는 언어를

---

[55] 1894~1988. 장쑤성 쑤저우 출신의 작가, 출판인. 본명은 예사오쥔(葉紹鈞).
[56] Ferdinand de Saussure. 1857~1913. 스위스의 언어학자. 구조주의의 선구자.

사회적 언어인 랑그language와 개인적 언어인 빠롤parole로 나누었는데, 빠롤은 랑그의 개인적 변체變體를 가리키고, 랑그는 사회적으로 공인된 언어 체계와 공동의 언어가 갖는 발음과정, 표현방식, 우연히 생기는 비언어적 요소 등을 포괄하는 것이다. 빠롤은 개성을 지닌 것이기에 감정의 표현에 적합하고, 랑그는 개성이 없는 것이기에 엄밀한 사고와 이성적 설명에 어울린다고 할 것이다.

상하이인이 생각을 할 적에 듣는 내면의 소리가 보통화라는 것은 보통화가 상하이인에게는 규범적 언어이지 내면 언어가 아니라는 사실을 설명한다. 일단 그것이 감정을 자극하면, 상하이어가 내심에서 솟구쳐 나온다. 이런 점에 대해서는 앞서 「상하이어에 담긴 상하이인의 영혼」에서 자세히 언급했다.

하지만 친구의 주장은 나를 일깨워 주었다. 무척 성숙한 것처럼 보이는 상하이어는 아직도 초보적 단계에 머물러 있을 뿐인지도 모른다. 세월이 더 지나면 모습이 크게 달라질지 알 수 없다. 여러 조짐에서 상하이어의 지각에 이미 균열이 시작되었고, 변화의 마그마가 지하에서 은밀히 용솟음치고 있다는 것을 엿볼 수 있다.

첫째, 상하이의 3세대나 4세대 이민자들은 보통화에 아주 익숙한데, 보통화가 일상 구어에서 차지하는 비율이 절반이나 된다. 우리 세대는 보통화에 익숙하지 못하다. 발음이 정확하지 못해서 권설음[57]은 제대로 소리 내지 못하고, 비음은 잇따라서 '왕王'과 '황黃'을 제대로 구별하지 못한다. 설사 발음이 정확해도 성조(聲調:발음의 고저. tone)는 틀리기 일쑤다. 그래서 평소에는 괜히 웃음거리가 되지 않을까 두려워 보통화로 대화

---

57) 혀끝을 윗잇몸 또는 경구개 쪽으로 말아 올리면서 내는 소리. 설권음(舌卷音).

하기를 내켜하지 않기 때문에 보통화는 점점 내면의 목소리로 바뀌었다. 그런데 지금 세대는 이런 문제가 애당초 존재하지 않는다. 그들은 보통화와 상하이어를 모두 유창하게 구사하며, 심지어 보통화가 더 유창하기도 하다. 그들은 학교에서는 질문을 하든 대답을 하든 대화를 나누든 서로 다투든 기본적으로 보통화를 사용하고, 집에 돌아와 어른과 대화할 적에만 상하이어를 사용한다. 우리 집 아이는 내가 어린 시절에 부모를 '아바阿爸', '음마姆媽'라고 부르던 것과는 달리 보통화로 '라오바老爸', '라오마老媽'라고 부르려고 한다. 이는 홍콩이나 타이완 사람을 따라하려는 것이 아니라, 이렇게 말하면 보통화에 부합되고 입에도 착착 붙는다고 생각하기 때문이다. 학창시절에 남방 사투리의 어투가 섞인 보통화를 구사하는 친구가 몇 명 있었는데, 모두 간부幹部의 자녀로 다른 아이들과는 확연히 달랐다. 그 시절에는 그렇게 말하는 것이 습관이었다. 아이가 다니는 중학교를 찾아갔더니 무리지은 남녀 학생들은 모두 보통화로 재잘거렸다. 아마도 평소 순수한 상하이어를 쓰는 아이가 그들 틈에 섞이면 오히려 '촌스럽게' 보일 터였다. 그 아이들이 성장해서 상하이 사회 요소요소에 앉게 된다면 상하이어의 모습은 달라지지 않을 수 있을까?

둘째, 지금 상하이의 유행어는 어휘의 구체적 사용에 대한 논란이 있지만, 갈수록 글로 표현하기 편하게 바뀌고 있다. 이는 신세대 상하이인이 보통화의 어휘를 개조하여 독특한 정감을 표현한다는 사실을 보여준다. 상하이어의 구어가 문어를 향해 가는 역동성은 막을 수 없을 것이다.

상하이어의 변화 조짐을 통해서 거꾸로 상하이어 형성의 역사적 필연성을 엿볼 수 있다.

상하이어는 오방언 계통에서 가장 외래어를 쉽게 받아들이는 어종이다. 이런 흡입력은 어휘에서만 나타나는 것이 아니다. 더욱 중요한 것은 발음이다. 상하이어는 혓바닥 훈련을 통해 외래 어음을 모방하는 데 있어서의 어려움을 극복해 냈다. 상하이어는 상하이 토착어처럼 비음이 강하지 않고, 쑤저우어처럼 감미롭지 않다. 또 광둥어와 비교하면 혀가 뻣뻣하고 발음이 간결하고, 닝보어와 비교하면 위턱이 이완되고 발성이 자연스럽다. 쑤저우 사람, 광둥 사람, 닝보 사람의 억센 발음은 보통화나 외국어를 배우는 데에 장애가 된다. 그러나 상하이어의 발음은 그다지 또렷하지 않아서 '집착이 없기' 때문에 외래어를 만나면 물을 만난 고기처럼 된다. 마치 서예를 배우는 데에 먼저 해서楷書의 기본기를 닦고 나서 행서, 초서, 예서, 전서를 배우면 자연스럽게 쓸 수 있는 것과도 같다. 「영어를 배우다學英語」라는 제목의 상하이 독각희獨角戱에서는 쑤베이 사람, 광둥 사람, 닝보 사람이 억센 현지 억양으로 영어를 배우는 장면이 나온다. 이는 결코 꾸며낸 것이 아니라 실제로 이런 방언의 어투를 지닌 영어를 들을 수 있다. 그러나 이런 상황이 상하이인에게서 생기는 경우는 드물다.

한 친구가 이런 에피소드를 들려주었다. 한 번은 그가 외국인을 접대하게 되었다. 그는 자신이 아는 몇 마디 영어로 겨우 외국인에게 인사를 건넸는데, 뜻밖에도 상대는 그의 손을 잡더니 뭐라고 한바탕 지껄였다. 그는 몹시 당황스러웠다. 통역의 말로는, 그 외국인은 친구의 발음이 아주 정확하다며, 유학을 한 적이 있느냐고 묻더라는 것이었다. 친구는 그 일은 정말 우연일 뿐이고, 자신은 영어가 형편없다고 말했다. 내가 보건대, 그것은 친구가 학창시절에 영어선생님에게 잘 배운 덕분이 아니라 상하이어가 그의 혓바닥을 평소에 잘 훈련시킨 덕택이었을 것이다. 나는 보통화 구어는 비록 우스꽝스럽지만, 미리 준비한 글을 한 글자씩 또박또박 읽는다면 방송국의 성우 수준으로 읽어낼 자신이 있다.

상하이인은 외래어를 모방하는 데에 선천적으로 어려움이 없다. 뒤집어 말하면 상하이어는 외래어를 잘 모방하기 위해 생긴 것이라고 할 수 있다. 이런 맥락에서 보면, 50년이나 1백 년이 지난 뒤에는 상하이어는 오방언에서 벗어나 북방방언에 융합되거나, 북방방언과 오방언의 교차지대가 되어서, 언어학자들에게 분류상의 어려움을 주게 될지도 모른다. 나는 아들에게 상하이어가 모습이 바뀌는 날이 오거든, 내게 제사를 지낼 적에 꼭 알려달라고 당부할 작정이다.

이와 같은 언어를 내면 언어로 삼고, 그것으로 이루어진 관념의 세계에서 살아가는 상하이인이 문화에 있어서 보여주는 선명한 특징은 고집이 적고, 역사적 부담이 적고, 새로움과 변화를 추구하고, 동적인 것을 좋아하고, 흡수하고 소화하는 능력이 뛰어나다는 것이다.

상하이인은 원래 사방팔방에서 모여들었고, 다시 사방팔방으로 뻗어나갈 충분한 준비가 되어 있다. 상하이인은 대규모 교류에서만 자신의 능력을 드러낸다. "나무는 옮기면 죽고, 사람은 옮기면 산다."(樹挪死, 人挪活.)는 말은 상하이인에게 가장 잘 어울릴 것이다. 종전에 상하이인이 문화적 심리가 위축되고 쇠퇴했던 것은 오랫동안 자유로운 이동이 없었기 때문이다. 사방의 관심이 집중되면서 상하이인의 자아감은 점차 나아진다. 오랫동안 해외에 나가 있다가 얼마 전에 금의환향한 한 친구는 내게 이런 말을 했다.

"지금 상하이를 보면 도처에 기회가 널려 있네. 예전에 한사코 이곳을 벗어나려고 한 일이 새삼 후회스럽군. 자네도 해외에 나가보면 금세 알게 될 걸세. 지금 돈을 벌 기회는 중국 국내에 있어. 다른 나라에서는 대부분의 사업이 이미 자기 영역이 뚜렷이 나누어져 있어서 비집고 들어서려고 발버둥을 쳐도 발을 들여놓기가 무척 어렵다네. 아무튼 죽어라고 애써 겨우 자리를 잡았는데, 그걸 엎어버리고 되돌아오려니 차마 결심이 서질 않네. 돌아와서 새로 일을 벌인대도 위험을 무릅써야 하고. 마음이 정말 복잡하네. 도처에 기회는 널려 있지만, 더 이상 모험을 하고 싶지도 않고. 지금은 이렇게 갈등하지만, 예전에는 갈등 따위는 눈곱만치도 없었다네. 돌아올 생각은 아예 하지도 않았고. 그런데 지금 돌아오려는 것은 나이가 들어서 고향이 그리워서가 아니라 국내에 널린 기회가 너무 매혹적이기 때문일세."

이 말은 상하이인의 심리를 전형적으로 보여준다. 변화와 발전을 바라는 상하이인의 마음은 타고난 것이며 늘 변함이 없었다. 그 친구는 돈을 버는 목적이 개인의 가치를 구현하는 것이라고 했다. 즉 세상 사람에게 자신의 능력이 결코 남보다 뒤지지 않는다는 것을 입증하고 싶다는 것이었다. 대다수 상하이인도 그렇게 생각하기 때문에 자신에 대한 평가를 남에게 맡긴다. 이는 결국 상하이인으로 하여금 평생토록 대다수가 인정하는 유행을 좇게 만들어서 상하이인의 삶은 전반적으로 고달프다. 대다수 상하이의 퇴직 간부나 직공은 외지로 가서 남은 정력을 발휘하기를 바란다. 그것은 자식들의 착취가 심해서가 아니라—물론 늙은 부모의 골수까지 뽑아먹는 자식이 있겠지만, 그렇다고 상하이가 다른 지역보다 그런 자식이 많은 것은 아니며, 상하이 노인의 자기보호의식은 다른 지역 사람들보다 강하다.— 스스로 남에게 뒤지는 것을 인정하고 싶지 않고, 또 남에게—또한 자기 자신— 자신의 존재가치를 보여주고 싶어하기 때문이다.

따라서 상하이어로 이루어진 관념의 세계에는 부정적 경향이 존재한다. 상하이인은 확고한 신념을 지닌 사람은 드물고 물결을 따라 움직이는 사람이 많기 때문에 대부분 평생토록 분주하게 살지만 세월이 지나면 연기처럼 구름처럼 사라지고 만다. 그런 까닭으로 상하이인은 스타가 되거나 풍운의 인물이 되는 것에는 별로 관심이 없고, 오히려 신념이 강하고 인내심이 있는 사내대장부를 존경한다. 하지만 상하이라는 토양은 겉으로 보이는 세상이 너무도 근사하기 때문에, 사내대장부가 성장하고 살아남기에는 불리하다.

무인지경도 고산준령도 사막도 우습게 여기고, 맹수와 폭풍우도 두려워하지 않는 탐험가도 상하이에 들어서서 화려한 번화가를 둘러보고, 고급 호텔에서 머물고, 경쾌한 노래와 우아한 춤을 즐기고, 산해진미를 맛보고, 요조숙녀와 마주하게 되면, 반석과도 같던 투지는 녹아내리고, 하늘을 찌르던 오만함은 사라지고, 원대하던 계획은 좌초하고 만다. 온유함은 승냥이보다도 무서운 것이다. 강철 같은 영웅도 이런 관문을 넘어서기 어려운데, 상하이에서 태어나고 성장한 상하이인이야 말할 필요가 있겠는가?

장점이 있으면 단점도 있게 마련이다. 새로움과 변화를 추구하면 생각이 자주 바뀔 수밖에 없고, 남의 장점을 받아들이려면 번거로울 수밖에 없다. 이론적으로는 맞더라도 현실에서는 어긋나는 경우가 흔하다. 평생 분주하고 고단한 그들의 처지를 헤아려서, 상하이인에게 너무 가혹하게 바라지는 말라.

17 인정미와 체면

다시 「대변혁 3년 프로젝트 기간의 상하이인」이라는 TV 프로그램을 말해보자. 옌순카이嚴順開는 이 프로그램에서 자신의 경험에 근거한 콩트를 연출했다.

> 옌순카이는 시내버스를 타고 매표원에게 버스를 환승하려면 어디에서 내려야 하는지 묻는다. 매표원은 딱딱하게 대꾸한다. 화가 난 옌순카이는 매표원의 목에 걸린 명찰을 살핀다. 신고라도 할 것처럼 해서 세상물정을 모르는 매표원에게 겁을 주려는 것이다. 그런데 매표원은 제 손으로 명찰을 벗어 내보이며 "줘요? 10원!"하고 말한다. 옌순카이는 물러서지 않고 씩씩대며 10원을 건네고 명찰을 받는다.

이 콩트는 연기는 그럴듯했지만, 아무래도 허구를 가미한 것 같았다. 물론 이런 일이 생기지 않는다고 말할 수는 없지만—내가 보건대 이 콩트는 실화를 바탕으로 재구성한 것으로, 명찰을 풀어서 '줘요?' 운운한 동작은 꾸며내기 어려운 것이다.— 실제로 옌순카이에게서 벌어졌을 가능성은 매우 낮다. 옌순카이는 상하이에서 대단히 유명한 인물이다. '아Q阿Q'와 '아훈阿混'으로 출연했고, TV의 각종 저녁 프로그램에 뻔질나게 출연하기 때문에 상하이에서 그를 모르는 사람은 거의 없다. 그 매표원이 옌순카이를 모르는 몇 안 되는 사람 가운데 한 사람이라고 하더라도, 버스에 타고 있던 승객 모두가 그를 몰랐을 가능성은 전혀 없다. 상하이인은 유명한 인물에 대해서는 대단한 존경심을 갖는다. 옌순카이가 시내버스를 탔다면, 그가 열성 팬을 피하려고 선글라스와 마스크로 얼굴을 가리는 일부 여성 스타들처럼 하지는 않았겠지만, 그래도 이처럼 난감한 상황에 직면하지는 않을 것이다. 정말로 그가 이런 상황을 만났다면, 그것은 그날이 그에게는 특별히 '불길한' 날이었다. 왜냐하면 예전 상하이 시내버스 매표원의 서비스는 충분히 만족스럽지는 않았어도, 그 매표원처럼 '지나친' 경우는 거의 드물었고, 공교롭게도 그런 경우가 유명인에게서 벌어졌대도, 그건 그저 우연일 뿐이기 때문이다.

더 흥미로운 것은 그 뒷이야기다. 버스회사 사장은 콩트가 끝나자 그 자리에서 일어나 회사에 돌아가면 이 일을 교훈삼아 서비스교육을 강화하겠다고 말했다. 그는 옌순카이에게 공개사과하고, 명찰을 돌려달라고 요청했다. 하지만 옌순카이는 명찰을 돌려줄 생각이 없다며 거부했다.

"그날 저녁, 집에 돌아가 화가 치밀어 잠을 이루지 못했어요. 날이 밝으면 명찰을 들고 버스회사를 찾아가 책임자에게 말할 생각이었죠. 하지만 다시 생각하니, 자식뻘 되는 그 매표원은 어쩌면 다른 일로 마음이 몹시 상해 있던 터였는지도 모를 일인데, 이 일을 회사에 알리면, 그가 자칫 밥그릇을 잃고 앞길이 막히지나 않을까 하는 생각이 들더군요. 그런 생각을 하자 차츰 마음이 가라앉더군요."

사회자는 그 자리에서 "명찰을 돌려주어야 하는가?"를 놓고 방청객들과 토론을 벌였다. 버스회사의 모범 매표원 두 사람이 일어나 옌순카이는 즉시 명찰을 돌려주어야 한다고 주장했다. 사장은 그 일로 매표원을 처벌하지는 않을 것이며, 모든 기사와 매표원에게 근무태도에 신중을 기하라고 주의를 주고 말 것이라는 이유였다. 하지만 옌순카이는 뜻을 굽히지 않았고, 명찰도 돌려주지 않았다. 하지만 프로그램은 이미 교훈을 주는 목적에 이르렀기에, 쌍방 모두가 만족했다.

나는 이 프로그램을 보면서 약간의 감동을 받았다. 내용의 일부가 꾸민 것이고, 옌순카이의 경험담이 아니라고 하더라도, '그'가 귀가한 이후의 느낌을 밝힌 것은 아주 신뢰감이 가고 감동적이었다. 나는 그 프로그램에서 이 콩트가 가장 인정미가 넘쳤다고 생각했는데, 이런 인정미는 바로 전형적인 상하이의 맛이다.

얼마쯤의 시간이 지나고 이 일에 대해서 냉정하게 생각하면서―내가 이 일을 잊지 못했음을 알 수 있다.― 이런 인정미를 연구하고 분석할 필요성을 느끼게 되었다.

이런 인정미가 전형적인 상하이의 맛이라고 말하는 것은 대다수 상하이인은 이런 경우에 똑같이 반응할 것이기 때문이다. 오늘날 상하이인은 약자를 동정하는 정서를 보편적으로 지니고 있으며, 때로는 시비를 따지지도 않는 것처럼 보인다. 예전에 전국인민대표대회 대표이자 유명 월극越劇 배우인 위안쉐펀袁雪芬이 쇼핑센터에서 점원에게 모욕을 당한 일이 신문에 보도된 적이 있었다. 당시 시민들의 반응은 이랬다. "그런 일은 다반사다. 평범한 시민이 그랬더라도 신문에 났을까?", "점원은 자기 일은 한 셈이네. 계산대에 죽치고 앉아 잡담이나 하는 것보다는 낫지."라는 식이었다.

또 한 가지 예를 들어보자. 쓰촨북로四川北路에서 열 곳의 우수상점과 최악의 상점 한 곳을 선정한 적이 있었는데, 당시 훙커우구虹口區 당국은 최악으로 평가된 상점은 쓰촨북로에서 퇴출한다는 규정을 사전에 공포했다. 선정 결과 '다싱大興'이라는 옥호의 잡화점이 최악의 점포로 뽑혔다. 열 곳의 우수 점포와 최악의 점포는 모두 고객들의 투표로 뽑았는데, 배후에서 과정이나 결과를 조작한 사람은 아무도 없었다. 세상에 절대적으로 공정한 일은 없다지만, 그래도 이 일은 나름대로 공정하고 투명했다. 그런데도 훙커우구 당국이 사장을 해임하고—역시 평가 항목에 들어 있었다.— 점포이전 명령을 내리자, 억울함을 호소하는 사람들이 적지 않았다. 시민들은 당국의 조치가 너무 가혹하다고 주장했다. 해당 점포가 결코 서비스가 형편없거나 짝퉁을 팔거나 고객에게 바가지를 씌운 적이 없다는 이유였다. 신문에 기고한 글은 수준이 높았다. 해당 점포를 이전해야 하느냐가 아니라 다른 각도에서 우려를 표시했는데, 점포를 이전하면 고객의 잡화 구입에 불편을 끼치지 않겠느냐는 것이었다.—이에 대해 훙커우구 당국은 유사한 잡화점을 신설해 이전에 따른 공백을 메우겠다는 계획을 내놓았다.— 해당 점포는 당시 쓰촨북로에서 유일한 잡화점이었다.

어떤 이는 거시적 체제개혁의 관점에서, 정부의 명령이나 행정간섭으로 점포의 운명을 결정하는 것이 타당한지에 대해 문제를 제기했다. 이 일은 당시 상하이에서 빅뉴스가 되어, 중국 중앙 TV의 「초점방담焦點放談」 프로그램에서 취재를 나오기도 했다. 아무튼 이전을 앞둔 '다싱' 잡화점은 삽시간에 고객들로 넘쳐났고, 매상은 우수상점으로 선정된 곳보다도 오히려 높았다. 중국 중앙 TV의 카메라 앞에 선 몇몇 종업원은 우리는 고객을 위해 봉사하고 정상적으로 운영하는데도, 최악의 점포로 선정된 것은 이해할 수 없다며 목소리를 높였다.

상하이인은 점원의 형편없는 서비스에 대해서 아무 생각도 없는 것일까? 어째서 언론매체가 이런 문제를 고발하고, 감독기관에서 행정처분을 내려 사람들의 불만을 풀어주던 시점에, 다수 사람들은 오히려 약속이라도 한 것처럼, 자발적으로 비판을 당하는 쪽을 변호한 것일까?

TV 프로그램으로 되돌아가 보자. 당시 자리에서 일어나 의견을 밝힌 모범 매표원은 어째서 사장이 결코 매표원을 처벌하지 않을 것이라고 장담한 것일까? 그들은 그렇게 말할 자격이 있는가? 해당 매표원은 징계를 받는 것이 옳지 않은가? 그런 매표원을 징계하지 않는다면—어쩌면 그에게는 나름의 사연이 있었을지도 모른다. 예를 들면 실연했다거나 집안에 심각한 불행이 닥쳤다거나.— 어떻게 근무 분위기를 쇄신하겠는가?

문득 오래전에 읽은 빅토르 위고의 소설 「93년」의 한 장면이 떠오른다.

프랑스 혁명에 반대하는 방데파 반동주의자 랑트나크 후작을 태운 전함이 항해 도중에 대포를 포대에 묶은 쇠사슬이 끊어진다. 대포는 격렬한 파도에 흔들리며 서로 부딪치고, 배는 금세라도 전복될 것만 같다. 이 때 한 수병이 목숨을 걸고 대포를 포대에 다시 고정시켜 위기를 넘긴다. 상황이 끝나자 랑트나크 후작은 전원을 갑판에 모으고, 수병의 영웅적 행위를 칭송하고, 그에게 명예훈장을 수여한다. 그리고 곧이어 직무상의 과실에 대한 책임을 물어 그 수병을 총살한다.

이 부분을 처음 읽었을 때에 얼마나 놀랐던지, 수십 년이 지나도록 뇌리에서 지워지지 않았다. 하지만 따지고 보면 이것은 상벌을 명확하게 시행한 것이다.

이런 말을 할 필요도 없지만, 상하이인은 누구든지 이렇게 주장하고 행동한다. 상하이인은 평소 책임감이 있고 직업을 중시하는 사고방식을 지녔다고 알려져 있다.

상하이인은 사람의 소질을 아주 중요하게 여긴다. 시내버스에서 말다툼이 벌어지면 흔히 "당신은 무슨 능력이 있느냐?"는 말을 내뱉는다. 능력 가운데서도 업무 능력을 가장 중요하게 생각한다. 상하이인은 거의 재편되다시피 하여 각종 사회조직으로 들어갔다. 사회조직 가운데서도 직장이—미성년자의 경우는 학교— 가장 중요한데, 퇴직한 경우에는 직장조직에서 나와서 이롱里弄[58] 조직으로 편입된다. 성년인의 업무 능력은 개인의 사회적 가치의 절반 이상을 차지하기 때문에, 상하이인에게는 결코 사소한 것이 아니다.

필자가 「서호西湖」에 발표한 중편소설 「허공에 있는 그녀」(她在半空中)는 '5강4미五講四美'[59]의 본보기인 인물이 월례 평가에서 3등을 하자—1등과 상금 차이는 몇 푼 되지도 않았다.— 체면을 구겼다며 목숨을 끊으려고 한 일을 그린 작품이다. 이 작품에서 묘사한 이야기는 실화를 바탕으로 구성한 것이었고, 상금 몇 푼에 목을 매는 일은 당시 공장에서는 아주 흔한 일이었다. 그런데 당시 사람들이 서로 다툰 것은 돈 몇 푼이—당시에는 몇 푼의 돈도 상당한 구매력이 있었지만— 아니라 남에게 지지 않으려는 것이었다. 체면을 중시하는 상하이인의

---

58) 상하이 방언으로 '골목'을 뜻하는 말로, 지역공동체의 최소 단위이다.
59) 1981년에 중국 총공회(總工會), 공산주의청년당, 전국부녀연합회 등 9개 단체가 벌인 사회계몽 캠페인. '5강'은 교양, 예절, 위생, 질서, 도덕의 중시이고, '4미'는 마음, 언어, 행위, 환경의 아름다움이다.

심리는 역대로 충분히 이용되었다. 공산주의 정신을 고양하던 문화대혁명 기간에 그들은 보수를 따지거나 명예를 다투지는 않았지만, 임금을 심사할 때면 평균주의에 반대하고 그룹을 나누려고 하였다.—1, 2원 차이라도 좋았다.— 이런 측면에 있어서, 체면을 중요하게 여긴다는 점은 상하이인이 지닌 장점이다. 그래서 상하이인은 남에게 뒤떨어진 사람이나 해가 되는 사람에게는 때로는 매정할 정도로 동정심을 갖지 않았다. 좋게 말하면 "배부른 사람은 굶주린 사람의 심정을 모른다."는 식이었다. 그런데 근자에는 오히려 옛 모습으로 되돌아가서 '약자'에 대해 유난스럽거나 원칙이 없다고 할 정도로 관대해졌다. 왜 그럴까? 상하이에서 '타오장후'(淘漿糊)[60]라는 말이 널리 유행하면서 문인 사이에서도 크게 관심을 모았던 것과 관계가 있을까? 이런 생각을 하노라니, 나는 이런 인정미의 이면에 담긴 소극적인 맛을 발견하게 되었다. 여기에는 언외言外의 의미가 있다.

"모두 평범한 서민이고, 뚜렷한 원칙 없이 대충대충 하는데, 진지하게 할 필요가 무엇이겠는가?"

이런 심리는 노력하여 나아가려는 마음가짐은 아니다. 남에게 관대하다는 것은 자신에게 우선 관대한 것이다. 대충대충 넘어가는 자신의 정신 상태를 변명하기 위한 것이다. 상하이인이 이런 마음가짐을 갖는 데는 이유가 없지 않다. 바로 정신적인 빚이 많아서 생긴 결과이다. 이런 마음가짐은 상하이의 경제적 비약에 영향을 미칠 수 있다. 수많은 일을 사람이 만들어야 하고, 숱한 기회를 사람이 붙잡아야 하기 때문에, 상하이인은 예전 같은 높은 책임감이 필요하고, 체면을 중시하던 것을 환기해야 한다.

[60] 상하이 방언으로 "원칙 없이 두루뭉실하게 한다."는 폄의를 담은 말이다.

상하이의 신문지상에서 "상하이인의 새로운 모습은 어떤 것인가?"라는 토론이 전개된 적이 있었는데, 그 의도가 바로 이런 것이었다. 이미지가 바로 체면이다. TV에서는 「대변혁 3년 프로젝트 기간의 상하이인」이라는 제목의 프로그램을 방영하여 이런 목적에 도달하려 하였는데, 공교롭게도 이 프로그램은 체면에 대한 상하이인의 인식이 위축되었다는 사실을 내보이게 되었다. 그것은 집단무의식에 해당하는 것이어서 별다른 방법이 없었다. 필자가 앞서의 콩트를 보고 가장 먼저 느낀 것은 그것이 설사 의식적으로 만든 것이라 하더라도, 인정미가 풍부한 점은 상하이인을 빼닮았다는 것이었다. 대중에게 감동을 주고, 대중을 계몽하여 바르게 이끈다는 점에서, 이 콩트는 지금 상하이인의 인식과 체득의 수준과 잘 어울린다.

언젠가 상하이인이 다시 예전처럼 체면을 중시하게 되고, 심지어 인지상정과 다소 거리가 있거나 약간 오만해진다고 하더라도, 그것은 오히려 상하이인의 자신감을 채워주고 적극적인 정신을 갖게 만들 것이다. 중국의 번영과 발전을 위하여, 상하이인은 온정과 겸양은 풍부하나 원칙과 의지가 부족하기보다는 포효하며 다투기를 바란다.

18 '뉴산'을 사랑하는 성품

도연명陶淵明은 "젊어서부터 속세와는 맞지 않았고, 성품은 본래 자연을 사랑했다."(少無適俗韻, 性本愛丘山.)[61]고 하였다. 나는 불혹의 나이를 넘겨서야 '성품은 본래 자연을 사랑했다'는 말이 지닌 의미를 분명하게 깨달았다.

'뉴산牛山'은 '허풍을 떤다'는 '추이뉴피吹牛皮'의 '뉴'와 '수다를 떤다'는 '칸다산侃大山'의 '산'이 합쳐진 말이다. 상하이어에서는 이 두 글자를 묶어서 '추이뉴피'와 '칸다산'의 의미를 동시에 담았다. 그런데 상하이어에서 '추이뉴피'는 '허풍을 떤다'거나 '허튼소리를 한다'는 의미 이외에 본래 '잡담을 하는' 것을 가리킨다. 따라서 '추이뉴산'이라고 하면 '잡담을 한다'는 의미가 보다 강하다. '잡담을 나누고' '이런저런 수다를 떠느라' 다른 일을 잊어버리는 지경에 이르기 때문에, '뉴산'의 끝은 종종 안개와 구름에 가려진 높은 곳에 이른다.

청소년 시절에 나도 산을 좋아한 적이 있었다. 대도시에서 태어났고, 그것도 충적 평야에 자리 잡은 대도시였기에, 어려서부터 강물은 흔히 보았지만—보기에는 좋지 않았다. 상하이의 젖줄인 황푸강黃浦江과 쑤저우허蘇州河는 유난히 혼탁했는데, 시꺼먼 물결이 일렁거려서 아름다운 느낌은 전혀 들지 않았다.— 산은 그림에서만 보아서 알고 있을 뿐이었다. 29세가 되던 1977년에 처음으로 상하이시를 벗어나 멀리 여행할 기회가 생겨서 쑤저우와 우시無錫의 자연을 돌아보았다. 그 무렵 나는 만성간염을 앓았는데, 간

---

61) 동진(東晋)의 전원시인 도연명의 대표작인 「귀원전거(歸園田居)」의 구절이다.

수치가 사상 가장 높은 수준에 이르러서, 한 달 동안이나 격리병동에 입원해 있다가 집으로 막 돌아온 터였다. 국제무역회사에 직장을 배정받아 근무하던 학교 동창이 쑤저우 교외에 있는 공장에 출장을 가게 되었는데, 공장 측에서 학교 동창 몇 명을 동행하고 와도 좋다는 것이었다. 그 무렵 사람들은 수입은 적었지만 기풍은 깨끗했다. 소위 접대라는 것도 공장 초대소招待所[62]에서 잠자리를 제공하고—침대 하나, 돗자리 하나, 얇은 이불 하나뿐이었다.— 방문객에게 하루 세 끼 식사를 무료로 제공하는 것이 전부였다. 결코 호화로운 객실과 풍성한 음식이 제공되는 것은 아니었다. 왕복 기차표는 자기 부담이었고, 쑤저우 시내와 근교의 명승지 관광에서도 입장권을 자비로 구입하였으며, 공장 측에서는 차편도 제공하지 않았다. 그렇더라도 이 정도 대우는 당시로서는 제법 괜찮은 편이었기에, 우리는 친구 덕을 톡톡히 본다고 생각했고, 그래서 기분도 무척 좋았다. 쑤저우의 호구虎丘에서 진짜 산을 보았다. 비록 이론적으로는 그것이 작은 흙 언덕에 불과하고, 태산泰山이나 황산黃山 같은 명산에는 비할 수 없다는 것을 알았지만, 그래도 나는 그 우뚝함을 우러르지 않을 수 없었다. 그것은 상하이의 유명 호텔보다 훨씬 웅장했다. 천평산天平山에서는 감탄을 금치 못했다. 중국화 화가가 그린 산은 멋대로 그린 것이 아니었다. 대자연 속에 우뚝 서 있는 바위산은 빼어난 모습이었고, 나는 대자연의 품에 도취되어 황홀하기 그지없었다. 상하이로 돌아오려고 기차역에 도착해서야 우리는 쑤저우에서 우시까지는 겨우 한 시간 거리로, 상하이에 비해 절반밖에 되지 않는다는 사실을 알게 되었다. 우리는 그 자리에서 출장을 온 친구를 버리

---

[62] 관공서나 기업, 학교 등의 숙박 시설.

고—그는 직장에 돌아가 얼굴을 내밀어야 했고, 또 출장을 이용해 관광을 할 수 있는 기회가 더러 있었다.— 북쪽으로 올라가 우시의 원두저黿頭渚를 찾았다. 우리는 하루 동안에 우시의 주요한 명승지를 한 바퀴 돌면서 아름다운 산수풍경을 실컷 구경하고, 한밤중에 우루무치烏魯木齊에서 상하이로 가는 기차를 타고 집으로 돌아왔다. 다행히 기차가 텅텅 비어서 우리는 자리를 몇 개씩이나 차지하고 드러누워 상하이로 돌아올 수 있었고, 상하이에 도착하자 피로는 이미 깨끗이 풀려 있었다. 그런데 일주일이 지나 혈액검사를 했더니, 간수치가 지난번 입원했을 때보다도 더 높게 나와 하마터면 또다시 격리병동으로 보내질 뻔했다. 그 여행 덕분에 나는 '장기 병가'를 내고 말았지만,—연속 6개월 병가에서 딱 하루가 모자랐다.— 전혀 후회가 없고, 오히려 여행에 대한 갈망이 더욱 커졌다.

나이가 들고 하는 일이 바뀌면서 여행을 갈 수 있는 기회는 차츰 많아졌고, 여행의 품질—구경거리나 대우의 품질—도 점점 나아졌지만, 산에 대한 애착은 거꾸로 점점 시들해졌다. 아마도 자주 보아서 익숙해졌기 때문이었을 것이다. 작가로서 나는 여행 경험이 적고 식견도 모자라는 편이다. 960만km²의 국토 안에는 오래도록 동경했지만 가보지 못한 명산대천이 아직도 많은데, 가서 즐기고 싶은 열정은 예전에 훨씬 미치지 못한다.

어렵게 신장新疆 위구르자치구를 여행할 기회가 있었는데, 만약 10년 전만 같았다면,—1977년에 필사적으로 우시를 찾아갔던 기개는 고사하고— 귀로의 출장비를 다시 정산하더라도, 나는 필시 둔황敦煌, 시안西安, 뤄양洛陽 등지를 샅샅이 누비며 구경했을 것이다. 막고굴莫高窟, 병마용兵馬俑, 용문석굴龍門石窟은 몹시 매혹적인 곳이고, 다시 갈 수 있는 기회가 있다고 장담할 수도 없었지만, 나는 그렇게 하지 않았다. 하지만 나는 그 이유를 알고 있다. 그 당시에는 생각하지 않았지만, 열정이 식었다는 것이 가장 중요한 이유였다. 열정이 식은 것은 10여 년 전보다 체력이 많이 떨어진 생리적인 이유도 있었지만, 심리적 요인이 훨씬 컸다.

나는 어려서부터 아스팔트 도로를 밟고, 콘크리트건물에 갇혀서 생활한 상하이인이기에, 뿌리부터 대자연과는 관계가 단절되어 있었다. 그래서 자연에 대해서 신선함을 느낄 수도 있지만, 전혀 친근감을 느끼지 못할 수도 있다. 산수 사이를 바쁘게 지나가는 영원한 나그네이고 정처 없는 떠돌이일 뿐, 결코 그 땅의 주인은 아닌 것이다.

여행길에서 차창 밖으로 스쳐가는 겹겹의 산들을 보노라면, 나는 흙더미와 바위와 숲에서 알 수 없는 두려움을 느낀다. 길가에 있는 외로운 인가를 보면 따스함을 느끼기는커녕 두려움이 커진다. 나는 이런 상상을 한다. 내가 만약 이런 곳에서 태어났다면, 나의 삶은 어떤 모습일까? 나는 이내 두려워진다. 창문을 열면 온통 산만 바라보이는, 세상과 단절된 외진 곳에서, 하루 종일 몇몇 익숙한 얼굴만 마주하고 몇몇 익숙한 목소리만 들으며, 해가 뜨면 농사를 짓고 해가 지면 휴식하는 그런 삶을 도대체 무슨 재미로 살아갈 수 있을까? 설령 길가의 인가가 생각처럼 외부 세상과 단절되지는 않았고, 또 날마다 지나가는 차량에서 낯선 얼굴을 적지 않게 볼 수 있고, 산 너머 흰 구름 깊은 곳에는 많은 인가가 있다 하더라도 말이다.

생각이 여기에 미치자 나는 질식할 것 같았고, 아울러 다행스러운 마음이 솟구쳤다. 번화한 도시에서 태어나 어려서부터 수많은 사람들을 보아왔고 소란하기 그지없는 말소리를 들어온 것이 말할 수 없이 다행스러웠다.

그래서 평소에 짜증스럽던 것들이 한 순간에 소중한 가치를 지닌 것이었음을 느끼게 되었다. 나는 복을 누리면서도 복을 누리는 줄 몰랐고, 황금사발을 들고서 음식을 구걸하러 다녔던 것이었다. 이런 생각을 하면서 명승지에 도착하면 아무리 아름다운 경치가 펼쳐져도 흥취는 떨어지게 마련이었다. 옛날 고사高士들은 높은 봉우리를 바라보면서 마음을 가라앉히고 전원으로 돌아가 은거할 뜻을 품었는데, 오늘날 평범한 사람들은 산을 보면 두려움이 앞서고 서둘러 도시의 인파 속으로 돌아오려고 한다.

이런 두려움 때문에 또 다른 두려움이 생겨난다. 나는 여행 도중에 늘 이런 상상을 했다. 한밤중에 차가 산중에서 펑크가 난다면? 상처를 입고 홀로 산중에서 길을 잃고 헤맨다면? 과연 견뎌낼 수 있을까? 살 길을 찾을 수 있을까? 알 수 없었다.

대자연 속에 서면 고립감이 들고 무언가를 잃어버린 것 같지만 도시에 들어서면 이내 자신감을 되찾는다. 빈털털이라도 말이다.

예전에 상하이의 대학에서는 학생들을 이끌고 인근 도시로 훈련을 갔다. 돈은 한 푼도 지참해서는 안 되고, 며칠 동안 먹고 자고 돌아오는 비용은 알아서 벌어야 했다. 나는 이런 방식은 상하이인에게 결코 어렵지 않다고 생각한다. 상하이인은 맨주먹으로 중국의 어느 도시에 가더라도 수완을 발휘하며, 심지어 말이 통하지 않는 외국에 가더라도 그들에게 끼어들어 돈을 벌 수 있는 재주가 있다. 그렇지만 만약 그 학생들을 서너 명씩 묶어서 시솽반나西雙版納[63]의 밀림지대나 사막에 내던져놓고, 알아서 먹을 것을 해결하고 살길을 모색하라고 한다면, 설령 살아서 돌아오더라도

---

63) 윈난성 남부의 타이족(傣族) 자치주로, 빼어난 열대우림 자연경관을 지닌 곳이다.

형편없는 몰골일 것이다.

　상하이인은 여행길에서 나처럼 자기가 놓은 덫에 자신이 걸려들거나 또 제멋대로 생각하는 사람은 많지 않지만, 나처럼 이런 두려운 잠재의식을 지닌 사람은 적지 않다. 그래서 상하이인으로 구성된 단체 관광객을 보면, 그들의 일정 가운데 하이라이트는 관광을 하는 낮 시간이 아니라 대개 호텔로 돌아온 저녁 이후라는 것을 알 수 있다. 상하이인은 낮 시간의 관광 일정에 대해서 불만스러워하고 몹시 긴장하는 모습을 보인다. 마치 변방으로 가서 군졸이 되거나 노역을 하게 되기라도 하는 것처럼 안절부절하지 못한다.

　상하이인이 대자연에 넋을 잃고 돌아올 생각을 하지 않는 경우는 없다. 대개 몇몇 곳을 구경하면서 몇 차례 감탄사를 내뱉고 이런저런 포즈로 사진을 찍고 여행의 임무를 완성했다고 생각한다. 만약 지그시 앉아서 차를 마시며 눈앞에 펼쳐진 변함없는 풍경을 묵묵히 바라본다면, 아마도 상하이인은 흐르는 시간을 몹시도 아까워할 것이다. 상하이인은 그저 '전투적' 스타일의 여행에만 어울릴 뿐이다.

　나는 경치가 좋은 곳에서 열린 작가회의에 여러 번 참석했는데, 상하이인들은 예외 없이 방안에서 밤늦도록 수다만 떨지, 밖에 나가서 달빛 아래 펼쳐진 아름다운 경치를 감상하려고 하지는 않았다. 사실 나는 저녁 프로그램에서 분위기를 잘 띄우는 사람이다. 외지에 다녀올 적이면 나는 이것을 가장 큰 수확이라고 생각한다. 며칠 저녁을 함께 이런저런 이야기를 나누다 보면 서로 모르던 사람이 벗이 되고, 또 이미 알고 지내던 사람과는 더욱 가까워지는 것이다. 국민당國民黨 시대에 자신이 누구와 관계가 깊다고 말할 적에 "나는 아무개와 황푸黃埔[64] 몇 기다"라고 말하던 것처럼, 나는 지금도 때때로 누군가를 언급할 적에 예전에 어떤 작가회의에서 며칠 동안 한 방을 썼다는 식으로 말한다. 이 또한 확실히 존재하는 일종의 '관계'인 것이다.

그래서 상하이인, 특히 나는 외지로 여행을 가게 되면 '뉴산'을 그리로 옮겨놓고, 그곳에서 '추이吹'한다는 사실을 발견하였다. 그런데 구태여 그렇게 고달플 필요가 있을까? 상하이에서는 그렇게 똑같이 즐길 수 없을까? 상하이는 비록 교통이 복잡하기는 하지만, 밖에 나가 누군가를 만나 한담을 나누며 시간을 죽이는 것은, 멀리 풍경이 빼어난 곳을 찾아가 방문을 닫아걸고 무릎을 맞대고 앉아 장시간 이야기를 나누는 것에 비한다면, 여행의 피로가 쌓이는 것은 피할 수 있으니, 나쁠 것이 없지 않은가?

나는 춤을 출 줄도 모르고, 노래방에서 노래를 부를 줄도 모르고, 마작은 배우고 싶지도 않고, 바둑은 두지만 기원을 찾아가서 머리를 쓰고 싶지는 않고, 포커는 치지만 시간을 허비한다는 생각이 든다. 직업이 글쟁이어서 독서는 많이 하지만, 내게 독서는 여가를 즐기는 것이라기보다는 직업적인 맛이 있다. 또 영화를 보거나 희곡을 보는 것도 별로 관심이 없고, 여행도 나의 의지와는 상관없이 점점 기회가 줄어든다. 결국 남는 것은 '추이뉴산'뿐인데, 이것은 유일한 취미라고 할 수도 있지만, 또한 첫 번째 취미라고 할 수도 있을 것이다.

'추이뉴산'은 실리적 성격을 갖지 않는 것이다. 실리적 성격의 한담이라면 정보를 주고받거나 비즈니스

---

[64] 1924년에 중국국민당이 국민혁명군의 장교 양성을 위해 설립한 황푸육군군관학교(黃埔陸軍軍官學校).

를 하거나 어떤 계획을 세우는 것 등이다. 그러나 실리적 성격이 없는 한담은 마작, 포커, 노래, 춤 따위의 순수한 오락과는—업무상 목적에서 마작을 하거나 공금으로 가라오케에 가는 것처럼 오락이라는 명분으로 실리적 목적을 챙기는 행위를 제외하고— 달리 유익한 소득을 얻을 수도 있다. 왜냐하면 "세 사람이 함께 길을 가면 반드시 나의 스승이 있게 마련이고"(三人行, 必有我師焉.), "임금과 함께 대화하다 보면 10년 동안 읽을 책을 독파할 수 있기"(與君一席話, 勝讀十年書.) 때문이다. 한담을 하면서 벗이 흥을 타서 펼치는 고견은 장기간에 걸친 사고의 결정체이며 되풀이 곰씹어낸 정화이기에, 간결하지만 의미심장하여 내게 많은 것을 일깨워 주기 때문이다. 설령 내가 이야기를 주도하더라도, 보고 듣고 읽은 것을 다시금 꺼내놓음으로써, 생각을 정리하고 영감을 자아낼 수 있다. 물론 '추이뉴산'은 대개 이야기를 나누는 동안의 유쾌함만을 추구할 뿐이어서, 위로는 하늘과 땅의 이치에서 아래로는 생활주변의 사소한 일까지, 숱한 화제들이 전환되고, 아무렇게나 말하고 쉽게 잊어버리기 때문에 몇 시간이 훌쩍 지나버린다. 하지만 그 몇 시간 내내 흥취가 도도하여, 입이 마르는 것도 모르기 때문에, 그 어떤 오락보다도 낫고 인생에서 큰 즐거움이 된다. 그러면 충분하지 않은가?

나는 글쓰기나 독서가 지겨워지면, 기분전환을 위해 벗을 찾아가 한담을 나눈다. 반나절이나 한나절쯤 나다니면, 몸이 피로할 만도 하지만, 혈색은 오히려 좋아지고 세상일에도 다시 몰두할 수 있게 된다.

나는 '추이뉴산'에 있어서 많은 것을 따지지 않는다. 그저 차 한 잔만 있으면 된다. 커피 따위는 없어도 되고, 술이나 다른 서비스는 전혀 필요

없다. 상대도 부담 없이 나를 맞이한다. 담배는 먼저 피우지는 않지만 남이 권하면 마지못해 피운다. 대개 실내공간이 좁기 때문이다. 나는 남의 집을 찾아가 한담을 나누는 습관이 있다. 하지만 상대의 집이 비좁으면, 거리를 어슬렁거리며 한담하기를 즐긴다. 그렇게 서너 시간쯤은 걸어 다녀도 전혀 다리가 아프지 않다. '추이뉴산'을 할 적이면 나는 상태가 최상이 된다. 때로는 혀끝에서 농담이 쏟아져 나와 벗들을 한바탕 웃기기도 한다. 또 남이 고담준론을 펼치거나 속내를 털어놓는 것을 인내심을 갖고 들어줄 줄도 안다. 그래서 나는 남들이 좋아하는 대화상대라고 스스로 생각하면서, 나 자신을 이런 쪽에서 완벽하게 만들어, 이런 즐거움의 에너지를 지속하고자 애쓴다.

그런데 근자에 와서 나는 이런 즐거움이 위기에 부딪쳤음을 발견하게 되었다. 상하이인의 생활리듬이 갈수록 빨라지고 신경 쓸 일도 많아지면서, 한나절씩 함께 '추이뉴산'을 할 만한 벗이 갈수록 줄어든다. 벗이 진심으로 시간을 내서 함께 한담을 나누더라도, 대화 도중에 수시로 전화벨이 울리고, 이맛살을 찌푸리며 서둘러 전화를 끊은 벗이 어색한 미소를 지으며 나를 바라보는 모습에서, 괜한 부담을 주었다는 생각이 들고는 한다. 그런데도 분위기를 파악하지 못하고 아무런 실리도 없는 한담을 계속할 수 있겠는가? 이제 '추이뉴산'은 우리 연배에게는 일종의 사치처럼 되어 간다. 다행인가? 불행인가?

상하이인은 '추이뉴산'을 할 만한 대상을 찾지 못하게 되자 희망의 눈길을 대중매체로 돌렸다. 그 시작은 각종 신청곡 프로그램이었고, 나중에는 각종 토크 프로그램으로 옮아갔고, 이어서 재치문답 내지 마구 떠들어대는 프로그램이 유행하였다. 하지만 어느 것도 오래가지 못하고 앞서거니 뒤서거니 판을 걷고 방향을 틀었다. 그것은 아마도 이런 프로그램들이 아무런 구속 없는 벗 사이의 유쾌한 한담을 대체할 수는 없었기 때문일 것이다. 하지만 '추이뉴산'이 점점 줄어드는 것이 대세가 되어 수요와 공급이 맞지 않는 것은 어떻게 할 것인가? 아마도 상하이에는 직업적인 이야기꾼이 등장하여, 돈을 받고 이야기를 나누는 서비스를 펼칠 것이다. 미국에서 유행하는 정신과 의사처럼 말이다. 미국인에게 정신과 의사를 찾아가는 것은 마치 미장원이나 이발소에 드나드는 것처럼 흔한 일이라고 한다. 어쩌면 상하이인의 생각도 그렇게 급변할지 모른다. 하지만 정신과 의사가 '추이뉴산'을 하는 벗을 대신할 수 있을까? 누가 자신을 환자의 자리에 올려놓고서 즐거운 마음으로 신들린 듯이 한담을 할 수가 있겠는가?

19 체면, '상타이몐', 겉모습

상하이인이 실속을 따진다는 사실에 대해서는 많은 논의가 있었고, 이미 기정사실처럼 되었다. 사실 상하이인은 체면도 매우 중시하는데, 때로는 목숨보다도 소중히 여긴다.

상하이어에는 오랫동안 쇠퇴하지 않는 '상타이몐上臺面'이라는 말이 있다. 문제를 공개석상에 올려놓는다는 뜻으로, 상하이인에게 잠재된 자기형상에 대한 요구이다. '상타이몐'은 마오쩌둥毛澤東의 저술에서 "모든 문제는 탁자 위에 펼쳐놓아야 한다."고 변형되어 쓰이면서 널리 보급되어, 한동안 중국 사람이라면 누구나 아는 말이 되었다. 그런데 상하이인이 말하는 '상타이몐'은 문제를 탁자 위에 펼쳐놓고 따진다는 의미만이 아니라, 공개적으로 논의하고 평가하는 것을 견뎌낸다는 의미가 들어 있다.

상하이인은 이해가 충돌하면, 중립자 내지 권위 있는 중재자를 초빙해놓고, 이해당사자가 한 자리에 모여서 해당 사안을 논의하여 모종의 합의에 이르렀는데, 예전에는 '끽강차喫講茶'라는 은어로 일컬었다. 이 말은 일찌감치 사라졌기 때문에 상하이의 젊은이들은 들어보지 못했을 수도 있지만, 그 방법은 관습처럼 내려오면서, 이웃 간의 다툼이나 직장 내의 갈등을 푸는 데에 사용되었다. 이를 예전에는 '민주생활회民主生活會'라고 불렀고, 근자에는 '탸오졔(調解 : 중재, 화해, 조정의 뜻)'라고 부른다. '탸오졔'가 바로 '상타이몐'이다. 북방 사내들이 걸핏하면 주먹다짐으로 문제를 해결하는 것과는 달리, 상하이인이 '상타이몐'을 좋아하는 것은 일반적으로 체질이 약하기 때문일 것이다. 상하이인은 "군자는 입을 사용하지 손을 사용하지 않는다."는 말을 내세우며 자신의 약점을 방어한다.

그런데 '탸오제'가 '상타이몐'의 전부인 것은 아니다. '상타이몐'은 또한 정식 예의를 갖추어야 하는 장소에서 신분에 걸맞게 행동하는 것을 가리킨다. 나아가 모든 공공장소에서 고상하게 말하고 상식에 맞게 행동하고 대중들의 트집을 견뎌낼 수 있다는 의미를 담고 있다.

상하이인은 '상타이몐'을 마치 타인과 어울리고 처세함에 있어서 최고의 표준으로 삼는 것처럼 보인다. 그것은 상하이인은 상하이에서 태어나거나 상하이에 처음 발을 들여놓는 그 순간부터 자연과는 관계가 단절되고, 사회 속의 존재라는 사실을 수시로 인식하기 때문이다. 자신이 생존하고, 나아가 자유롭게 살아가기 위해서는, 자연이 아니라 자신과 똑같은 사회의 인적 네트워크와 먼저 부딪쳐야 하는 것이다.

'상타이몐'은 이런 네트워크 속에서 먼저 자신의 위치를 정해야 하고, 다음으로는 최소의 대가와 최소의 저항으로 자신의 위치를 개선하기 위하여 노력해야 한다. 따라서 '상타이몐'에는 질서에 대한 존중과 준수가 들어 있을 뿐 아니라, 질서를 준수하는 주관적 능동성이 포함되어 있다. 아울러 도덕은 질서의 파생물이자 질서가 내면화된 것이기에, '상타이몐'은 한 개인에 대한 도덕적 평가도 자연스럽게 포함한다.

상하이인의 '상타이몐' 의식은 처음에는 그다지 자연스럽지도 못했고 또 별로 성숙되지도 못했다. 특히 중국 사람이 전통적으로 떠받든 표리상응表裏相應이나 문질빈빈文質彬彬[65]의 관점에서 보면, 무언가 들뜨고 기괴함에 틀림없다. 예전에 상하이의 직

65) 「논어(論語)」 '옹야(雍也)'에서 유래한 말로, 겉모양의 아름다움과 속내가 서로 조화를 이루는 모습이나 상태를 이르는 말.

장인은 아무리 가난해도 출근할 적에는 그럴듯하게 차려 입어야 했다. 다리미질을 할 돈이 없으면, 양복바지를 벗어 베개 밑에 깔고 머리로 눌러서 두 줄의 곧은 '기찻길'을 냈다.

이처럼 그럴듯하게 차려입거나 혹은 체면 때문에 고통도 감수하는 식의 생활방식과 사고방식은 오랫동안 사람들에게—상하이인을 포함하여— 웃음거리가 될지라도, 상하이인은 한사코 이를 지키려고 했다. 상하이인에게는 양복을 입고 구두를 신는 것이 신분의 상징처럼 여겨졌고, 나아가 '구두를 신다'라는 의미의 '거루華履'라는 말이 '선생先生'의 별칭 내지 애칭이 되었다. 신발로 사람을 일컫는 것을 불편해하기는커녕 오히려 영광으로 여겼다는 것은 상하이인이 이화異化가 가능하다는 것을 의미한다.

이처럼 겉모습과 체면을 중요하게 여기는 의식과 어울리는 상하이어의 낱말에는 '쉐터우'(噱頭: 우습다), '볘자오'(鼈脚: 품질이 형편없다, 수준이 낮다), '마이샹'(賣相: 사람이나 물건의 겉모양), '모쯔'(模子: 유사하다) 등이 있다.— 누군가는 이런 낱말은 쇼윈도에 걸린 최신 패션에서 유래한 것이라고 한다.— 상하이인이 물건의 겉모양이나 사람의 옷차림만 중요하게 여기는 나쁜 습관은 예나 지금이나 여전하다. 예전에는 외국인 전용 고급 호텔이나 상점에서 수위가 황색 피부에 검은 머리의 화교나 아시아계 외국인은 들어오지 못하게 막고 그들의 하얀 피부에 코가 높은 비서나 수행원은 들여보내거나, 외국 손님의 초대를 받아서 고급 호텔에 들어가려다가 차림새 때문에 수위에게 모욕을 당하는 일이 걸핏하면 벌어졌고, 신문지상에 보도된 적도 한두 번이 아니었다. 물론 이런 유쾌하지 못한 일은 지금은 발생하지 않는다. 누구든지 자유롭게 드나들 수 있고, 또 누가 다가와서 막지도 않는다.

때문에 마치 겉보기에는 겉모습으로 사람을 판단하는 상하이인의 기질이 개선된 것처럼 보인다. 예를 들어 직장이나 사교장소에서 다른 사람과 차림새를 슬그머니 비교하는 —특히 여성들— 습관은 예전보다 나아졌다. 아마도 상하이인의 옷차림이 '보고는 알 수 없게' 변한 것과 무관하지 않은 것 같다.

'보고서 알 수 없다'는 것은 소득이 늘어나면서 다른 도시 사람들도 '겉포장'이 상하이인에 못지않게 번들번들해져서, 더 이상 차림새로 상하이인과 외지 사람을 구분하기 어렵게 되었다는 것이다.—TV 토크프로그램에 출연한 한 여성은 자신은 옷차림만 보면 상하이인인지 외지인인지 한눈에 구별할 수 있다고 하였지만, 나처럼 옷차림에 무관심한 사람이 보기에는, 사실 그녀가 입은 옷이 상하이의 어떤 특징을 지니는지 알 수 없었다.— 따라서 상하이인은 자기보호본능에서 더 이상 이런 측면에서의 우세를 내세우지 않는다.

또 하나는 선진국 국민이나 선진지역 주민들의 옷차림이 점점 형식에 얽매이지 않고 편하고 자연스러운 것을 추구하기 때문이다. 아예 멀쩡한 원단을 워싱 공정을 거쳐서 옷을 만들기도 하고, 새 양복의 팔꿈치에 천을 덧대고 기워서 만들어내기도 한다. 또 트레이닝복이나 레저용 신발은 공들여 만든 양복이나 구두보다 가격이 더 비싸기도 하고, 속에 받쳐 입는 셔츠를 겉옷보다 길게 내려 입거나 멀쩡한 옷에 구멍을 내서 구제처럼 만드는 식의 유행은 상하이인의 의복에 대한 전통적인 생각을 혼란스럽게 만들었다. 이에 옷차림으로 사람을 판단하던 상하이인은 자신감이 크게 위축되었고, 결국 조심스럽게 표현하고 애매하게 행동하게 되었다.

나는 상하이인이어서 상하이인의 습성을 잘 안다. 그래서 겉모습을 보고서 농담을 꺼내고, 상대의 허를 찔러서 승리를 거둘 수 있다.

결혼을 준비하던 때의 일이다. 나는 결혼식 당일에 혼방 원단으로 만든 양복을 입을 생각이었다. 가격은 순모제품에 비해 3,40%에 지나지 않으면서 보기에는 순모와 별로 차이가 없었다. 중요한 것은 하객들이 내가 입은 양복이 혼방 제품이라는 사실을 알지도 못하고 또 알려고도 하지 않는다는 사실이었다. 당시 관습으로는 결혼식에서 입은 양복은 다시 입지 않고 옷장에 넣어 보관하였다. 마치 옛날에 평민이 결혼식 당일에만 착용할 수 있었던 사모관대, 붉은 도포와 다르지 않았다. 그러니 쓸데없이 지출을 할 필요가 무엇이 있겠는가? 그런데 나의 생각이 아무리 구구절절 옳아도 아내는―당시는 아직 결혼식을 올리기 전이었다.― 한사코 반대했다. 당시 아내가 결혼식의 대권을 잡고 있었기에 나는 이런 기발한 생각을 접을 수밖에 없었다.

그 후 10년이 지나서 나는 전통에 맞서는 재주를 펼칠 기회를 갖게 되었다. 바겐세일에서 7원을 주고 산 흰색 라운드 셔츠가 하나 있었는데, 몸이 일어서 맞는 옷을 사기도 어려운지라, 오래되었지만 버리지 않고 그냥 입었다. 그런데 가슴부분에 기름얼룩이 묻고―젖꼭지가 나와서 그렇게 된 것이다.― 볼록 튀어나온 배 때문에 배 부분은 쉽게 지저분해졌다. 여러 가지 세제로 세탁을 해 보았지만 신통치가 않았다. 그렇다고 그냥 입고 나가기에는 지저분해서 한 가지 묘안을 떠올렸다. 붓으로 글자를 써서 '문화 티셔츠'[66]로 '리폼'을 하는 것이었다. 낡은 옷이었기 때문에 아내도 간섭하지 않았다. 무엇을 쓸 것인가? 심사숙고한 끝에 '자재(自在 : 자유롭다는

[66] 문화적 심리를 나타내는 글자나 도안 등을 그려 넣은 티셔츠.

뜻'라는 두 글자를 써넣었다. 반응은 상상 밖이었다. 거리에 나가자 지나가던 사람들이 쳐다보는데, 어지간한 유명 브랜드 옷과는 비교가 되지 않았다. 호텔 같은 곳에 들어가면, 도어맨이 특별히 주목하고 눈인사를 건네고 미소를 짓고 엄지손가락을 쳐들어보였다. 한번은 친구의 아파트를 찾아갔다가 입구에서 상하이시 부시장과 마주쳤는데, 부시장은 나의 셔츠를 보더니 "자재! 좋습니다. 자재! 좋아요."라고 말했다. 준걸 한 사람이 못난이 백 사람을 덮어버리는 법이다. 낡은 옷 하나가 별안간 몸값이 백배나 오른 것이었다.

나는 상하이인이 '자재'라는 말에 관심을 기울이는 것에 깊이 감동하였다. 상하이인이 겉모습을 좇던 것에서 내면을 좇는 것으로 바뀌고, 물질적인 것에서 정신적인 것으로 옮아가는 반가운 신호라고 생각하였다. 물론 여기에는 나의 소망이 담겨 있다. 기실 겉모습과 유행을 추구하는 상하이인의 마음가짐은 결코 달라지지 않았다. 젊은이들 가운데는 여전히 온몸을 유명 브랜드로 치장하는 축도 있고, 홍콩과 타이완의 유명 가수가 상하이에서 콘서트를 열면, 수많은 젊은이들, 특히 젊은 여성들은 기꺼이 비싼 입장권을 사는데, 현장에서 가수의 노래를 들으며 뜨거운 분위기에 함께 하려는 것 이외에도 유행을 앞서가는 그들의 옷차림을 감상하려는 것이라고 한다.

그런데 나이 지긋한 문화계 인사들이 상하이 문화계의 불경기를 거론할 적이면, 아주 쉽게 또 되풀이 거론하는 주제가 바로 어떻게 '포장할' 것인가 하는 것이다. '포장'의 문제에 있어서 상하이는 홍콩, 타이완이나 선진국과 비교하면 분명 뒤떨어졌지만, 상하이인의 영리함과 슬기로움 그리고 문화적 축적에 의지한다면, 따라잡는 것은 결코 어려운 것이 아니다. 뒤떨어진 측면은 여러 가지인데, 주의력과 관심을 오직 '포장'에만 집중하는 것은 상하이인의 집단무의식을 드러내는 것이 아닌가?

겉모습을 중요하게 여기는 것은 상하이인이 지닌 '면대面對' 의식의 표현이자 또한 유치하고 부정적인 모습이다. '면대' 의식은 상하이인의 높은 책임감, 도덕적 자율성, 경쟁의식 같은 것을 만들었고, 이런 방면에서는 긍정적으로 나타나는 것이 많기 때문에 상하이인이 지닌 중요한 소질의 하나라고 할 것이다. 물론 이것이 상하이인만의 전유물은 아니지만, 상하이인에게서는 아주 전형적으로 나타난다.

20 이미지와 실리

상하이인은 '체면을 중시하고', 행위에 있어서 '면대'를 중시한다는 말을 상하이 독자들은 불쾌해하면서, 나의 언급이 너무 저속하고 폄하하려는 의도가 있다고 생각할지도 모르겠다. 그런데 이런 반응은 "사람은 관념으로 구성된 세계에서 살아간다."는 주장과 정확하게 부합한다. 나는 아주 우아하고 또 유행하는 말로 바꿔서 표현할 수도 있다. 예를 들면 '자아의 이미지 중시', ―사회나 공중에 대한 관심과 배려― '원칙 의식', '주목받는 감정', '실리를 초월한 추구', '전반적 이미지 제고 의식', '잠재적 무형자산 의식', '사회적 역할의 자각', '높은 협동 행위의 규범' 같은 그럴싸한 표현들이 많지만, 그것이 가리키는 바는 다르지 않다. 그리고 문화 군중이 갖추어야 하는 특징에는 본래 장점이나 단점이 존재하지 않는다. "사물은 원래 해로울 것이 없지만 지나치면 재앙이 되는"(物本無害, 過則爲災.) 법이기 때문에, 이런 특징은 물질적 혹은 정신적으로 커다란 성과를 낳을 수도 있지만, 때로는 재앙이 될 수도 있다. 또 성과를 낳더라도 그것이 반드시 완벽한 것은 아니고, 비극을 낳더라도 그것이 반드시 비장한 것은 아니다. 개인과 집단의 성격적 특징 내지 소질은 원래 양날의 칼과 같은 것이다. 성패로 영웅을 논할 수도 없는 법인데, 하물며 성패를 가지고서 자질의 고하를 논할 수는 없는 법이다. 자질은 그 성질이 물과 같다. "물은 배를 띄울 수도 있지만 배를 뒤집을 수도 있다." 물의 성질을 잘 알아서 물길을 터주면 물은 순조롭게 흐르지만, 물의 성질을 거슬러 막아버리면 물은 여기저기로 새고 마침내 제방이 무너져버린다.

상하이의 대중매체에서는 여러 방식으로 상하이인의 새로운 이미지를 만드는 문제를 토론한 바 있었는데, 그것은 상하이인이 지닌 천성을 잘 계발하려는 것이었다. 당시 상하이인이 결코 실리적이지 않아 보이는 토론에 다투어 참여하고, 각계각층에서 적극적으로 의견을 개진한 것은 이것이 상하이인의 가려운 구석을 긁어주었다는 사실을 입증한다.

상하이인의 천성이 재앙을 부른 전형적 사례는 1987년 12월 10일에 벌어진 루자쭈이陸家嘴 연락선 사건이다.

안개 자욱한 어느 겨울날이었다. 그날따라 안개는 조금 짙은 것 같았고, 안개가 낀 시간도 다소 긴 것 같았지만, 그렇다고 당시까지 상하이에서 가장 안개가 짙고 오래 끼었던 날이라고 말할 수는 없었다. 짙은 안개가 강을 덮어서 당초 새벽 4시 40분에 루자쭈이를 출발하기로 예정된 첫 연락선은 운항이 취소되었고, 안개가 걷히고 운항이 재개된 오전 9시경이 되자, 루자쭈이 여객터미널 안팎에는 4만 명이 넘는 인파가 북적댔다. 여객선회사에서는 필요한 조치를 취했고, 사장은 현장에 도착해 50여 명의 경비원과 인력을 증원하여 루자쭈이 건너편 푸시浦西의 옌안동로延安東路 부두에서 질서를 유지했다. 푸둥 쪽에서는 라오산崂山 등지에서 파견된 40여 명 경찰의 협조로 질서를 유지했다. 여객선회사는 루옌선陸延線을 운항하는 연락선 6척을 모두 빈 배로 푸둥으로 보내 대기시켰고, 스류푸十六浦의 둥둥선東東線을 운항하는 선박들도 모두 루자쭈이로 옮겨서 대기시켰다. 준비작업은 충분했는데, 뜻밖에도 승객을 태우기 시작했을 때, 불의의 압사사고가 벌어지고 말았다. 사고는 우연히 발생한 것처럼 보이지만, 면밀하게 따져보면 필연성을 지닌 것이었다. 사고 발생의 객관적 원인은 논외로 하고, 여기서는 상하이인이 지닌 심리적 요인에서 비롯된 영향만을 언급하겠다.

외지 친구들은 상하이인이 출근과 등교를 서두르다가 인명사고가 벌어졌다는 소식에 이해할 수 없다는 반응을 보였다.

"상하이인은 돈만 중요하게 여기고 인명은 중요하게 여기지 않는군!"

외지 친구들의 첫 반응은 열에 여덟아홉이 이런 식이었다.

돈이 사고 발생에 촉진제가 된 것은 사실이다. 당시는 대다수 상하이인이 지갑이 쪼그라들까 봐 거리에서 쇼핑을 하면서 차마 지폐를 꺼내지 못하던 시절이었다. 그 무렵 각 기업체에서는 정시출근율을 높이려고 월별, 분기별, 연도별 정근상을 주는 등 여러 가지 방법으로 직원들을 독려했다. 연말이 가까워서 한번이라도 지각을 한다는 것은 해당 월은 물론 해당 분기와 해당 연도의 정근상이 모두 물거품이 되고 적지 않은 장려금이 날아간다는 의미였다. 비록 경제특구에서는 나이트클럽에서 한번 놀기에도 부족한 액수일지라도 말이다. 이 때문에 사고 당일 상하이 당국은 연락선의 운항중지 때문에 정시에 출근하지 못한 근로자들은 지각으로 처리하지 않는다는 행정명령을 내렸다.

하지만 상하이인이 루자쭈이에서 위험을 무릅쓰고 행동한 동기가 단순히 금전 때문이라고 이해한다면, 그것은 문틈으로 사람을 보는 격이다. 나는 상하이인을 미화하려 하거나 사실과는 다른 이야기를 하려는 것은 결코 아니며, 사실을 말하려는 것뿐이다. 당국의 행정명령이 있기 이전에도 상하이의 대다수 기업은 기상이변으로 정시에 출근하지 못하는 경우는 지각으로 간주하지 않는다는 규정을 적용하고 있었다.—물론 일부 기업에서는 시당국의 행정명령이 있은 뒤에도 여전히 자체 규정에 따라서 엄격하게 출근 관리를 하였다.— 안개가 짙은 날 이외에도 강풍이 불거나 눈이 쌓이는 경우에도 출근만 하면 되었고 시간은 따지지 않았다. 관리가 더 느슨한 경우에는, 사고로 인한 교통정체로 지각을 하더라도, 동료가 사실을 확인하면 지각으로 간주하지 않았다.

그날 상하이시 연락선회사에서는 아침 6시 15분에 TV를 통하여 전체 노선의 운항중지를 공지하였다. 여객터미널에서는 안내방송을 통해 터미널 안팎에 모인 승객들에게 거듭 돌아갈 것을 권유하였다. 상황판단과 시간개념이 뛰어난 상하이인은 집에서 침착하게 안개가 걷히기를 기다렸다가 출발해도 되었다.

오전 9시가 되면서, 4만 명 가운데 대다수는 이미 지각이 기정사실이 되었기에, 조금 일찍 도착하든 조금 늦게 도착하든 매일반이었다. 그런데도 상하이인이 이런 상황에서 서로 먼저 연락선을 타려고 다툰 것은 무엇 때문이었을까? 지각을 하더라도 장려금이 깎이지는 않을 것이기 때문에 장려금의 문제는 아니었다. 이유는 이런 것이었다. 4만 명이 모두 강을 건너려면 많은 시간이 걸리고, 또 강을 건넌 다음에도 차로 바꿔 타야 한다. 운항이 재개된 이후에 같은 직장에 근무하는 사람이 누구는 첫배를 타고 누구는 마지막 배를 탄다면, 목적지에 도착하는 시간은 한두 시간쯤 벌어질 것이다. 더욱이 운항이 재개되었다는 TV 방송을 보고 나서 집에서 출발한다면, 그것은 말할 필요도 없었다. 같은 회사에 근무하는 푸둥의 아무개는 진즉에 도착했다면, 객관적 이유가 어떻든 늦게 도착한 사람은 민망해서 얼굴을 들지 못하게 되는 것이다. 상하이 속담에 "식은 죽이든 찬밥이든 맛있지만, 비아냥거리는 소리는 듣기 싫다."거나 "지지 않으려고 애쓰지, 재물을 다투지는 않는다."는 말이 있다. 이런 생각 때문에 수많은 사람들이 루자쭈이 선착장에서 앞을 다투어 강을 건너려고 한 것이다.—사고가 나기 이전에 가장 앞줄에서 기다리던 사람들은 4시간 넘게 차가운 겨울바람을 맞으며 서 있었다. 또 4만 명 가운데 3만 명 이상은 한 시간 넘게 터미널에서 기다리고 있었다. 이들 대부분은 '전체 노선의 운항중지' 라는 통보를 듣고서도 집을 나서 루자쭈이 터미널로 모여들었다. 상하이인의 '상타이멘' 의식이 어느 정도인지를 잘 보여준다.— 상하이인이 훌륭한 점은 바로 이런 구석이고, 상하이인이 가엾고 안타까운 점도 바로 이런 구석이다. 이 엄청난 응집력과 추진력이 특정한 시각에 특정한 장소에서 참담한 사고를 일으킨 하중이자 파괴력으로 작용한 것이었다.

가슴을 철렁하게 만든 사례를 소개했으니, 이번에는 사람을 분발하게 만드는 긍정적 사례를 소개하겠다. 1993년, 르포문학집「대교송大橋頌」창작에 참여한 나는 상하이시 건축공정재료공사를 취재차 방문하였다가 몇 가지 감동적인 사실을 알게 되었다. 그 가운데 한 가지만 소개하겠다. 난푸대교南浦大橋 건설공사 당시 건설자재에 대한 요구조건은 사상 유례 없이 까다로웠다. 당시 당국에서 정한 가이드라인에는 불순물의 허용범위가 함유량 1% 이하였지만, 시공사 책임자는 공사에 사용되는 자재의 품질을 100% 보증하기 위하여, 당국의 규정을 따르지 않는다고 통보하였다. 수천수만 톤의 석재와 모래를 구매하고 운송하고 적재하는 과정에서 단 한 조각의 괴탄塊炭이 섞여 들어가는 것도 허용하지 않겠다는 것이었다. 건설자재를 운반하는 전마선은 몇 번이나 쓸고 닦아서 검사에 합격해야만 자재를 적재할 수 있었다. 적재를 하면서도 다른 한편으로는 검사가 계속 이어졌고, 적재가 완료되면 즉시 방수포로 화물칸을 봉하여 불순물, 특히 선상에서 사용하는 괴탄이 섞이지 않게 하였다. 당시 인부들은 "쌀을 운반하면서도 이렇게 한 적은 없었다."고 털어놓았다.

 수백 톤의 자재가 수시로 드나드는데, 시공사 책임자가 밝힌 것처럼 "다리 건설에 사용되는 자재에는 괴탄조각 하나도 혼입되지 않기"가 어찌 쉬운 일이었겠는가? 한번은 이런 일이 있었다. 자재창고에서 반출한 자재를 거의 적재했을 무렵에 시공사 관계자가 적재한 석재에서 괴탄덩이 하나를 발견하였다. 그는 즉시 적재한 자재를 모두 바닥에 쏟게 하고는, 일일이 살펴서 괴탄덩이 4개를 찾아냈다. 하청업체 책임자는 결국 문제가 된 자재를 다리 공사에 투입하지 않기로 결정했다. 소식을 들은 창고주임은 가슴이 철렁했다. 다리 공사에 투입되는 자재는 전용 적재장에서 전용 벨트를 사용하여 옮기고 또 엄격한 검수를 거쳐서 보관하는데, 왜 이런 문제가 생긴 것일까? 창고주임은 지게차를 동원하여 수백 톤이나 되는 석재를 모조리 파헤쳤고, 창고의 모든 간부와 직원들이 동원되어 일일이 괴탄덩이를 찾아냈다. 창고주임은 괴탄덩이를 찾아내는 데에 상금까지 내걸었다. 그렇게 몇 시간에 걸쳐서 검사했지만, 아무도 상금을 받지는 못했다. 창고주임은 그제야 마음을 놓았다. 하지만 문제는 여전히 남아 있었다. 앞서 발견한 4개의 괴탄덩이가 섞인 원인이 규명되지 않았기 때문에 사안을 종결할 수가 없었다. 그들은 다시 중간 과정에서의 의문점을 캐기 시작했고, 마침내 운송을 맡은 운수회사에서 당초 예정에 없던 차량 한 대를 더 투입했다는 사실을 찾아냈다. 그 차량은 다른 수송 임무를 마치고 돌아가

다가 한 차례 운송을 맡았는데, 미처 차량을 깨끗이 청소하지 못해서 괴탄덩이가 섞여 들어간 것이었다. 시공사에서는 이 일로 운수업체에 재발방지대책을 마련할 것을 요구하였다.

1960년대에 나온 현대 회극淮劇인 「해항海港」은 상하이항 부두 노동자가 유리섬유가 섞여 들어간 수출용 쌀부대를 찾아내려고 며칠씩이나 창고를 뒤진다는 이야기를 그린 작품이다. 업무에 대한 이런 성실한 정신은 10년에 걸친 문화대혁명의 풍파를 겪고, 또 근래에는 짝퉁이나 저질제품 따위의 부정적 기풍에 영향을 받으면서도, 상하이인에게서는 여전히 빛난다. 이는 상하이인의 자랑이라고 할 것이다.

누군가는 이렇게 물을지도 모른다. 그렇게 하는 것이 정말로 가치가 있는가? 수백 톤이나 되는 석재에 괴탄덩이 몇 개가 들어갔다고 품질에 무슨 영향을 끼치겠는가?

나를 태우고 난푸대교를 둘러보던 자재업체 직원은 교량 본체를 가리키며 이렇게 말했다.

"사실 당국의 기준에 따르면, 레미콘에 섞인 1% 이하의 불순물은 외관은 물론 품질에도 전혀 영향을 주지 않습니다. 난푸대교 시공사 간부들의 요구는 너무 가혹했습니다. 하지만 우리는 그들이 요구하는 대로 차질 없이 해냈고, 그것은 기업 이미지를 제고시켰습니다."

상하이인의 생각은 분명하다. 상하이인은 어리석은 일을 하지 않는다. 어떤 경우는 어리석어 보이지만 달리 보면 기실 대단히 영리하다.

이상 두 가지 사례에서, 어떤 일을 하면서 자신의 사회적 이미지에 항상 관심을 기울이는 것은 상하이인의 집단무의식을 이루고 있음을 알 수 있다.

이미지를 실익이나 생명보다 소중하게 여기는 것은, 그것이 저속하든 우아하든, 기쁘든 슬프든, 소극적이든 적극적이든, 상하이인 누구나 지닌 행위의 규범이다. 이런 문화군중은 그다지 실리적이지 않기 때문에, 어떤 사람은 그들은 실익을 따지는 것을 뒷전으로 여긴다고 말하기도 한다.

이번에는 슬프면서도 기쁜 사례를 들어서, 이 문제를 한걸음 나아가 설명하겠다. 상하이 증권시장의 '거만한 태도'가 꺾이면서 하락장으로 접어들던 무렵, 밑천을 날린 투자자가 목매 자살하는 일이 벌어졌다. 처음이었기 때문에 상하이의 언론매체는 이 사건을 대대적으로 보도하였고, '주식투자의 위험성'에 경종을 울렸다. 당시 사람들은 하락장세로 들어서면, 많은 투자자들의 자금이 묶이게 될 것이고, 그러면 또 몇 명이나 스스로 목숨을 끊을지 알 수 없다며 마음을 졸였다. 하지만 나는 그다지 걱정할 필요가 없다고 생각했다. 상하이인은 남들은 모두 돈을 버는데 자신만 까먹어야 고개를 들지 못할 것이기 때문이었다. 그들은 남들도 본전을 까먹거나 자금이 묶이기를 바랄 것이었다. "적은 것을 근심하지 않고 균등하지 않은 것을 근심한다."는 오래된 원칙은 겉모습만 바뀌었지 여전히 상하이인의 생활에 적용된다. 결과는 나의 예상대로 적중하였다.

상하이인은 자신의 이미지에 관심을 기울이고, 능력을 무척 중요하게 여긴다. 남들에게 무능하다고 인식되는 것은 상하이인에게는 치명상과도 같은 것이다. 예전에 남자에 대한 상하이인의 가장 심한 욕설이던 '피에세鰟三'[67]는 가난함을 욕하기보다는 무능함을 욕하는 말이다. 무능하기 때문에 가난하다고 상하이인은 생각

67) 상하이 방언으로, 도시에서 일정한 직업 없이 빌어먹거나 도둑질로 생계를 이어가는 떠돌이를 가리킨다.

한다.

　주식투자로 돈을 날리고 자살하여 신문에 보도된 그 사람은 주식에 손을 대기 이전에 돈을 벌려고 별짓을 다해 봤지만 뜻을 이루지 못하자, 친구에게 돈을 꾸어 주식에 투자한 것으로 기억된다. 어떻게든 살아보려고 발버둥을 쳤던 그는 결국 삶과 죽음의 갈림길에서 '제비뽑기'라는 방법을 선택하였다. '죽음'이라는 글자가 나오자, 그의 마음은 완전히 무너졌고, 끝내 밧줄을 목에 매고 말았다. 이런 방식으로 삶과 죽음을 선택한 것은 다소 유치해 보이지만, 자신에 대한 타인의 평가를 자신의 의미보다 중요하게 여기는 상하이인의 습관에는 이미 이런 트래지코미디(희비극)가 벌어질 수 있는 씨앗이 뿌려진 셈이었다. 남들이 나를 살아갈 가치가 없는 존재라고 여기면, 자신도 더 이상 살아갈 수 없다고 여기는 가치관이 부정적인 측면으로 발전한 필연적 결과인 것이다. 많은 상하이인은 이런 기사를 보고, 그 자리에서 "사람이 무척 고집스럽군!"이라는 결론을 내리면서, 동병상련의 심리적 압박을 덜어낸다. 심리학에서 말하는 긴장감을 푸는 자기방어기제라는 것인데, 이것이 상하이인의 '정상적'인 행위방식이라고 생각하는 의식이 상하이인에게는 잠재되어 있음을 알 수 있다. 상하이인은 자신에 대한 타인의 평가를 온전하게 하고자, 소중한 생명마저도 내던지려 한다. 그런데도 이런 사람을 실리적이라고 말할 수 있을까?

　그러므로 상하이인이 시장에서 가격을 깎는 모습에서, 상금을 나누면서 쩨쩨하게 따지는 모습에서, 어떤 행사를 기획할 적에 요모조모 거듭 따지는 모습에서, 상하이인의 가장 큰 성격적 특징은 실리를 따지는 것이라고 생각한다면, 그것은 기실 허상에 미혹된 것일 뿐이다. 상하이인은 그 무엇보다도 체면을 중요하게 여기며, 그들의 강점과 약점이 모두 여기에서 비롯된다. 그들에게 "전혀 상하이인 같지가 않다."고 고깔모자를 씌우고 추켜세우는 것은 상하이인을 어리둥절하게 만들 뿐이다.

21 콩나물 버스 풍경

인파는 상하이의 첫 번째 풍경선이라고 할 수 있다. 그 속에서 꼬리를 물고 이어지는 차량 행렬은 피할 수 없는 광경이다. 일찍이 상하이 시짱중로西藏中路와 옌안동로 어귀의 '대세계유락장大世界遊樂場'은 "대세계를 구경하지 않았거든 대 상하이로 오라!"는 자못 호방한 광고 문구를 내건 적이 있었지만, 그런 광고 문구는 이제 변화무쌍한 현실 앞에서 옛일이 되었다. 그렇지만 만약 그 문구를 그대로 모방하여 "시내버스에 시달리지 않았거든 대 상하이로 오라!"고 말한다면, 이 말은 조금도 시한이 지나지 않았다고 할 것이다. 상하이에서는 시내버스에 시달려 보지 않은 사람을 찾아보기 어렵다. 외출할 적에 택시나 자가용을 이용하더라도, 시내버스에서 시달리는 사람들의 모습을 목격하기란 어렵지 않다.

상하이를 방문할 기회가 드문 외지 사람은 상하이에서 일단 버스에 올라타면 마치 허리케인과도 같은 기세에 놀라서 이런 풍경을 전반적으로, 또 깊이 있게 이해하기 어렵다. 그러나 날마다 버스를 타고 출퇴근을 하면서 시달리고, 그것도 십년이나 몇 십 년 동안 시달린 상하이인은 아주 실질적이고 실용적으로 대처하기 때문에, 대상—콩나물 버스—과의 심리적 거리가 아주 가까와서, 많은 실질적 경험을 기술적으로 평가할 수 있을 것이다.—언젠가 나는 이런 결론을 얻어냈다. 버스가 서서히 정류장으로 진입하면, 아이를 안고 있는 부녀자 곁으로 최대한 다가선다. 대개 운전기사가 버스 앞문을 아이를 안은 부녀자 바로 앞에 맞춰 세우기 때문이다. 이는 기계적이고 서로에게 무관심한 도시에서 찾아볼 수 있는 인도주의의 모습이다. 몇 차례 시험을 해 보았더니, 성공률이 아주 높았다. 상하이인은 겨울철에 몸에 끼는 파카를 즐겨 입는데, 팔을 움직이기 편하고 또 복잡한 버스에서 서로간의 마찰지수를 낮출 수 있다. 또 차문이 세 개가 달린 굴절버스의 경우, 상하이인은 예전에는 가운데 차문으로 많이 올라탔는데, 차내에서 양쪽으로 이동할 수 있고, 게다가 앞문과 뒷문에 있는 매표원의 손길이 닿지 않아 차비를 떼먹기 좋았기 때문이다.— 하지만 심미적 관점에서 본다면, 이런 모습에서 여유로운 운치는 조금도 찾아볼 수 없다.

생활에 있어서 아쉬운 점이 예술에서는 재능을 펼칠 수 있는 구석이 되기도 하는 법이다. 나는 「문어의 촉수」라는 단편소설에서 복잡한 시내버스 풍경을 묘사한 적이 있는데, 지금 다시 보니 나름대로 재미가 있어서 여기에 몇 구절 옮겨 적어보겠다.

차체가 사람들에게 바짝 다가붙자, 사람들은 흠칫 뒤로 물러난다. 부릉대는 엔진 소리에 차체 옆면에서는 수백 개의 단추가 땅바닥에 떨어지는 거센 빗방울처럼 튄다. 엔진이 소리를 멈추고, 경음기도 잠잠해졌지만, 소리 없는 관성으로 인파를 향해 위엄 있게 밀려들며, 조금 전까지 분란하던 소리를 얕은 타이어자국 속으로 빨아들인다. 손톱에 빨간 매니큐어를 칠한 운전기사는 베테랑이다. 그녀는 관성의 거대한 위협을 알고 있다. 사람들의 긴장, 격동, 분노는 강철로 만든 버스 앞에서 장난감 총이 뿜어내는 불길 같을 뿐이다. 사람으로 빼곡하던 2미터 넓이에 10미터 길이의 버스정류장 표지판 앞은 유유히 밀고 나가는 관성 때문에 절반이나 비어버린다. ……

세 개의 차문 앞으로 몰려든 인파는 마치 거대한 문어가 무수한

촉수를 내뻗는 것과 같다. 개성은 눈이 달린 집단에게 깡그리 매몰되고, 오직 버스에 비집고 오르는 것 이외에는, 다른 의지를 내보이기는 불가능할 것처럼 보인다. 하지만 그것은 겉모습일 뿐이다. 자세히 살피려 하지 않고 집단이 뿜어내는 소란한 분위기에 도취한다면,─ 어떤 의미에서는, 눈이 달린 집단은 관찰력이라는 타성으로 도저히 깰 수 없는 강하고 신비한 효과를 만들어낸다.─ 개성은 사방에서 막무가내로 밀어젖히는 인파에 매몰되기는커녕 눌릴수록 더욱 또렷해지고 강렬해진다는 것을 발견할 것이다. ……

엷은 갈색 트위드 양복을 입은 젊은 사내는 또래 이성의 눈길에 유난히 예민하다. 그는 버스의 아래쪽 발판을 딛고 몸을 비스듬히 틀어서 등을 한쪽 차문에 기대고 두 팔을 뻗어서 다른 쪽 차문을 붙잡고 잠시 멈춘다. 그 동안 앞서 올라간 사람은 차내의 어스름 속으로 파고들어 사내와는 약간 거리를 두고, 뒤에 오르려는 사람은 미처 발판에 발을 올려놓지 못한다. 사내는 멋스럽게 몸을 위로 두어 번 튕기면서 얼굴을 살짝 돌려 버스 밖의 작은 얼굴들을 향한다. 그리고 자신이 포착한 이성의 눈빛을 받으며 차안으로 사라진다. 힘찬 뒷모습은 만족감을 드러낸다.

서로 대비되는 가벼운 희극喜劇은 다음 막의 비극을 더욱 소름끼치게 만든다. '기사騎士'는 자신의 '공주公主'를 호위하여 인파를 헤치고 빠져나온다. 한쪽 다리를 버스에 올려놓은 '공주'의 가녀린 몸은 갑자기 뒤쪽으로 쏠리면서 '기사'의 품으로 넘어진다. 가녀린 자태는 너무도 자연스럽고 아름답고 사랑스럽다. '기사'의 다리는 일순간 리듬감 있게 비틀거린다. 정맥이 튀어나온 가냘픈 여인의 손이 본능 때문인지 관성 때문인지, 사내의 엉덩이를 밀어댄다. '기사'는 갑작스런 공격에 몸을 활처럼 구부리고, 그 사이로 깡마른 여인이 비집고 올라선다. 풀어헤친 머리로 보아, 방금 공장에서 샤워를 하고 나온 모양이다. 그녀는 초록색 나사 상의에 흑백의 큼직한 체크무늬가 섞인 모직 롱스커트에, 중간 굽의 구두를 신었다. 여인은 차에 오르면서 힐끗 고개를 돌리는데, 뒤에서 '공주'나 '기사'가 투덜거리는 것을 들은 모양이다. 날카로운 눈빛, 이마와 미간의 주름살, 칼로 도려낸 것처럼 움푹 꺼진 두 뺨은 복수의 여신인 것만 같다. ……

연극은 계속된다. 미색 파카를 입은 튼실한 거구가 차문을 가로막는다. 깡충 짧은 파카의 스타일과 색상으로 보건대, 그것은 공장에서 지급한 작업복으로 보이지만, 어쩌면 저 늙은이의 딸이나 사위의 직장에서 지급한 것일지도 모른다. 희끗한 짧은 머리에, 목덜미에는 비곗살이 몇 겹이나 접혀 있다. 짐작컨대 그는 젊은 시절에 하역노동자였을 수도 있다. 지금 이 순간 그는 자신의 힘을 애써 아낀다. 조금도 힘을 쓰지 않고, 나중에 올라타는 사람들의 숱한 손이 자신의 등짝과 빵빵한 엉덩이를 밀게 내버려둔다. 마치 안마라도 받는 것처럼 편안한 모습이고, 밀어대는 것을 전혀 불편해하지 않는다. 양쪽 어깨가 위로 쳐들려도 마치 기지개를 펴는 것처럼 보인다. ……

갑자기 트럼펫 소리가 격렬하게 울린다. 한 아주머니가 아이를 안고 인파 속에서 어쩔 줄을 모른다. 그녀의 한쪽 팔은 헤엄이라도 치는 것처럼 사람들의 머리 위로 오르내리고, 다른 한쪽 팔은 아이를 비스듬히 들어 올려 압력을 피한다. 사내아이는 선홍색 파카에 판다의 머리가 그려진 노란색 둥근 털모자를 쓰고 있다. 아이는 두 팔로 엄마의 가냘프고 긴 목덜미를 끌어안고 있다. 아이가 머리를 이리저리 돌리자 판다의 머리도 따라 움직인다. 아이는 이런 광경에 익숙한 모양이지만 엄마는 아이처럼 느긋하지 못하다. …… 엄마의 몸이 거칠게 앞으로 쏠린다. 미론의 조각 「디스코볼로스」의 자세를 닮았고,[68] 파도를 헤치고 나아가는 뱃머리와도 같다. 죽기 살기로 앞으로 몇 번 떠밀더니 마침내 버스의 차문까지 다가선다. 순간 차문에서 물러나던 중년 사내가 그녀에게 뭐라고 한마디 한다. 아마도 다음 버스를 타자고 권하는 모양이다. 그녀는 갑자기 입을 실룩이더니 사내를 물어뜯기라도 할 태세다. 하얀 이빨이 저녁 어스름 속에서 반짝인다. 품에 안긴 경험 많은 어린 녀석은 '앙!' 하며 울기 시작한다. 엄마는 왼손과 왼쪽 다리로 닫혀가는 차문으로 파고든다. ……

상하이인은 날마다 콩나물 버스에서 시달린다. 버스를 타려면 밀쳐야 하고, 버스에서 내리려도 밀쳐야 한다. 게다가 가고 오는 데 버스를 한 번만 타는 것도 아니다. 그래서 상하이인은 이렇게 한탄한다.

"콩나물버스에 시달리는 것이 출

---

[68] 미론(Myron)은 기원전 5세기 그리스의 조각가로, 그의 대표작인 「디스코볼로스」는 '원반 던지는 사람'이라는 뜻이다.

근해서 일하는 것보다 더 힘들어!"

이는 화이트칼라는 물론 생산라인에서 일하는 대다수 블루칼라에게도 적용된다. 상하이 기업의 육체노동 강도는 예전보다 많이 가벼워졌고, 또 일부 강도 높은 노동은 외지 기업에게 넘어갔거나 외지에서 들어온 민공民工이 대신한다. 그래서 상하이인의 업무는 대개 콩나물 버스에 시달리는 것에 비하면 체력소모가 크지 않다. 그런데 관점을 달리해서 생각해 보자. 콩나물 버스에서 시달리는 것이 나쁘기만 한 것일까? 상하이 노동자의 운동능력 유지에는 긍정적으로 기여하지 않을까?

나는 상하이에서 가장 전망이 좋은 운동은 럭비인데, 그것은 럭비의 주요한 특징이 바로 밀치고 뛰는 것이기 때문이라는 취지의 글을 신문에 쓴 적이 있다. 콩나물 버스를 타려고 서로 다투는 격렬한 정도는 결코 럭비에 뒤지지 않을 것이다. 특히 기저귀와 젖병을 들고 갓난아이를 안은 여성들의 체력, 인내심, 과감성은 남자들의 기를 죽인다. 만약 세계 여자 럭비 대회가 열린다면, 상하이인으로 구성된 중국여자팀이 여자 배구, 역도, 수영처럼 좋은 성적을 거둘 것이며, 어쩌면 우승을 거머쥘 수도 있을 것이다. 그러면 중국 사람은 서로 몸을 맞대고 다투는 격렬한 종목이 남들보다 못하다는 근거 없는 주장도 깨버릴 수 있을 것이다. 어떤 종목이 좋은 성과를 거두려면 대중적 저변이 필수적이다. 상하이인은 날마다 이런 훈련을 받기 때문에, 럭비를 할 수 있는 역량이 충분하다. 볼링이나 골프처럼 고상한 운동도 도입되었고, 격투기도 선을 보였는데, 어째서 럭비는 푸대접을 받을까? 다행히 TV에서 럭비경기중계가 차츰 늘어나는 것은 긍정적인 신호가 아닐까?

하지만 콩나물 버스가 상하이인의 심리와 행동에 미치는 영향에 비하면, 체능을 단련시키는 것은 부차적인 문제일 뿐이다. 상하이인은 중국에서 가장 성숙한 현대 도시의 시민이어야 함에도, 유치하고 경박한 모습을 자주 드러내는 것은 콩나물 버스에서 시달린 응어리 때문이 아닐까 하는 생각이 든다. 상하이인을 전국적으로 유명하게 만들고, 도무지 이해할 수 없게 만든 주식시장은 명확한 사례이다.

22 주식시장과 콩나물 버스

주식시장은 한때 상하이에서 모든 것을 압도하는 화제였다. 세 사람 이상이 모여 이야기를 나누다 보면, 10분도 되지 않아 마치 약속이라도 한 것처럼 화제는 자연스럽게 주식으로 넘어갔다. 주식시장은 상하이를 온통 제정신이 아니게 만들었다.

주식시장의 열기가 한껏 고조되었을 때, 사려 깊은 사람들은 이 모든 것이 신기루처럼 일순간에 사라질 수도 있다는 사실을 간파했다. 조금만 더 생각해 보면, 누구든지 그런 조짐을 알 수 있었다. 당시 사람들이 열중하여 거래한 것은 정말 '주식'이었던가? 그것은 '주식'이라기보다는 차라리 '복권'이었다고 말하는 편이 나을 것이다. 이론적으로 보면, 주식에 투자하는 것은 은행이자보다 훨씬 높은 수익을 기대할 수 있기 때문이다. 만약 주식의 평균 수익률이 은행이자보다 높지 않다면, 사람들은 결코 은행에서 돈을 인출하여 위험을 무릅쓰고 주식에 투자하지는 않을 것이다.

정상적인 상황이라면, 투자자는 보유한 주식의 배당금을 가장 중요하게 생각하므로, 상장기업의 연간재무제표 같은 정보를 유심히 살피게 마련이다. 주식의 가치는 액면가에 배당금이 더해진 것이다. 주식 가격은 오르내리게 마련이고, 정책의 변화나 대주주의 조종 같은 요인에 영향을 받을 수밖에 없지만, 그것이 주식 가치의 변동에 미치는 영향은 그다지 크지 않다.

당시 증권평론가들은 "1부종목이 2부종목을 제약한다."고 말했지만, 상증지수(上證指數 : 상하이종합주가지수)가 2,000에 육박하는 어리둥절한 상황에서 1부종목이니 2부종목이니 하는 것이 따로 있었겠는가? 상하이제일백화점이 발행한 주식의 경우는 거래가격이 액면가의 9배에 육박했는데, 세상에서 그 어떤 기업이 이처럼 화려한 영업실적을 낼 수 있겠는가?

사람들은 마침내 벌떼처럼 몰려들었다. 2부종목에서 예원豫園 증권의 최고주가가 액면가의 100배에 이르렀기 때문이었다. 당시에는 주식을 매입하면서 배당금에는 전혀 신경을 쓰지 않았다. 주식이 주주에게 투자수익을 소홀히 여기게 만든다면, 그런 주식을 주식이라고 할 수 있겠는가?

자화자찬이 아니라, 나는 당시 냉정한 통찰력을 지닌 사람 중의 하나였다. 아마도 그것은 내가 보수적인 성품을 지닌 것과 무관하지 않았을 것이다. 나는 주변사람에게 적극적으로 나의 생각을 알렸는데, 나는 설득력 있게 의견을 표현하는 능력이 좋은 편이어서, 나의 관점에 동의하지 않는 사람도 대개 비웃기만 하고 정면으로 논쟁하려고 들지는 않았다. 또 어떤 사람은 나의 설득을 귀담아 듣지 않고, 몇 마디 논쟁을 하다가 이내 방어적 자세를 취하였다. 또 어떤 투자자는 이런 기이한 현상은 사회주의적 우월성이라고 주장하기도 하였다. 즉 사회주의 기업은 절대로 도산하지 않기 때문에 과감하게 주식을 사두면 안정적으로 큰돈을 벌 수 있다는 논리였다. 그러나 이런 주장을 하는 사람은 갈수록 줄었다.

상하이인은 대부분 경제적인 두뇌가 있어서 계산에 뛰어나기 때문에, 주식의 배당금을 기대하였다면, 진즉에 본전을 까먹었으리라는 사실을 충분히 가늠할 수 있었다. 즉 기업의 경영 상태는 보유한 주식과는 무관하여, 기업이 도산하지 않더라도 큰 손실을 볼 수 있는 것이다. 상하이인은 이런 경제원리를 소박하게 인식하고 나서—당시 주식평론가는 "주식시장에는 위험이 따른다."고만 하였을 뿐, 투자자에게 이론적 지도는 결코 하지 않았다. 그들이 이론적 용어를 제대로 소화하여 능숙하게 운용하지 못했거나, 투자자의 흥을 깨뜨리는 이야기는 하고 싶지 않았거나, 주가의 기술적 조작에 관심이 주로 집중되었기 때문이었는지도 모른다.— 다시 "먼저 투자한 사람은 나중에 투자한 사람의 돈을 번다."는 말을 신봉하게 되었다. 이 말은 앞서의 견해보다는 진리에 다가선 것처럼 보이지만, 잘 생각해 보면 더 위험한 것이었다. 왜냐하면 주식시장에 발을 들이는 순서에는 절대적인 시간적 경계가 없어서, 누구든지 주식시장에 발을 들여놓는 순간에는 남보다 앞서가지 않으면 막차를 타는 격이기 때문이다. 때문에 "눈 가리고 아웅하는"식의 이야기가 생겨났다. 장외주식을 사면 반드시 돈을 번다는 것이었고, 이에 사람들은 다투어 장외주식으로 몰렸고, 장외주식은 시세가 몇 배나 뛰었다. 하지만 나중에 뛰어드는 사람이 없으면 앞선 투자자는 의미가 없게 된다. 상장만 되면 시세가 공중제비를 돌던 장외주식도 좋은 시절은 이제 떠났다는 조짐이 보였다. 나는 6개월이나 1년쯤 지나면 액면가를 초과한 장외주식은 젖은 손에 올려놓은 밀가루처럼 될 것이고, 비싸게 구입한 사람들은 그때가 되면 '광범위성 초조 증세'—주식투자 실패 때문에 처음으로 자살한 사람이 나온 이후에 내려진 진단이다.—를 앓는 희생자가 될 가능성이 매우 높다고 예상하였다. 나는 이런 생각을 상하이의 신문에 기고하여 대박의 꿈에 젖은 투자자들에게 경종을 울렸다. 그리고 경고는 적중했다. 한두 달쯤 지나자 상하이 주식시장은 첫 번째 하락장세로 접어들었다. 그제야 많은 사람들이 나의 안목을 칭찬했지만, 이미 소용없는 일이었다. 당시 나는 기고에서 그보다 수년 전에 저장성의 한 농촌에서 벌어진 비극적 사건을 소개했다.

한 농민이 남을 이용해서 신속하게 부자가 되려는 아이디어를 가지고 사업을 벌였다. 누구라도 그에게 1만원을 투자하면, 6개월 후에 2만원으로 돌려주었다. 그가 벌인 사업은 빠르게 번창했고, 소문을 듣고 사방에서 투자했다. 쌓여가는 현금은 미처 셀 수가 없어서, 자를 사용하여 대충 헤아리는 지경이었다. 이 황당한 일은 결국 비극으로 끝나고 말았다. 비뚤어진 방법으로 돈을 벌려고 생각한 그 농민은 말할 것도 없고, 숱한 사람들이 모든 재산을 날리고 스스로 목숨을 끊었다. 나는 기고에서 "지금의 주식시장은 저장성의 황당한 사건과는 본질적으로 다른 것이지만, 맹목적으로 큰돈을 벌 수 있다는 심리에 있어서는 놀라울 정도로 닮았다. 당시 숱한 상하이인은 신문에 보도된 농민의 기사를 보면서 그의 어리석음을 비웃었는데, 지금 사리사욕에 눈이 먼 상하이인은 그 사건에 결코 뒤지지 않는다."고 하였다.

나는 상하이인을 편애한다. 그래서 글을 쓸 적이면, 그들의 단점을 비호하고 장점을 내보이는 경우가 많다. 하지만 그 기고는 안타깝게도 사전에 실질적 도움을 주지 못했기 때문에 나는 너무도 가슴이 아팠다. 하락장세로 들어서자 나를 안목이 있다고 칭송한 사람들도 상승장세로 돌아선다면 즉시 나의 안목을 팽개칠 것이다. 그것은 상하이인이 오랜 세월 콩나물버스에서 시달리며 맺힌 응어리 때문이라고 생각한다.

콩나물버스에 오르려면 남보다 먼저 앞자리를 차지해야 유리하다. 버스에 어차피 빈자리가 없더라도, 앞자리에 서야만 상대적으로 편리한 자리를 차지할 수 있다. 만약 꽁무니에 선다면, 비집고 올라타야만 하기에

앞사람보다 몇 갑절이나 힘이 들 것이고, 또 버스에 올라타더라도 뒤에는 딱딱한 출입문이 버티고 있고, 앞쪽에는 코끼리 엉덩이보다도 무거운 엉덩이들이 있어서, 숨쉬기조차 거북할지도 모른다. 그런데 버스에 올라타기만 한다면, 다음 정류장에 도착하는 시간은 첫 번째로 올라탄 사람과 다르지 않다. 첫 번째로 올라탄 사람과 마지막으로 올라탄 사람은 느낌에 차이는 있을지라도, 결국 같은 버스를 탄 것이기 때문에 목적지에 도착하는 시간은 다르지 않다. 그러나 만약 이 버스를 보내고 다음 버스를 탄다면, 30분씩이나 벌어질 수도 있다. 또 이 버스에서 밀려난다고 하여 다음 버스에는 첫 번째로 올라탄다는 보장도 없다. 다음 버스가 도착하면 또 똑같이 밀치고 올라타야 하므로, 이번에 비집고 올라타려고 애쓴 것도 허사가 되고 만다. 때문에 상하이인은 한쪽 발이 버스의 발판을 딛기만 하면, 결코 물러나는 법이 없다. 버스 안이 복잡해질수록 사람들은 더욱 죽어라고 밀치며 올라탄다. 그렇게 하지 않고는 달리 방법이 없기 때문에 악순환은 계속된다.

이론적으로 따지면, 버스 승객의 유동량은 일정하고 차량도 일정한 운행횟수가 있어서, 러시아워에도 버스는 모든 승객을 실어 나른다. 출근시간은 시간적으로 제한을 받지만 퇴근시간은 좀 빠르기도 하고 늦기도 하기 때문에 상대적으로 다소 여유가 있을 것 같지만, 퇴근 무렵의 버스도 붐비는 출근시간과 마찬가지이다. 그런데 억지로 밀치고 오르는 것은 버스의 운행시간을 지연시켜서 결국 특정 시간대의 운행횟수를 감소시키는 결과를 가져온다. 줄을 서서 차례대로 버스에 오르고 모두 타면 출발한다면, 보다 빨리 귀가할 수 있지만, 그런 방식은 상하이에서는 통하기 어려웠다. 도로는 비좁고 차량은 부족해서 러시아워에는 모두들 거리에서 평소보다 많은 시간을 허비하였기에, 거리에서 허비하는 시간을 줄여서 보다 절실한 곳에 써야 한다는 생각을 가졌다. 이런 생각 때문에 서로 앞을 다투는 현상이 빚어진 것이다. 서로 앞을 다투게 되면, 거대한 관성으로 모두에게 개입하도록 압박을 가한다. 일단 말려들면 이내 이성을 잃어버려 자신의 의지대로 되지 않는다. 버스에 다투어 오를 적에, 건장한 사람은 자신은 기운이 넘쳐서 남을 밀어낼 수 있다고 생각하고, 허약한 사람은 남들이 전혀 동정심이 없다고 생각한다. 남을 밀치고 올라탈 생각만 할 뿐 남을 배려하지는 않는다. 오로지 제 힘으로 애써야지 그렇지 않으면 영영 탈 수 없을 것이라고 생각한다. 이런 분위기에서 이런 식으로 밀치고 버스에 올라타야만 하는지를 생각하는 사람은 극소수일 것이다.

상하이의 상황은 러시아워에 같은 구간에서 버스를 타고 가는 것이나 걸어가는 것이나 시간적으로 별로 차이가 없거나 심지어 걸어가는 편이 오히려 빠른 경우도 있다. 걸어가는 것이 버스를 타는 것보다 다소 늦더라도, 그 시간 동안의 체력 소모는 걸어가는 것이 오히려 적을 수도 있고, 느낌은 한결 편안할 것이다. 건강이라는 측면에서 보면, 한바탕 밀치며 버스를 타는 것은 신체에 손해가 되겠지만 걷는 것은 건강에 도움이 되기에, 그 차이가 크다고 할 것이다. 그런데 영리한 상하이인도 이런 차이를 따지는 경우는 드물다. 이유는 아주 간단한데, 누구나 차를 타려고 하기 때문이다. 그저 우르르 몰려들 뿐이지, 이유 따위는 따지려고도 하지 않는다. 마치 대단한 목적이 있는 것처럼 보이는 맹목적 행위일 뿐이다. 이것이 사실 버스에 먼저 타려고 아귀다툼을 벌이는 까닭이고, 이런 심리가 주식시장으로 옮아가서 뜨거운 광기를 드러낸 것이었다.

상하이 주식시장은 갑작스러운 상승세와 하락세가 나타났고, 게다가 숨고르기가 없이 대폭 상승한 다음에는 곧바로 크게 곤두박질치는 상황이 반복되었다. 이런 현상은 버스를 먼저 타려고 아귀다툼을 벌이는 심리와 관계가 있다. 주가가 상승하는 것은 주식시장에 자금이 모여든다는 의미다. 마치 버스에 밀치고 올라타려는 사람이 버스에 승객이 많을수록 더욱 치열해지는 심리처럼, 주식시장에 죽어라고 자금을 쏟아붓는 것이다. 하지만 끝을 모르게 상승하던 주가는 자금이 더 이상 받쳐주지 않으면 하락세로 돌아서게 마련이다. 만원버스가 시동이 꺼지면, 승객들은 앞을 다투어 버스에서 내려 다음 버스가 오는지 살피고, 시동이 꺼진 버스에는 선뜻 다시 오르지 못하는 것과도 같다. 이것이 바로 주식시장이 금세 뜨거워졌다가 금세 식어버리는 까닭이다. 모두가 감각에 따라서만 움직이고 이성에 따라 움직이지는 않기 때문이다.

시내버스를 타는 것과 주식투자가 다른 점은 이렇다. 버스에 먼저 오른 사람은 다른 사람이 더 타지 않아야 자신이 조금이라도 편하기 때문에, "숨 막혀 죽겠어요. 빨리 문 닫아요!"라고 연거푸 소리친다. 그러나 주식에 발을 들여놓은 사람은 남들이 따라오기를 바라기 때문에, 짐짓 대범한 체하고 때로는 허위정보를 퍼뜨리며 얼마를 벌었다고 떠벌이고, 좋은 소식만 전하고 나쁜 소식은 감추어, 투자자를 자신의 총알받이로 삼으려고 한다.

나의 아내는 나의 경고를 무시하고, 적지 않은 돈을 주식에 넣었다가 몽땅 날리고 말았다. 아내는 직장 동료의 권유로 주식에 손을 댔는데, 정작 그 동료는 아내가 주식에 손을 대고 나서야 자신이 주식투자로 적지 않은 손실을 보았다는 사실을 실토하였다. 그러나 그가 의도적으로 아내를 주식에 끌어들인 것은 아니었다. 마치 버스에 올라탄 사람이 "숨 막혀 죽겠어요. 빨리 문 닫아요!"라고 소리치는 것이 올라타려는 사람에게는 어떤 영향도 미치지 못하는 것과 같았다. 이는 결국 마음가짐을 자각하지 못한다는 것인데, 주식투자자 대부분은 이런 마음가짐을 갖고 있다. 그러므로 주식시장이 하강국면으로 접어들던 무렵은 주식투자자가 자기인식을 하기에는 가장 좋은 시점이었다. 비록 문외한이기는 하지만, 내가 만약 증권분석가라면, 나는 이렇게 말하고 싶다. 주가지수의 상승 추세에 대한 투자자의 기대치가 실제 장세를 크게 넘어선다면, 절대로 크게 오를 것이라고 기대하지 말라. 그것은 허열虛熱이 올라가는 것일 뿐이므로, 매우 조심해야 한다. 아내의 교훈이 있었기에, 내 말은 틀리지 않을 것이다.

상하이인은 몇 년에 걸친 고생을 겪으면서 영리해졌다는 점을 밝혀두어야겠다. 당시 언론에서는 주식시장을 움직이는 기관과 큰손이 상하이의 개인투자자들을 '간악한 자'라고 비난한다는 사실을 보도하였다. 사실은 개인투자자들을 쥐락펴락하면서 고혈을 빨아 자신을 살찌운 기관과 큰손이야말로 '간악한 자'인데, 오히려 그들이 적반하장으로 나온 것이다. 하지만 나는 상하이인에게는 차라리 다행스러운 일이라고 생각하였다. 그들은 큰 대가를 치러야 하기 때문이었다.

우리 집의 경우도 아내가 주식시장에 바친 수업료 때문에 이지적으로 살아가는 것을 배우게 된다면, 그런 대가는 가치가 있는 것이다. 하지만 상하이인이 그렇게 되기는 쉽지 않을 것이다. 그들은 오랫동안 콩나물버스에 시달려 왔고, 지금도 시달리기 때문이다.

23 복병을 내놓은 상하이인

상하이인은 무엇에 몰두하였던가?

주식투자를 하느라 바빴던 적이 있었지만, 절정기는 지나간 지 오래되었음이 분명하다. 지난날 화려했던 영광을 재현하고자 상하이 거리에는 지금도 증권거래소의 화려한 간판이 곳곳에 널려 있다.

순식간에 우후죽순처럼 등장한 새로운 산업은 상하이에 '은행이 화장실보다도 많은' 상황을 만들어 놓았지만, 이제는 예전 같지는 않고, 시황판은 증권맨의 멍한 눈빛과 마주할 따름이다. 시황판에 오늘의 상하이 증시시황이 나타나고, 많은 비용과 노력을 들여서 하락장을 봄기운이 완연하게 바꿔놓았을지라도, 선물교역소의 선물시황과 각종 외환에 대한 인민폐의 환율처럼, 일반인의 관심에서는 갈수록 멀어져 간다. 개인투자자들은 갈수록 위축되고, 증시는 갈수록 전문화된다. 샐러리 계층으로 주식을 사들인 많은 사람들은 이제 대부분 눈을 떴다. 그들은 애당초 자신을 억제하지 못하고 잘못된 길에 들어섰다는 것을 깨달았고, 더 이상 벼락부자가 되어 자동차를 사고 집을 사고 비행기를 타고 광둥 지방으로 날아가서 정통 삼사갱三蛇羹[69]을 먹겠다는 허황된 꿈에 현혹되지 않는다. 단지 먹을 것을 아낀 돈으로 사들인 주식을 언제 팔아치울 것인지에 관심을 두고, 수익은 꿈도 꾸지 않게 되었다.

주식시장은 적시에 빠져 나오지 못하고 정점을 찍고 나면 좋은 날이 없는 법이다. 1994년 여름, 300에서 출발한 상하이증권지수는 순식간에

---

[69] 광둥음식의 오랜 메뉴 가운데 하나인 코브라탕.

1,000을 돌파하여, 상승속도가 신기록을 세웠는데, 그 거드름은 스페인의 투우사를 압도하고도 남았다. 투자자들은 기뻐했고 활력이 넘쳤다. 증권맨들은 다시 바빠졌고, 전문적 식견도 없는 작자들은 주가지수가 2,000을 돌파하는 것은 시간문제라고 떠들어댔다. 많은 사람들이 눈앞에 다가온 대박을 잡으려고 워밍업을 시작했다. 하지만 기세등등하던 모습은 이내 꺾였고, 투매시기를 저울질하거나 투매하거나 손실을 보고서라도 일단 처분하고 권토중래를 꿈꾸는 사람들의 탄식이 여기저기서 터져 나오면서 열기도 식고 말았다.

사람들은 아무도 자신이 그 당사자가 되리라고는 생각하지 못했다. 대폭 상승과 하락의 경험을 하면서 사람들은 "기관이 시장을 만들어간다."는 말을 깊이 깨닫게 되었다. 상하이인은 총명하고, 또 경험을 통한 교훈을 잘 이해하는 편이어서 이런 경험을 하고 난 뒤로는 시장 조작에 개입한 기관은 예기한 효과를 거두지 못하는 경우가 많았고, "부인을 놓치고 군사마저 잃는"[70] 지경에 빠지기도 하였다. 당시 상하이의 신문지상에는 기관이 개인투자자를 '간악한 자들'이라고 욕설을 퍼부었다는 사실이 폭로되기도 하였다. 결국 기관은 조심스러워질 수밖에 없었고, 주식시장도 가라앉을 수밖에 없었다. 며칠이 지나고 몇 주가 지나고 몇 달이 지나도록 주가지수는 하락을 이어갔고, 어쩌면 주식시장은 상하이인의 중심 화제에서 사라질지도 모른다는 우려가 대세처럼 자리 잡았다.

현대 도시인이 지닌 성격적 특징

---

70) 소설 「삼국지」에서 주유(周瑜)는 유비(劉備)가 손권(孫權)의 여동생과 결혼하기 위해 동오(東吳)에 왔을 적에 유비를 감금하고 형주(荊州)를 빼앗으려 했지만, 결혼식을 올린 유비는 부인과 함께 무사히 빠져나가고, 주유의 군사는 제갈량의 매복병에게 패한 일에서 유래한 말이다. 흔히 '이중으로 손해를 보는 것'의 비유로 사용된다.

의 하나는 '바쁘다' 혹은 '생활의 리듬이 빠르다'는 것이다. 표준적인 상하이인은 사흘 동안 한가하면 병이 날 것 같다고 한다. 뒤집어 말하면, 병이 나야만 안심하고 쉴 수 있는 것이다. 사실 그들은 병에 걸려도 바쁘다. 도처로 유명한 의사를 찾아다니고, 수입한 특효약을 구하거나 민간에서 내려오는 이런저런 비방을 찾느라고 바쁘다. 게다가 지금은 온갖 초인적인 솜씨를 연마하느라고 바쁘다. '시간은 돈'이기 때문이다. 바쁘다는 것은 남에게 자신이 돈을 벌고 있다는 사실을 입증하기 때문이다. 따라서 부지런히 살아가야 하고 한가히 허송할 시간은 없는 것이다. 설사 하루 종일 춤이나 추고 마작이나 하더라도, 그것이 바쁘다면 그래도 좋은 느낌을 갖는다.

그렇다면 상하이인은 주식에 매달리지 않으면, 또 어떤 것을 찾아서 바쁘게 지내게 될까? 아마도 교육에 매달릴 것이다. 이는 약간 이상해 보이기는 하다.

교육도 한바탕 바빴던 적이 있었다. 1970년대 말부터 1980년대 초까지가 그랬다. 그런데 당시 교육에 몰입한 것에는 충분한 이유가 있었.

10년 대동란[71] 동안에 한 세대가 정규교육을 받을 기회를 완전히 박탈당해서, 고등학교 졸업 이상의 학력을 가진 '과맹科盲'[72]과 '반半문맹'이 양산되었다. 이런 문제를 해결하기 위하여 정부에서는 행정력을 동원하여 해당 세대에게 보충학습을 시행하였다. '공농병(工農兵:노동자 · 농민 · 군인)' 대학생에게는 업무교육을 실시하고 간부로 발탁할 적에는 졸업장을 요구하였기 때문에, 대학은 그들에게

---

[71] 1966년부터 1976년까지의 문화대혁명을 에둘러 표현한 말.
[72] 과학 상식이 전혀 없는 성인.

문호를 개방하였고, 야대(夜大:야간대학), 업대(業大:여가를 이용하여 학습하는 대학), 전대(電大:방송대학), 자대(自大:독학사)와 여가시간을 이용하여 공부하는 중전(中專:중등실업계학교), 고중(高中:고등학교), 고복보습반(高複補習班:고등학교 과정 보충학습반) 등이 크게 발전하였다.

대기업에는 교육처 또는 교육과를 두었고, 소규모 공장에도 직원의 업무 이외의 교육을 담당하는 전담 관리자를 두어, 시민 교육에 조금의 소홀함도 없게 하였다. 당시는 교육에 대한 부채가 너무 많았기 때문에 이처럼 '저돌적인 조치'나 '인해전술'을 취하는 것이 부득이했다. 더욱이 전적으로 계획경제에 따른 관방주도 시스템이어서 "지식과 재주를 익히면 '벼슬길'에 나아가야 하였다." '벼슬'을 하게 되면 명성과 이익은 저절로 따라왔기 때문에 공부는 확실히 쓸모가 있었고, '학습 무용론'에 대한 비판은 자연스럽게 설득력을 갖게 되었다.

세월이 지난 지금은 상황이 어떻게 되었는가? 성인교육成人敎育[73]은 이제 역사적 사명을 다하여, 더 이상 반짝이는 별과 같은 존재가 아니다. 비록 실직 노동자의 재취업훈련 덕택에 약간의 수혈을 받아서 화색이 살짝 돌기는 하지만, 지난날 늠름하던 위풍은 찾을 수 없다. 결국 늙은 영웅이 마음은 있지만 힘은 부치는 지경처럼 되어버렸다. 전반적 경제시스템이 계획경제에서 시장경제로 전환되면서, 개인에게는 다양한 선택의 기회가 주어졌다. 공부하여 관리가 되는 것이 더 이상 자기만족과 자기성취를 이루는 유일한 길은 아니게 되었다. 교육의 상징적 존재인 교사의 지위는 전국 또는 지방의 각급 인민대표자대회에서 누차 거론하고 논의하여 처

---

73) 방송대학, 야간대학, 통신대학 등을 통한 성인교육.

우가 개선되었지만, 개선의 속도와 정도는 다른 직종이나 물가 상승에 비해 만족스러운 정도는 아니었다. "원자탄을 만드는 것이 차엽단茶葉蛋[74]을 파는 것만 못하다."는 말은 비록 감정이 격앙되어 나온 것이지만, 대학교수들이 생계를 위해서 부침개 노점을 벌여야만 했던 경제적 현실을 반영한 말이었다. 이런 모습을 보면서, 이전 세대와는 사고가 바뀌었다고 갈채를 보냈든, 학문을 욕보이고 지식인의 인격을 실추했다고 욕을 퍼부었든, 그것은 엄연한 현실이었다. 해마다 스승의 날이 되면 사회적 관심을 일깨우며 고달픈 교사의 존재를 인식하게 하였는데, 실로 교사들로서는 희비가 엇갈리고 만감이 솟구쳤다. 나이 든 교사들은 '신성한 천직天職'이라는 사명감을 자기 위안으로 삼았다. 반평생을 교과서와 분필을 벗 삼아 살아왔기에, 직업을 바꾸고 싶어도 다리가 변변치 못하기에 자신의 자녀는 자신처럼 먹고살지 않기를 바랄 뿐이었다. 일평생 교사 노릇을 한 사람조차 이렇게 생각하였기에, 사범대학·대전(大專 : 대학과 전문대학)·중전中專에서는 입학기준을 낮추어 학생을 모집하였고, 점수가 가장 낮은 학생이 사범학교에 들어갔다. 그런 상황이 지속되었다면 중국의 교사진과 교육의 앞날을 낙관할 수 있었겠는가?

상하이의 대학에서는 학생들에게 학비를 받기 시작한 이후에도, 사범계열에는 학비면제 혜택을 유지하였다. 그런 상황은 변화를 기대하게 만들었고, 미래의 교사진에 '평민의식'을 보다 많이 불어넣을 수도 있었기에 차라리 잘 된 것인지도 모른다고 생각하였다.

하지만 보는 것이 많고 발걸음이 빠르고 활력이 넘치는 젊은 교사들은

[74] 찻잎, 간장, 오향(五香) 등을 넣어 삶은 달걀.

따분함을 견디지 못하고 줄줄이 달아났다. 일부 초등학교와 중학교에서는 교사가 심각하게 모자라 과목을 개설하지 못하거나, 교장이 동분서주하며 대리수업을 하거나, 학교 고용인이 교사가 되어 수업에 얼굴을 내미는 일이 벌어지기도 하였다. 어쩌면 상하이의 유치원과 초등학교는 방직공장처럼 외지에서 온 여성들로 버티게 될지도 모를 일이었다.

옛사람의 시에 "온 몸에 비단옷을 걸친 이는, 누에를 기르는 사람이 아니라네."라고 하였다. "부유함을 뽐내는 이는, 지식인은 아니라네."라는 상황이었다. 그런 상황에서 상하이인이 오히려 교육에 열중한 것은 이상한 일이 아닌가? 하지만 상하이인은 확실히 교육에 매달렸고, 또 그런 지가 제법 오래되었다.

우리 세대가 아직은 청년이라고 말할 수 있던 시절, 우리는 청춘의 끝머리를 붙들고 교육을 받느라고 분주했다. 세월이 흘러 우리 세대가 어쩔 수 없이 중년이 된 이후에는, 자신의 희망을 자녀에게로 미루어 자녀의 교육을 위해서 분주하게 뛰어다닌다. 그렇게 다시 바빠진 지도 이제 세월이 제법 지났다. 그리고 주식투자가 유행하기 이전부터 이미 소리 없이 한 걸음씩 나아가더니 마침내 물결을 이루었다. 하지만 유행에 민감하고 함께 어울려 난리법석을 떨기 좋아하는 상하이인은 자신감과 인내심을 갖기 어려웠다.

지금 상하이에서 교육에 몰두하는 정도는 결코 예전에 못지않다. 초등학교와 중등학교에서는 중간고사와 기말고사를 앞둔 2주 동안은 주말 오후가 되면, 기관이나 회사에서 학부형들이 약속이라도 한 것처럼 휴가를 얻어 슬그머니 빠져나와 집으로 돌아가 아이에게 복습을 시키며 시험 준비를 돕는다. 일부 학교에서는 이런 추세에 따라 시험 전에 사흘 동안 방학을 주어서, 집에서 학부형의 지도 아래 스스로 복습하게 하는데, 이런 식이 교실에서 복습하는 것보다 좋은 결과를 거두기도 한다. 시험을 치르고 성적이 발표되면, 학부형들은 직장에서 며칠씩이나 성적에 대한 이야기를 나눈다. 우쭐거리며 뽐내는 사람도 있고, 한숨을 내쉬는 사람도 있고, 말은 점잖게 하지만 속은 쓰린 사람도 있고, 표정은 겸손하지만 속으로는 우쭐대는 사람도 있다. 하지만 모두들 황제보다 조급하게 구는 태감(太監:내시)과도 같다. 초등학교 5학년은 가정교사를 구하는 비율이 상당히 높다. 관련 통계는 없지만, 조심스러운 추측으로는, 50%를 넘을 것이다. 과목당 교습비는 중국 직장인의 월평균 급여와 보너스를 합친 수입의 절반에 육박한다. 따라서 맞벌이 가정에서 애지중지하는 자식에게 국어와 수학 두 과목을 개인교습 시킨다면, 가구 수입의 절반을 쏟아붓고 나머지 절반으로 식비를 비롯한 기타 생활비를 해결하여야 한다. 가계부상에서는 아무리 쥐어짜도 이런 비용은 나오지 않지만, 다행히 상하이인은 영리하고 융통성이 있기 때문에, 아쉬우면 아쉬운 대로 대처해 나가고 걱정스러운 표정을 짓지는 않는다. 수백만 명에 이르는 상하이 가정주부는 기실 기업체 사장의 마르지 않는 인재 창고가 되는 셈이다. 이런 사실에서 상하이인은 주식투자에 매달리는 것보다 훨씬 위대하고 비장하게 교육에 아낌없이 투자한다는 사실을 알 수 있다.

지금 상하이인의 사교육 열기는 갈수록 높아지고 있다. 사교육의 출발선은 이미 초등학교 3학년으로 낮아졌다. 일전에 난푸대교 아래에 있는 공중화장실에 들렀다가 우연히 젊은 화장실 관리인 두 사람이 표준중국어인 보통화普通話 발음에 대해 진지하게 이야기하는 모습을 보면서, 아마도 그녀들은 아이를 이제 막 초등학교에 넣었으리라는 생각이 들었다. 이런 모습에 비추어 보면, 상하이는 교육에 있어서 일본을 추월하고, 유치원 때부터 사교육을 시작할 날도 그리 멀지 않았다는 생각이 든다.—상하이의 학부모가 아이가 말을 배우기 시작할 무렵부터 아이에게 당시唐詩를 암송하고, 영어 단어를 익히고, 전자오르간이나 피아노를 연주하게 하고, 유아그림교실에 등록하는 등의 비정규적이거나 조기지능개발교육 같은 것은 넣지 않았다.—

또 기숙사 생활을 하는 상하이시 중점重點중학교 영재반 학생들도 개인교습을 받는 현상이 나타났다. 더러 학부모가 직접 개인교사 역할을 맡는 경우도 있는데, 차를 구입하여 매일 저녁 집과 학교를 바쁘게 오가기도 하고, 아예 학교 근처에 셋방을 얻는 사람도 있다. 비록 특수한 경우이기는 하지만, 이는 승리에 대한 상하이인의 집착이 너무 조급하고, 또 지난날에는 꿈에서도 그리던 상하이 중점중학교의 교육조차도 만족하지 못한다는 것을 보여주는 것이다. 이러다가는 장차 소름이 돋는 모습이 되어 버릴지도 모르겠다.—학부모가 개인교사를 구하거나 직접 개인교사 역할을 맡은 것은 자발적인 것이 아니라 압박감 때문이었을 것이다. 자기 자녀가 영재들 사이에서 뒤처질까 염려한 것이다. 그런데 모두 수준이 같을 수는 없고, 앞서는 아이가 있으면 뒤처지는 아이도 있게 마련이다. 그런데 개인교습을 시키자 아이의 성적이 향상되었고, 다른 학부모들도 압박감을 느끼고 따라하게 된 것이다. 이처럼 서로 쫓고 쫓기면서 인위적 긴장감이 조성된 것이다. 내가 '소름이 돋는 모습이 되어버릴지도 모르겠다'고 한 것은 이런 점을 가리킨다.—

타이완에서 한 교사가 학생들에게 공부의 비법을 가르쳐주지 않자 학부모가 그 교사를 개인교사로 초빙하려고 압력을 넣었다는 신문기사가 있었다. 기사를 본 한 친구는 "어떻게 이런 일이 있을 수 있어? 여기 교사들의 주의를 환기시키는 것이 아닌가?"라며 몹시 흥분했다. 사실 친구의 생각은 지나친 구석이 있었다. 상하이의 교사들은 자질이 매우 높고, 또 학생교육에 최선을 다하고 있다.—학생들의 치열한 경쟁은 교사들의 경쟁을 자극한다. 많은 교사들은 '초등학생과 중등학생의 학습 부담을 경감하라'는 상급기관의 부단한 압력을 받으면서도, 자식의 성공을 바라는 학부모들의 기대를 충족시키고자 온갖 방법을 모색한다. 그들은 인내심을 갖고 학생들에게 반복적으로 과제를 부과한다.— 지금 많은 교사들은 수업이나 학부모회의에서 개인교습이 반드시 효과가 있는 것이 아니므로 개인교습을 시키지 말라고 목소리를 높인다. 하지만 그 말을 듣는 학부모가 얼마나 있겠는가? 때문에 악순환이 계속된다. 자녀를 중점학교에 보내려고 온갖 방법을 모색하고, 또 중점학교에 들어가면 개인교습을 시킨다. 그런데 개인교습을 맡은 선생님은 비非중점학교의 교사인 경우가 적지 않다. 개인교습이 합리적이지 않다고 말하는 사람들도 대개 초빙한 개인교사가 부적절하다는 것이지 개인교습 자체를 나무라는 경우는 드물다.

개인교습을 시켜 본 사람이든 아니든, 대부분 이런 비용을 들이는 것과 들이지 않는 것은 다르다고 생각한다. 학부형이 자녀의 사교육에 들이는 비용을 아꼈다가 자녀가 중점중학이나 중점대학에 들어가지 못한다면, 그들은 평생 자녀에게 원망을 들을지도 모른다.

교육부에서는 학교교육이 학생들의 공부에 대한 부담을 실질적으로 줄일 수 있도록 명문화한 법령을 마련하였다. 즉 과제의 양과 학습 분량을 제한하는 것이다. 이는 긍정적인 선택이고 장기적인 안목이고 교육의 원칙에 걸맞은 것이지만, 이것을 철저하게 시행하면, 오히려 사교육을 조장할 위험이 있다. 이것이 바로 앞서 흥분을 떨치지 못한 친구가 걱정하는 문제의 핵심이었다.

하지만 어떻게 해야 사교육을 감옥으로 보내서 교육부에 공헌할 수 있을지는 아무리 생각해도 뾰족한 방법이 떠오르지 않는다. 교육부에서 개인교습을 통제하기란 불가능하다는 것을 알고 있었기 때문에, 유명무실해질 것이 뻔한 훈령을 내리지는 못하였다. 만약 현직 교사가 개인교습을 하다가 적발될 경우 면직처분을 내린다면, 그것은 교사직을 내던지고 싶어 하는 젊은 교사들의 마음과 정확하게 맞아떨어지는 것이 아닐까? 퇴직한 교사의 경우는 어떻게 할 것인가? 또 정규수업만 통제하고 사교육은 내버려둔다면, 숲을 위한다며 참새를 내쫓고, 연못을 위한다며 물고기를 내쫓는 격이 될 것인데, 결국 누가 이득을 얻겠는가? 교육당국에서는 각종 보충교재의 집필 · 출판 · 발행을 통제하겠다는 안을 내놓았는데, 이런 '합리적 조치'도—'이상에 부합된다'는 말이지, '현실적인 것이 합리적이다'라는 의미에서의 '합리'는 아니다.— 같은 이유로 별다른 효과를 거두지 못할 것이다. 보충교재는 출판사와 신화서점新華書店에게는 도깨비방망이와도 같은 것인데, 그들이 쉽게 포기하려고 하겠는가? 유명 교사가 자기 이름으로 집필할 수 없다면 가명으로 집필할 것은 자명한 일이고, 수준 높은 보충교재가 제한을 받으면, 그 자리는 수준이 떨어지는 보충교재가 파고들 것이 불 보듯 뻔하다. 현직에 있는 A급 교사가 보충교재를 집필하지 못한다면, 퇴직한 이후에는 주저 없이 남은 정력을 집필에 쏟을 것이다. 이미 편집이 끝난 것은 찍어낼 수는 있더라도, 오류가 적지 않을 것이다. 학교에서 단체 구입을 하지 못하게 한다면, 결과적으로 교사는 잡수입이 일부 줄어들 것이고, 학부모는 보충교재비 부담이 늘어날 뿐 아니라 서점에 가는 품도 늘어날 수밖에 없다.―학교의 단체 구입은 학교나 교사가 리베이트를 받아서 가격은 비싸면서 품질은 떨어지는 보충교재를 공급하는 현상이 생길 수도 있다.― 이처럼 웃을 수도 울 수도 없는 상황은 결코 예상하기 어려운 일이 아니다.

어차피 '쌀로 밥을 지은' 상황이 되어서 바로잡기도 대단히 어려운 지경이다. 상하이인이 교육에 매달리는 것은 일순간의 유행이 아니며, 신기루를 짓는 것도 아니다. 그들은 분명하고 착실하게 매달리고 있다. 이런 사실은 명백하게 존재하고 있으니, 분석해 보기 바란다. 하지만 분석은 사실만큼 중요하지 않으며, 때로는 아무런 작용도 하지 못할 수 있다. 그러나 사람들은 그래도 분석을 필요로 한다. 그래야만 안심할 수 있고, 인문과학도들은 밥을 벌어먹을 수 있기 때문이다.

24 화이트칼라 의식

상하이인은 무엇 때문에 교사의 몸값이 폭락하던 무렵에 그토록 교육에 열중한 것일까? 생각이 보수적이기 때문인가? 사고가 앞서가기 때문인가?

사회의 집단무의식에는 반드시 배후에 깊은 원인이 있게 마련이다. 청소년 시기에 공부의 기회를 놓쳐버린 학부모의 뒤늦은 후회는 자신의 자녀에게서 배움에 대한 꿈을 이룰 수 있기를 바란다. 여기에는 감정적 동기도 없지 않겠지만, 그것이 이런 이유보다 더 강할 수는 없다. 이 기이한 현상에 대하여 심사숙고한 결과, 나는 이것이 결국 상하이인의 자기인식과 결부된다는 사실을 찾아냈다.

상하이인은 화이트칼라가 가장 이상적인 직업이라고 생각한다. 어떤 인문학자는 이렇게 지적한다. 상하이인은 오랫동안 계획경제 시스템 속에서 살아오면서, 1920, 30년대의 개척정신과 모험정신을 일찌감치 상실하고 말았다. 상하이인은 주인의식이 없고 종업원의 지위에 안주하는 경향이 있는데, 이는 상하이인이 정신적으로 위축되었다는 것을 보여준다. 상하이의 위풍을 되찾으려면, 먼저 상하이인의 정신을 진작시켜야 한다. 이 점에 대하여 위추위余秋雨는 「상하이인上海人」에서 설득력 있게 서술하면서, 이를 '종업원 심리'로 개괄하였다.

"지금도 상하이인 가운데 뛰어난 사람에게 가장 어울리는 직위는 다국적기업의 고위 간부이지 산하를 삼킬 것 같은 기개를 지닌 총수는 아니다. 상하이인은 안목이 추진력을 훨씬 앞서고, 적응력이 창조

력을 크게 능가한다. 그들에게는 대가의 기품은 있지만 대장의 풍모는 없으며, 세상을 조감하는 시야는 있지만 세상을 휘젓는 기개는 없다."

이 구절은 기세가 넘쳐서 보는 이를 감탄하게 한다. 나도 첫인상은 이와 같았지만, 곰곰이 생각해 보니 짚어볼 구석이 있었다. 아마도 내가 상하이인을 너무도 편애하기 때문이겠지만, 나는 화이트칼라에 대한 상하이인의 인식은 의식의 성숙함을 보여주는 것이라고 생각한다. 유럽이나 미국 같은 선진국에서는 사회 전체에 대한 통제권이 자본가에서 관리자계층으로 옮겨가고 있다. 위추위가 예로 든 '고위 간부'와 '총수'는 논리적으로는 상대적 개념이 성립되지 않는다. 왜냐하면 '총수'는 자본주이자 이 사회의 회장일 수도 있고, 이사회에서 고용한 월급쟁이 '사장'일 수도 있기 때문이다. 만약 '사장'이라면 '고위 간부'와 같은 계층에 해당되므로, 그들 사이에는 엄격한 차이나 절대적 한계는 존재하지 않는다. '사장'이라는 자리는 고위 간부직 가운데 하나일 뿐이므로, 고위 간부는 물론이고 평직원도 바라볼 수 있는 자리다. 그러나 '총수'이자 이사장이라면, 다른 고위 간부가 넘볼 수 있는 자리는 아니다. 물론 '총수' 본인은 고위 간부로서의 훌륭한 자질을 갖추어야만 한다. 자본은 그에게 권위는 세워줄 수 있지만 능력을 가져다주지는 않기 때문이다. 유럽이나 미국 등지에서 직면한 문제는 고위 간부가 총수가 될 수 있느냐가 아니라 이사장이 사장의 직무를 담당할 수 있는가 하는 것이다. 아무튼 화이트칼라는 현실적으로 지배계급이 되었고, 이는 원칙에 맞는 추세다.

위추위의 말은 상하이인은 어느 한 부분을 담당하는 능력은 있지만 대세를 통섭하는 기백은 부족하다는 의미라고 생각된다. 그가 이런 결론을 얻어낸 것은 상하이인이 개척·모험·일처리에 있어서 기백이 부족하다는 그의 시각과 무관하지 않다. 이는 그가 '대가의 기품'과 '대장의 풍모', '세상을 조감하는'과 '세상을 휘젓는'을 대비한 것에서 엿볼 수 있다. 이 점에 대해서는 좀 더 구체적인 분석이 필요하다고 생각된다.

경제는 자본의 원시적 축적 단계를 거치면, 필연적으로 점차 사회화되고 대규모생산에 의해서 화합化合된다. 이 단계에 이르면, 권력에 의지하거나 모험을 통해서 쉽게 재부財富를 축적할 수 있던 과거와는 달리 지식이 새로운 산업분야를 일구거나 경영전략을 개선함으로써 기회와 재부를 창출하게 된다. 경제라는 영역은 영원토록 위험성을 지닌 것이지만, 모험정신의 의미에는 큰 변화가 생겼다. 모험은 점차 탐험으로 바뀌고, 갈수록 전문화되고 지식중심으로 바뀐다. 예를 들어, 예전에는 독한 술을 마신 카우보이가 총을 뽑아 들고 마구잡이식으로 결투를 벌였지만, 지금은 직업적인 킬러가 미리 주도면밀한 계획을 세워서 깔끔하게 해치운다. 이런 직업적 킬러가 앞뒤를 헤아리지 않는 카우보이의 용감함만 못하다고 할 수는 없을 것이다. 오늘날의 경제활동은—세계적 범위의 전반적 수준을 이르는 것이다.— 마치 게임처럼 되어서, 규칙을 익히고 남다른 발상을 가져야만 비로소 승산이 있다.

상하이인은 어떤 경제시스템 속에서 살아왔던, 결국은 중국에서 경제가 가장 발달한 대도시에서 살아왔다. 그들은 대외적 연계를 통하여 가장 많은 정보를 접촉하였기 때문에 현실 상황에 가장 근접할 수 있었고, 또 변화무쌍한 세태에 잠시나마 현혹되지 않을 수 있었다.

상하이인은 오랫동안 상대적으로 안정적이고 여유로운 생활 속에서 자신의 본분을 지키며 성실히 일해 왔다. 그들은 결코 자신의 안위를 가볍게 여기거나, 물불을 가리지 않고 덤비거나, 승부수를 던지는 일은 하지 않았다. 이런 까닭으로 상하이는 난세의 영웅을 배출하기는 어려웠지만, 평화로운 시대의 훌륭한 재상을 길러낼 수는 있었다. 평화로운 시대의 훌륭한 재상은 난세의 영웅처럼 기세가 드높아 보이지는 않지만, 그렇다고 어려움을 알면서도 꿋꿋하게 나아가는 용감함과 세상을 삼킬 것 같은 원대한 포부가 없는 것은 결코 아니다.

상하이인의 '화이트칼라 의식'은 그들의 혈관에도 녹아 들어가 있다. 주식투자로 큰돈을 번 한 친구는 나의 아들이 상하이시 중점중학교에 합격했다는 소식을 듣더니 부러운 눈빛으로 "그런데도 자네는 아무 내색도 않는단 말인가? 자네는 이제 더 이상 애간장을 태우지 않아도 되겠군."이라고 하였다. 그는 두 가지를 맞바꾸고 싶은 눈치였는데, 이런 진솔한 감정은 상하이인의 가치관을 전형적으로 보여준다.

상하이인은 남이 돈을 버는 것은 부러워하지만, 결코 벼락부자를 존경하지는 않는다. 그들이 존경하는 것은 재능을 지닌 사람이다. 상하이인은 행운이라는 것은 왔다가도 사라지는 것이지만, 재능은 사람이 세상에 탄탄하게 발붙이고 살아가게 만든다고 믿는다. 학교는 난세의 영웅은 길러내지 못하지만, 평화로운 시대의 훌륭한 재상을 양성하는 훌륭한 장소이므로, 상하이인은 한마음으로 자신의 자녀가 좋은 교육을 받기를 원한다. 돈은 은행에 묻어두면 가치가 떨어질 수도 있지만, 지식은 머리에 넣어두어도 곰팡이가 슬지 않는 법이다. 때문에 상하이인은 재산을 털어서라도 자녀를 교육시키는 것에 주저하지 않는다. 그런 풍부한 에너지를 축적하고 있으니 자녀교육을 향한 물결이 도도하게 이어지고 또 갈수록 높아지는 것은 당연한 일이다.

25 '농당'과 인생

상하이의 '농당弄堂'[75]은 베이징의 '호동胡同'[76]에 견주어지는 문화 현상으로, '석고문石庫門'[77]—개량식을 포함하여—이나 '붕호棚戶'[78]가 그 배경을 이룬다. 지금의 신촌소구新村小區[79]에도 원래는 농당이 있었다. 구식 '이롱里弄'[80]보다 훨씬 넓어서, 어떤 것은 구시가지의 작은 도로에 버금갔고, 행정 명칭은 무슨 '로路'이거나 무슨 '롱弄'이라고 하였다. 하지만 문화적 의미에서 보면 '농당'은 이제 그 맛이 변했다.

나는 상하이 한복판에 있는 석고문에서 살다가 신촌으로 이사했는데, 처음 한두 해 동안은 달라진 느낌이 아주 분명했다. 우선 이위(里委 : 지역위원회)나 거민소조(居民小組 : 주민조직)의 개념이 희박하여, 수십 개월이 지나도록 이 두 단계의 조직과 접촉한 적이 없었고, 심지어 이롱의 간부가 누구인지, 거민소조의 조장이 어느 집에 사는지도 몰랐다. 그것은 해방감 비슷한 느낌을 주었다. 이전에는 모른 체하고 싶어도 그렇게 되지 않았다. 문화대혁명 기간과 이후에 수년 동안은 거민소조에서 매주 정기적으로 신문 열람과 학습을 하였고, 그 후로도 이런 학습은 '각자의 자발성'으로 바뀌어 지속되었다. 또 공공부문의 분할 문제나 이웃 간에 분쟁이 빈발했기 때문에 이위의 간부를 '중재인'으로 부르지 않을 수 없었다. 이

---

75) 상하이 전통 주택가의 골목길을 이르는 말이다.
76) 베이징 전통 주택가의 골목길을 이르는 말이다.
77) 상하이의 주거문화를 상징하는 전통적 주거양식으로, 대개 벽돌과 목재를 사용한 2층 다가구 주택의 형식이다.
78) 상하이 방언으로, 판잣집 따위의 남루한 가옥이나 동네를 이르는 말이다.
79) 지금의 상하이시 준하이중로(淮海中路) 1487농(弄) 일대이다.
80) 상하이 방언으로, 골목 또는 골목길을 이르는 말이다.

위의 간부가 나타나면 좋은 일이 있는 경우는 거의 없었다. 당사자들은 결과에 상관없이 늘 불만스러워했고, 그것이 반복되면서 이롱의 간부에게는 좋지 않은 이미지가 씌워졌다. 문예작품에 등장하는 거민소조의 조장은 대개 '마르크스레닌주의의 하녀'로, 훌륭하고 능력 있는 사람을 시기하거나, 남을 함정에 빠뜨리거나, 남의 불행을 즐기거나, 공연히 말썽거리를 만들어내는 모습으로 묘사된다. 이는 묵묵하고 성실하게 남의 이런저런 일을 도맡아하는 대다수 이롱의 간부들에게는 불공평한 것인데, 생존공간의 협소함이 가져온 괴팍한 기질이 그들에게로 전가된 결과이다. 이는 일종의 집단무의식이어서, 일반적인 상황에서는 대부분 이런 감정이 부적절하다는 것을 깨닫지 못한다. 이는 책상머리의 은은한 스탠드 불빛 아래에 앉아서 자신의 생각을 차분하게 따지는 것과는 다르다. 사람들은 공정하게 평가하지 못하여 미안하다며 그들에게 사과해야 한다는 사실을 깨닫지 못할 것이다. 하지만 미안하다며 사과하려고 할지라도, 이위와 거민소조의 역할이 강화되는 것은 원치 않는다.

신촌으로 이사하고 나서 분명하게 깨달은 또 다른 느낌은 보다 본질적인 것으로, '가정'이라는 사생활 공간의 상대적 독립성을 체험하게 된 점이다. 다시 말하면 예전에 살던 '집'에는 문이 없었는데, 농당에 의해서 그것이 완전히 망가져 버렸다는 사실을 깨닫게 되었다.

나는 석고문에서 태어나 30년 넘게 살았지만, 그곳의 거주환경에 대해서는 전혀 애착이 없다. 나는 장편소설 「정상인正常人」에서 석고문을 이렇게 묘사하였다.

석고문은 무엇 때문에 유명해진 것일까? 낡은 사당과도 같은 주방에 들어가 열 개가 넘는 아궁이 때문에 마치 낡은 발묵화潑墨畵[81]처럼 그을린 벽을 볼 적마다, 장님처럼 발길의 느낌에 의지하여 친구가 '탄광'이라고 부르던 계단을 더듬어 오를 적마다, 나는 늘 석고문이 무엇 때문에 그토록 유명한지 묻고 싶었다. 그것은 이제 상하이에서 가장 많은 주택도 아니고, 수준이 가장 높은 주택도 물론 아니다. 예술적으로는 그저 평범해서 기풍을 언급할 정도가 못 되고, 거주환경은 전혀 실용적이지 않으며, 베이징의 사합원四合院[82]처럼 고고학·민속학·역사학·사회학·건축학·미학·심리학·윤리학 등 다방면에서 특별한 가치를 찾아볼 수도 없다. 그렇지만 상하이의 주택을 언급할 적이면 가장 먼저 떠올리는 것이 석고문이어서, 우아하고 아름다운 빌라나 양옥이 약이 올라 견딜 수 없게 만든다.

어느 날 나는 두 가지 유력한 근거를 찾아냈다. 하나는 싱예로興業路에 있는 '일대一大'[83] 개최지가 전형적인 석고문이라는 점이고, 또 하나는 석고문은 옛 상하이의 중산층이 살던 집이라는 사실이었다. 당시 석고문에 거주하려면 적지 않은 보증금이 필요했기 때문에 가난한 짐꾼, 수레꾼, 청소부, 똥장군 같은 사람들은 꿈도 꾸지 못했다. 지금 중산층으로 부르는 중류 수준의 가정을, 당시에는 소부르주아계급이라고 불렀다. 이런 사람은 전체 사회에서 가장 보편적인 사람들이었는데, 자신보다 지위가

---

81) 먹물이 번져서 퍼지게 하여 그리는 산수화의 기법.
82) 마당을 중심으로 사방이 모두 집채로 둘러싸인 중국 북방의 전통적인 주택 양식.
83) 중국공산당 제1차 전국대표대회. 1921년 7월에 프랑스 조계지이던 지금의 싱더루 76호에서 열렸다.

높은 사람을 부러워하거나 미워하였고, 신분상승을 원하면서도 절개를 잃을까 두려워하였다. 또 자신보다 지위가 낮은 사람을 동정하거나 무시하였고, 도와주고 싶어하면서도 부담스러워하였다. 그들은 때로는 이랬다가 때로는 저랬다가 하면서도, 결국은 자신도 모르게 자신에게 속한 모든 것을 세상에서 가장 평범하고 가장 합리적이고 가장 실질적이고 가장 이상적인 것처럼 만들어 선전하였다. 그들보다 부유한 사람들은 그들이 이처럼 자기 분수를 지키는 것에 도취하게 격려하였고, 그들보다 가난한 사람들은 그들의 조금은 애처로운 여유를 함부로 질투하거나 미워하지 못했다. 그래서 이런 계층의 생활기준·사용물품·관심·취미는 사회적 공인을 받았고, 모든 사람에게 알려지게 되었다.

석고문이 살기에 불편한 것은 시설이 허술하기 때문만은 아니다. 가정과 가정 사이에, 그리고 가족구성원 사이에 있어서, 최소한의 필요한 거리조차 두지 못하는 환경 때문이다. 서로 간에 최소한의 거리를 갖지 못하는 것은 종종 사람을 견딜 수 없게 만든다. 예를 들어보자. 어느 집이나 부부싸움은 있게 마련이다. 속담에는 부부지간은 "뱃머리에서는 서로 욕을 하다가도 배꼬리에서는 다정하게 이야기를 나눈다."고 한다. 석고문에서는 이웃집에서 부부싸움을 하는 소리가 60데시벨을 넘기 때문에 이웃들은 대개 달려가서 말린다. 벽체가 얇아서 옆집에서 다투는 소리가 마치 자기 집에서 나는 소리처럼 들려서 정상적인 생활이 불가능하기 때문이다. 또 다른 이유는 곤경에 처한 사람을 돕지 않는 것은 도리에 어긋난다고 생각하기 때문이다. 즉 이웃지간에는 사이좋게 지내야 하기에 못 본 체하는 것은 체면이 아닌 것이다.

신형 공동주택도 이웃집에서 나는 소음이 들리지 않을 수는 없다. 그렇지만 설사 옆집에서 소란을 부리고 TV가 부서지더라도, 찾아가서 간여할 필요는 없다. 신형 공동주택은 인정머리가 없어 보이지만, 양쪽 모두에서 살아본 경험으로는, 상하이인은 후자의 생활방식과 인간관계를 환영할 것이라고 확신한다.

석고문에서는 어느 집에서 부부싸움을 하는데 말리는 사람이 아무도 없다면, 그것은 그 부부가 평소에 이웃과 관계가 소원했다는 것을 의미한다. 그래서 반드시 찾아가서 말리는데, 안 그러면 당사자들이 부끄럽다는 잠재의식 때문에 손을 쓰지 못할 지경으로 다툼이 커질 수도 있기 때문이다. 하지만 찾아가서 차분차분 달래서 싸움을 그치게 한다면, 나중에 자신들을 말린 이웃을 보면 부끄러운 생각이 들고, 또 뒤에서 쑥덕거릴 것이라는 생각에 부담감을 갖게 된다. 반면 신형 공동주택에서는 남의 부부싸움에 끼어들지 않기 때문에, 설령 부부싸움을 하더라도 적당한 정도에서 알아서 그친다. 그리고 남들과는 상관없이 스스로 알아서 그치기 때문에 이웃에 대해서도 담담하고 또 남들이 쑥덕댈까 염려할 필요도 없다.

상하이인은 오랫동안 사람들 사이에서 살아왔기 때문에 사생활 공간에 대한 요구가 높다. 나는 언젠가 집을 '영혼의 목욕탕'에 비유한 적이 있다. 집에 도착하면 남의 눈치를 보지 않고 편히 쉴 수 있기 때문에 가능한 모든 사회적 관계에서 벗어나고 싶어한다.

상하이인은 다른 지역에서 직장의 부서 단위로 사택을 짓는다고 하면,

이상하게 여기거나 심지어 걱정스러운 표정을 짓는다. 상하이에 직장 부서 단위의 사택이 없는 것은 아니지만, 대개는 회사나 공장 단위로 대규모로 사택을 짓기 때문에 소규모 단위의 동료가 같은 동에서 거주하는 경우는 없다. 또 설령 그렇더라도 나름의 대책이 있는 사람, 예컨대 일정한 권한이 있는 간부의 경우는 주택의 수준을 낮추더라도, 자기 집을 다른 곳으로 바꾼다. 또 상하이인은 3인 가정의 소가족—부부와 한 자녀—을 선호하고, 여러 세대가 함께 사는 구식의 대가족은 좋아하지 않는다. 이런 사례는 모두 개인의 독립적 공간을 지키고 싶어하는 상하이인의 강한 소망을 보여주는 것이다.

농당과 작별하고 신촌에 입주한 이후에, 나는 도시문명의 발전을 찬양하면서, 새삼 문명의 즐거움을 누리게 된 심정을 담아 소설을 썼다. 그런데 어느 날 문득 '신촌은 농당이 아니다'라는 나의 생각은 착각임을 깨닫게 되었다.

하루는 숙제를 마친 아들 녀석이 저녁 식사를 하려는 찰나에 불쑥 이렇게 말했다.

"아빠, 농당에 놀러가도 돼요?"

"TV는 안 볼 거야?"

아이는 정색을 하고 골똘히 생각하더니 이렇게 말했다.

"나가서 놀래요."

TV에서는 아이가 넋을 잃고 보는 「트랜스포머」가 나왔는데, 그조차도 마다하는 아이의 모습에 나는 적잖이 놀랐다. 아이는 단숨에 계단을 뛰어 내려가더니 마치 제비처럼 농당을 향해 내달렸다. 순간 어린 시절 농당에서 즐겁게 뛰어놀던 장면이 문득 떠올랐고, 수십 년에 걸친 농당에서의 세월이 주마등처럼 스쳐갔다. 나는 아연 실소를 금치 못했다. 농당은 여전히 농당이었다. 아이의 마음에 농당은 변치 않은 모습으로 남아 있었던 것이다.

그 뒤 나는 많은 노인들이 아이들처럼 농당에 깊은 애정을 지니고 있다는 사실에 주목하게 되었다. 농당에서는 할머니들이 옹기종기 모여 앉아 야채를 다듬으며 도란도란 이야기를 나누었다. 또 추운 겨울에는 그곳에서 해바라기를 하였고, 더운 여름에는 그곳에서 바람을 쐬며 더위를 식혔다. 또 날마다 사람들이 모여서 아침운동을 하였고, 머리가 허연 노인들은 히말라야삼목이나 목련나무를 둘러싸고 "음, 향기롭군. 무척 향기로워."라며 감탄하고, 한여름 밤에는 장기 두는 것을 둘러싸고 구경했다. 모두가 너무도 따뜻하고 향기로운 풍경이었다. 내게 익숙한 옛 농당의 풍경은 마치 버섯이 자라나듯이 농당에서 쑥쑥 자라났다. 이에 나는 마침내 농당은 변함없이 농당이니, 아이에게는 더없는 낙원이며 노인에게는 즐거운 휴게클럽이라는 사실을 분명히 깨달았다.

농당은 청장년층에게 있어서만 평범한 길에 불과하거나 유언비어가 전파되는 갈등의 소굴이었던 것이다. 나는 신촌의 농당은 다르다고 생각했지만, 사실은 나의 마음속 희망이 달라진 것이었다.

청장년층은 개인의 독립적 공간을 지키고 싶은 바람이 크기 때문에 농당을 배척하는 태도를 보인다. 그것은 청장년층이 사회에서 인간관계가 너무 많아서 넌더리가 나기 때문이 아니라, 인생의 이 무렵에는 사람 사이의 교제가 실리적 목적을 지닌 경우가 너무 많기 때문이다. 그러니까 남에게 자신의 마음을 드러내 생각하지 못한 문제를 초래하느니, 차라리 집에 돌아가서 자기만의 세상에서 짧더라도 마음의 평안을 얻는 편이 나은 것이다. "다른 사람은 바로 지옥이다."라는 말은 이런 오그라든 심리를 철학적이자 극단적으로 보여준다. 다른 사람이 지옥이라면 농당은 아마도 함정일 것이다.

아이와 노인은 실속을 챙기려는 사회의 테두리에 들어서지 않았거나 이미 벗어난 사람들이다. 마치 놀이와도 같은 모습을 지닌 그들의 삶에서 농당은 마음에 쏙 드는 자유의 천지다. 시설이 잘 갖추어진 놀이동산이나 노인휴양시설에 비해, 농당은 그 배후에 아무 것도 없기 때문에 마음껏 상상의 나래를 펼칠 수 있고, 남이 개입하여 구속하거나 제한하는 경우도 드물다. 농당에서 장난감 총을 들고 울트라맨을 흉내 내는 아이들의 놀이는 그 어떤 놀이동산에서의 재미에도 결코 뒤지지 않는다. 농당에서 주고받는 노인의 한담은 다관茶館에 드나드는 것에 못지않다. 농당은 아이와 노인 덕택에 넉넉한 정취를 지니게 되니, 아마도 도시 한가운데서 영원토록 젊음을 지킬 것이다.

청장년층은 농당을 종종걸음으로 지나쳐 가는 나그네다. 그들이 지금 지나가는 길은 인생에 있어서 가장 정취 없는 길이다. 하지만 그들이 정취를 거부하는 것은 아니다. 정취가 부족하다는 것을 솔직하게 인정하고, 팍팍해진 마음에 정취를 갖도록 노력하라. 정취는 인생의 출발점이자 귀착점이다.

인생은 농당을 가로질러 가는 것과 다르지 않다.

26 내일의 상하이인

저장성 취저우衢州에 갔다가 우연히 쿵샹카이孔祥楷 선생을 만난 적이 있었다. 당시 쿵 선생은 몰라볼 정도로 신수가 달라져 있었다. 그가 시장의 보좌관이 되고, 남종南宗 공부孔府의 적계 후손인 무관無冠의 '연성공衍聖公'[84]으로 항렬이 쿵샹시孔祥熙[85]와 같기 때문만은 아니었다. 나는 그와 단 몇 분 동안 짤막한 대화를 나누었지만, 그의 말에서 중요한 사실을 깨달았다.

취저우는 예로부터 교통의 요충지여서 '취(衢 : 네거리길)'라는 글자를 이름으로 삼았는데, 철도와 도로는 물론 수상교통까지 발달한 경제의 중심지이자 상품의 집산지였고, 또 유서 깊은 전통문화가 있어서 지역의 문화 중심지이기도 하였다. 그런데 그런 취저우가 지금은 신장위구르자치구의 신흥 도시인 쿠이툰奎屯에도 견줄 수 없을 정도로 낙후되고 말았다. 쿵 선생은 취저우가 낙후된 까닭에 대해 한마디로 자연환경이 너무 좋기 때문이라고 하였다. 그의 설명은 이렇다.

취저우는 구릉지로 토질이 비옥하고 자연재해가 아주 적다. 설령 가뭄이 들거나 홍수가 나더라도 수확에는 큰 영향을 입지 않는다. 이런 까닭으로 이곳 백성들은 농사를 지으면 가족을 부양하며 먹고사는 데에 별다른 어려움이 없고, 오히려 약간의 여유까지 있기 때문에, 여간해서는 외지로 나가서 장사를 하려고 하지 않는다.

이론상으로 보면, 그의 설명에는 그다지 새로운 것은 없다. "막다른 길에 몰리면 변화를 찾는다."는 논리

[84] 서한 시기부터 사용된 공자 직계 후손의 세습 봉호(封號).
[85] 1880~1967. 쑨원(孫文)의 혁명에 협력하고, 쑹쯔원(宋子文)과 함께 장제스(蔣介石) 정권을 지원한 관료자본가.

에 근거한 것이지만, 눈앞에 펼쳐진 사실과 어우러지자 깊은 깨우침을 주었다. 그 이전까지 나는 상하이인의 자아감은 거의 자기비하나 자포자기의 상태까지 떨어졌기 때문에 상하이인에게 가장 절실한 것은 자신감을 회복하는 것이라고 생각하였다. 그리고 지역문화에 대한 의식을 확립하는 것보다 현대적 도시의식을 고취하는 것이 필요하다고 보았다.

그런데 쿵샹카이 선생과 대화를 나눈 뒤에는 오늘날 상하이인은 계획경제의 강보에서 형성된 '도시적이지 못한 의식' 때문에 비판의식이 부족하다는 생각을 갖게 되었다. 도시 생활이 지닌 유동성과 변화 그리고 빠른 리듬에 상하이인은 얼마나 잘 적응할 수 있을까? 또 그런 생활방식을 맞이할 마음의 준비는 충분한가?

상하이인은 총명하고 지혜롭지만, 그 총명함과 지혜로움을 자신의 안락한 둥지를 만드는 데에 쏟아붓고 오랫동안 안주하였기 때문에 날개가 퇴화하고 말았다. 다시 둥지에서 날아오르게 되었지만, 한없이 넓고 수시로 갰다가 흐려졌다 하는 창공을 자유롭게 비상할 수 있을까? 혹자는 푸둥浦東이 개발되면서 상하이인은 자아감이 좋아졌다고 말하지만, 나는 그런 자아감에 의문이 든다. 예전에 상하이인은—상하이시의 호적을 지닌 사람— 모두들 정책에 융통성이 없어서 상하이 경제가 비약하지 못한다며 불만을 터뜨렸다. 이제는 정책이 개방되었고, 상하이 경제도 빠른 속도로 성장하였다. 상하이 호구戶口를 가진 사람은 자신에게 물어보라! 내일도 여전히 상하이인일 수 있을까? 수많은 민공民工·간부·교사·엔지니어·투자자·경영자가 사방에서 상하이로 모여드는데, 그들 가운데 많은 사람들이 장차 상하이인이 되거나 상하이인의 신분을 회복할 것이다.

유동이란 들어오기도 하고 나가기도 한다. 들어오기만 한다면 흘러넘치게 마련이다. 상하이가 번영할 때에는 고향을 지키며 나오지 않던 상하이인에게 이런 추세는 잔인하지만 피할 수 없는 현실이다. 그러므로 나중에 하늘을 원망하기보다는 충분히 대비하는 것이 낫다. 지금 상하이인이면 누구나 생명처럼 여기는 상하이 호구는 몇 년도 지나지 않아 지난날의 양표(糧票:식량배급표)처럼 가치 없는 것이 되는지도 모른다. 상하이를 멋진 곳으로 만들기 위해서는 그런 날이 빨리 오기를 고대해야 할 것이고, 자신의 이해만을 따진다면 크든 적든 상실감을 느끼게 될 것이다. 현실감을 높여야만 상실감을 줄일 수 있다. 현실은 모든 상하이인은 새롭게 상하이인의 자격을 얻어야 한다는 것이다. 다행히 이민자의 후손인 상하이인의 혈액에는 강한 투쟁의 유전자가 남아 있다. 수십 년 동안 평온한 생활에 익숙해져 있지만, 새로운 환경 앞에서 분투하고 있다. 야생마가 순한 말로 길들여진 격이다. 아무튼 새장에 갇혀서 자라는 카나리아는 아니므로, 일단 경쟁이 시작되면 처음에는 잘 적응하지 못할 수도 있겠지만, 인내심을 갖고 지혜를 짜낸다면 결국은 뿌리를 내리고 우세를 차지하게 될 것이다. 새로운 피를 수혈한 상하이인은 장차 더욱 빛나는 모습으로 세상 사람들 앞에 나타날 것이다. 그리고 그들 뒤의 배경은 동방의 현대화된 대도시만이 아니라 고도로 현대화된 중국이 될 것이다.

상하이는 밖에서 들여다보든 안에서 내다보든, 모두 현대 중국의 커다란 창문이다. 이 커다란 창문 앞에 서 있는 상하이인의 모습이 말쑥하지 않아서 되겠는가? 신중하고 주도면밀하지 않아서 되겠는가? 원대한 뜻이 없어서 되겠는가? 멀리 내다보는 안목이 없어서 되겠는가?

27 현장에는 **핏자국**이 없었다
—상하이 루자쭈이 연락선터미널 '12·10' 참사 르포

다음 르포는 1988년에 취루瞿鷺와 함께 쓴 것인데, 이번에 이 책을 쓰느라 다시 들춰보았다가 그만 눈물이 핑 돌고 말았다. 이 르포에 담긴 내용은 시간이 흐르면서 상황이 많이 달라졌지만, 상하이인을 보다 깊이 이해함에 있어서는 여전히 중요한 도움이 될 것이다. 따라서 일부분을 여기에 옮겨서 지난 일을 돌아보고자 한다.

Ⅰ.

'재앙'을 뜻하는 '재災'라는 글자는 위에는 '물'을 뜻하는 '수水'자가 있고 아래에는 '불'을 뜻하는 '화火'가 있다. 그러니까 '물'과 '불'에 의한 재앙인 셈이다. 아울러 이 글자에서는 중국 민족이 지닌 천성의 일단을 엿볼 수 있다.

중국의 음양오행설陰陽五行說에서 금金·토土·목木은 일정한 규칙과 질서가 있어서 비교적 안정적이지만, 수水와 화火는 활발하게 움직이기 때문에 통제하기 어렵다. 어쩌면 중국인의 선조들은 정적이고 안정적인 것을 좋아하고 동적이고 변화하는 것을 두려워하는 잠재의식이 있었는지도 모르겠다. 그래서 초목에도 감정이 있고 돌멩이도 영혼과 소통할 수 있다고 믿고, 하늘과 땅은 신으로 받들면서 해마다 제사를 드렸지만, 인류의 문명을 낳은 물과 불은 오히려 무정한 것이자 온갖 재앙의 근원으로 간주한 것인지도 모르겠다.

넓은 의미에서 보면, 상하이 루자쭈이陸家嘴 연락선터미널에서 벌어진

참사는 '물'과 관련이 있다. 연락선터미널은 황푸강黃浦江에 있고, 황푸강에는 당연히 '물'이 흐른다. 게다가 사고당일 아침은 안개가 자욱하게 드리운 날씨였다. 안개는 대지에서 가까운 대기층의 수증기가 냉각하고 응결되어 발생하는 것인데, 작은 물방울 내지 얼음 결정으로 이루어진 것이므로, 역시 '물'과 연관된다. 그런데 이런 '물'은 갑작스러운 홍수나 제방을 무너뜨리는 해일과는 다른 것으로, 이 사고를 움직인 거대한 파괴력인 광란의 물결을 만든 것은 바로 사람이었다.

사고가 발생하자 당시 상하이 시장이던 장쩌민江澤民[86]은 즉각 부상자를 황푸구중심병원, 런지仁濟병원, 상하이제일인민병원 등지로 긴급후송하게 하였다. 정신을 잃고 인공호흡을 하거나 수액주사를 맞는 부상자 가운데 젊은이가 많고, 게다가 어린아이도 다수 포함된 것을 보고 몹시 놀란 장쩌민은 침통한 목소리로 이렇게 말했다.

"안개가 어떻게 사람을 죽고 다치게 만든단 말인가! 누군가 높은 곳에 올라가서 '밀지 말아요!'라고 소리쳤다면, 사고를 막을 수 있지 않았을까?"

그렇다. 안개 낀 날씨 그 자체가 어떻게 사람을 죽일 수 있겠는가? 상하이인은 평소 영리하고 재주 많고 부지런하고 민첩하기로 명성이 자자하다. 상하이에서는 문화대혁명 기간에도 여느 도시와 같은 대규모 무장투쟁이 벌어진 적이 없었다. 그런데 어째서 사고당일 아침에 상하이인은 갑자기 이성과 지혜를 모두 잃고 마치 미친 사람들처럼 서로 밀치고 밟

[86] 1926~. 중국의 정치인. 상하이 시장을 지내고 중앙정계에 발탁되어, 1990년부터 2005년까지 중국공산당 총서기, 중국국가주석, 중앙군사위원회 주석 등을 지내면서 당(黨), 정(政), 군(軍)을 이끌었다.

는 참극을 연출한 것일까?

사고소식이 전국으로 알려지자 외지인들은 이런 사실을 믿으려 하지 않았다. 사고가 발생하고 며칠 후에 한 친구가 선전深圳으로 출장을 갔는데, 어떤 광둥인이 그에게 이렇게 물었다.

"상하이인이 정신이 어떻게 된 것 아니오? 어떻게 그런 무모한 짓을 할 수 있단 말이오?"

그는 한참 동안 아무 말도 하지 못하다가, 겨우 이렇게 대답했다.

"연말이 가까워 지각을 하게 되면 1년 정근상을 몽땅 날릴 수도 있었거든요."

"그래요? 1년 정근상이 얼마나 되는데요?"

"직장에 따라서 다르지만, 많게는 20원까지 주지요."

"20원?"

광둥인은 이해할 수 없다는 표정을 지으며, 손가락 두 개를 내뻗고 흔들었다. 그가 어이없어한 것도 당연했다. 당시 선전에서는 고급호텔에서 쇼를 구경하며 음료 한 잔을 마시는 데도 태환권兌換券[87] 10원이 들었는데, 태환권 10원은 암시장에서 인민폐 20원에 거래되었다.

상하이인은 나중에 이 사고가 얼마나 부끄러운 것이었는지를 깨달았다. 그래서 상하이인은 애써 잊으려고 하였고, 1년도 지나지 않아 시장·사무실·음식점·공원·시내버스 같은 쉽게 말이 퍼지는 장소에서도 이 사고에 대해 언급하는 경우는 찾아보기 어렵게 되었다. 하지만 상하

---

[87] 외화태환권. 예전에 중국에서 외국인이 인민폐(人民幣) 대신 사용하던 일종의 화폐 대용권으로, 1980년부터 중국은행에서 발행하여 사용하다가 1995년 1월 1일부로 유통이 중지되었다.

이인은 그날의 사고를 기억에서 영영 지우지 못할 것이다.

사고는 유혈 사건이라고 표현할 수도 없고, 피의 교훈이라고 표현할 수도 없었다. 현장검증이 있던 날, 사람들은 숱한 사상자가 발생하였음에도 땅바닥에는 핏자국이 없다는 사실에 경악했다.

현장에는 핏자국이 없었다!

그것은 사망자 대다수가 질식해서 죽었기 때문이었다. 의학 용어로는 '흉부혈액순환차단'이라고 말하는데, 이는 거의 생매장되어 죽는 것과 다르지 않다. 생매장과 다른 것은 사망자의 몸을 누르며 덮어버린 것이 다른 사람의 몸뚱이였다는 점이다.

Ⅱ.

1987년 12월 10일의 일기예보를 보자.

- 날씨 : 맑다가 차츰 구름이 많아지고, 안개가 끼는 곳이 있겠으며, 저녁에는 흐려지겠다. 내일은 맑다가 차츰 구름이 많아지겠다.
- 풍향 : 편남풍이 불다가 편북풍이 불겠다.
- 풍력 : 3~4급에서 4~5급으로 강해지고, 강한 돌풍이 불겠다.
- 최고기온 : 14℃. 내일은 6~8℃.
- 최저기온 : 0~2℃. 일부 지역에서는 살얼음이 어는 곳도 있겠다. 내일은 0~-1℃로, 살얼음이 얼겠다.

일기예보는 상하이 시민이 가장 관심을 갖는 것 가운데 하나다. 그런각이었다. 선예는 성적이 학급에서 중상 정도였다. 성적이 만족스럽지 못했던 선예는 자신의 큰 키와 또래들보다 좋은 힘을 무기로 학교 배구팀에 들어갔고, 배구팀은 상하이시 '육묘배育苗盃'에서 2년 연속 우승을 차지했다. 그녀는 유명한 프로선수가 되는 것이 꿈은 아니었다. 배구팀에 들어간 가장 큰 목적은 대학에 들어갈 때 가산점을 얻기 위한 것이었다.

웨이차이디魏彩娣와 그녀의 남편은 그날따라 뭉그적대다 5시 50분이 되어서야 집을 나섰다. 푸둥 탕차오塘橋에 사는 그들은 푸시 중산공원 후문에 있는 공장으로 출근하는 데, 최소한 2시간이 소요되었다. 출근시간은 8시로, 조금만 늦어도 정근상은 날아갈 판이었다. 임신 3개월째인 웨이차이디는 무거운 발걸음을 끌며 연신 투덜댔고, 남편은 그런 아내를 다독거리며 간신히 83번 시내버스에 올라탔다.

아침 연락선을 타려는 승객들이 속속 집을 나설 무렵, 황푸강에는 서서히 안개가 깔리기 시작했다. 그날 안개는 복사무였다. 복사무는 겨울철 상하이에서 가장 흔한 안개로, 그날 안개도 전형적인 복사무였다. 하지만 다시 생각해 보면 다소 특별했던 것도 같다.

전날 발행된 「신민만보新民晩報」에는 안개에 대한 예보가 전혀 없었다. 12월 9일 아침에도 안개가 끼었지만, 금세 걷혀 연락선 운항에는 아무 영향도 없었다. 그런데 그날 아침에는 안개가 걷히기는커녕 갈수록 짙어져, 수면의 가시거리는 50미터도 되지 않았다.

4시 30분, 옌안동로延安東路의 연락선터미널에서 첫 번째 연락선이 출발하자 안개는 금세 황푸강 전체를 뒤덮었다. 역시 4시 30분에 루자쭈이 터미널을 출발하기로 예정된 연락선은 출발을 미루었다. 하지만 육상에는 안개가 엷어 교통에 별다른 영향이 없었기 때문에 81번과 82번 버스는 여전히 황푸강을 건너려는 승객들을 루자쭈이 터미널로 실어 날랐고, 터미널에는 속속 사람들이 도착했다.

Ⅲ.

사고가 벌어진 루자쭈이 터미널의 상황을 소개할 필요가 있겠다. 루자쭈이 지역은 마치 새의 '부리[嘴]'처럼 푸둥에서 푸시 쪽을 향해 튀어나온 모습이다. 황푸강은 여기에서 큰 굽이를 이루면서 쑤저우하蘇州河와 합류하여 수면이 크게 넓어진 다음, 힘차게 우숭커우吳淞口를 향해 흘러간다. 루자쭈이가 이름이 널리 알려진 것은 아주 붐비는 선착장이기 때문이었다. 루자쭈이에서 연락선을 타고내리는 승객은 하루에 20만 명이 넘었다. 게다가 루자쭈이는 황푸강에서 가장 큰 선착장으로, 정원이 1,400명이나 되는 대형연락선 여섯 척이 두 개의 노선을 따라 끊임없이 황푸강을 오가며 승객들을 실어 날랐다. 출퇴근 러시아워에는 두 노선의 양쪽 터미널에서 선박이 선착장을 출발하기도 전에, 다른 한 척은 강 한복판에 이르고, 또 다른 한 척은 선착장에 접안할 준비를 한다. 푸시 지역의 터미널에 내려서 육상으로 올라서면, 상하이에서 가장 번화한 지역이 나온다. 와이탄外灘 일대에는 각종 관공서, 신문사, 상가, 호텔 등이 밀집되어 있고, 쉬자후이徐家匯, 양수푸楊樹浦, 차오자두曹家渡, 장완우자오창江灣五角場 등 상하이 주요 지역으로 이어지는 버스간선망이 연결되었다. 푸둥 쪽을 살펴보면, 루자쭈이에서 그리 멀지 않은 81번과 82번 시내버스 종점 주변은 푸둥의 상업과 문화 중심지로, 황푸강을 건너려는 사람들이 모여드는 곳이었다. 81번과 82번 버스노선을 따라 내려가면, 신축하거나 확장한 주택단지가 나오고 성냥갑을 닮은 주택들이 길을 따라 줄지어 있다. 새로 조성한 주택단지에 사는 대다수 근로자와 학생이 푸시로 출근하거나 등교함에 따라 연락선의 승객도 크게 늘어났다. 황푸강을 사이에 두고 루자쭈이와 마주한 옌안동로는 교통의 중심지여서, 황푸강을 건너다니는 사람들은 대부분 이곳을 거쳐 드나들기를 좋아했다. 그들의 경험상 루자쭈이는 좀 붐비더라도 다른 노선을 이용하는 것보다 시간이 절약되었다. 그러니까 양자두楊家渡, 둥창로東昌路, 탕차오塘橋, 심지어 난마터우南碼頭, 타이둥로泰東路, 치창잔其昌棧에서도 가깝기 때문에 연락선을 이용하는 승객들은 대부분 루자쭈이로 몰렸고, 이런 상황은 맞은편 옌안동로 터미널도 마찬가지였다. 게다가 황푸구는 상업지역으로, 거주인구와 유동인구가 많아 루자쭈이와 옌안동로를 연결하는 루옌선陸延線은 황푸강에서 가장 분주한 노선이었다.

루옌선의 터미널은 본래 황푸강의 다른 터미널과 마찬가지로, 선착장이 하나였는데, 1978년에 두 개로 늘려서 황푸강에서는 처음으로 선착장이 두 개인 터미널이 되었다. 당초 설계로는 하루 수용능력을 7만 4천명으로 예상했지만, 실제 이용객 수는 하루 22~23만 명에 이르러 수용능력의 세 배나 되었다.

루자쭈이 터미널에는 감당할 수 없을 정도로 과부하가 걸렸지만, 여전히 황푸강에서 위세가 가장 컸고, 외관도 가장 멋진 터미널로, 맞은편 옌안동로 터미널도 어깨를 나란히 하지 못했다. 2층 흰색 건물로 지은 루자쭈이 터미널 아래층에는 남북으로 독립된 두 개의 선착장이 있는데, 각 선착장마다 가운데에는 탑승구와 대합실이 있고 양쪽으로는 하선 통로가 있었다. 황푸강 연락선은 푸시에서 왕복표를 판매하는 방식이어서 루자쭈이 터미널에는 별도로 매표소가 없었고, 또 표를 받는 곳도 없었기 때문에 누구든지 자유롭게 드나들 수 있었다.

대합실을 나서면 그다지 넓지 않은 노천 시멘트 바닥이 있고, 그 양쪽으로 입구와 출구를 나눈 철망이 있다. 진입로에는 5m 넓이의 철제 부교가 연결되어 있고, 부교 양쪽에는 1.3m 높이의 난간이 있으며, 난간 위에는 30cm 정도의 오목한 철제 손잡이가 있다. 난간에는 11개의 격자가 있는데, 1.7m 정도 길이의 격자에는 비스듬한 철제 가로대가 있고, 2cm 굵기의 철봉 두 개가 가로로 걸쳐져 있다. 다리는 1cm 굵기의 철사로 만든 철망을 펼쳐서 만들었는데, 이는 승객들이 연락선에 승선할 적에 미끄러지는 것을 방지하기 위한 것이었다. 황푸강은 썰물이 되면 강을 향해 뻗은 부교의 최대 경사도가 45도를 넘는다.

부교에는 또 햇볕과 비를 가릴 수 있게 차양을 달았다. 트럭 덮개 모양으로, 1m간격으로 'ㄲ'자 모양의 쇠막대를 세우고, 그 위로 노란색 플라스틱 기와를 올렸으며, 높이는 3m쯤 된다. 승선용 부교 양쪽으로는 두 개의 하선 부교가 있다. 하선 부교는 승선 부교보다 약간 좁고 덮개가 없으며, 부교 사이에는 1m 정도의 공간이 있다.

터미널 선착장에는 문이 세 개씩 있다. 첫 번째 문은 선착장으로 드나드는 문이다. 버튼으로 조작되는 철문으로, 위쪽에 도르래가 있어서 가운데에서 양쪽으로 미끄러지며 열린다. 두 번째 문은 대합실에서 부교로 통하는 문으로, 역시 버튼으로 조작되는 철문이다. 세 번째 문은 부교 끝에 있는 문으로, 역시 버튼으로 조작된다. 철망으로 만든 이 문은 선착장에 있는 세 개의 문 가운데 가장 빈번하게 여닫히고 또 가장 중요하다. 선착장에 들어온 연락선에서 승객이 모두 내리면 열리고, 연락선에 승객이 모두 타고 출발을 알리는 벨이 울리면 닫힌다. 문이 닫히면 연락선은 출입문을 닫고 출발한다.

터미널 밖으로 나가면 100m 정도 되는 통로가 나온다. 2차선 넓이의 통로 양편으로는 선박회사의 높은 담장과 모방공장의 대나무 울타리가 있다. 통로는 사람의 직장直腸처럼 좁고 길어서, 일단 이곳에 들어서면 그대로 앞으로 나아갈 수밖에 없다. 이 길이 끝나는 곳이 81번과 82번 시내버스의 종점이다. 평소 출퇴근 러시아워에 이 길은 자연스럽게 연락선의 노상 대합실로 바뀐다.

이들 세세한 부분에 주의를 기울이기 바란다. 그렇지 않으면 참사가 벌어졌을 때의 현장 상황을 이해하기가 어렵다.

Ⅳ.

오전 7시.

햇살이 구름 속에서 얼굴을 삐죽 내밀었지만 안개는 더욱 짙어질 뿐 걷힐 생각은 조금도 없었다. 81번과 82번 시내버스는 짙은 안개 속에서 조심스럽게 운행하느라 조금씩 지연되었지만, 별다른 문제 없이 승객들을 강변으로 실어 날랐다. 평소 같으면 이 시각은 연락선의 러시아워였다. 그러나 2호 선착장은 굳게 닫혀 있었고, 1호 선착장의 부교와 대합실은 사람으로 발 디딜 틈조차 없었다. 터미널 밖은 100m에 이르는 통로에 길게 사람 행렬이 이어졌다. 부교 앞쪽과 대합실에서 기다리는 승객들과 달리, 이들은 집을 나서기 전에 라디오를 통해 일기예보와 6시 15분에 방송된 상하이시 연락선회사의 안내방송을 들어서, 연락선 운항이 전면 중지되었다는 사실을 알고 있었다. 그런데 언제 운항을 재개한다는 말은 없었기 때문에, 안개가 걷히기를 기다리지 못하고, 일단 터미널에 나와서 기다릴 셈이었다. 터미널이 폐쇄되고 나서 얼마 후에 터미널의 안내방송이 울려 퍼졌다. 터미널 측에서는 승객들에게 일단 돌아가서 기다리라고 거듭 권고했다. 그렇지만 이른 새벽에 나와서 어렵게 앞자리를 차지하고 기다리는 사람들이나, 집을 나서면서 이미 마음의 준비를 하고 온 사람들이나, 모두 안개가 걷히기만을 기다릴 뿐 순순히 안내방송에 따를 생각은 없었다. 안내방송은 전혀 역할을 하지 못했고, 오히려 사람들의 초조함만 더해줄 뿐이었다.

인파 속에서 안개가 걷히기를 기다리던 연합방직 추팡작업장의 여공인 27세의 천베이리陳蓓利는 수시로 일어나 강을 바라보았다. 와이탄에서 서쪽으로 첫 번째에 있는 쓰촨남로에 살고 있는 그녀는 남편과 같은 공장에서 근무한다. 그들은 한 사람은 야간조로 근무하고, 한 사람은 주간조로 근무하면서, 돌아가며 아이를 돌보았다. 만약 귀가가 늦어지면, 남편의 출근이 늦어질 수밖에 없는데, 중외합작기업에 근무하는 직공으로서는 손실이 매우 컸다. 야간조 근무를 마치고 오전 6시에 퇴근한 천베이리는 서둘러 샤워를 한 다음 아침도 거르고 터미널로 달려 나왔다. 선착장에 도착했을 때는 벌써 7시 20분이었다. 남편의 지각은 기정사실이 되었지만, 짙은 안개로 강을 건널 수 없자 몹시 조바심이 났다. 1분이라도 빨리 도착하고 싶은 마음에 사람들 사이를 비집고 나아가 대합실 가장 앞자리에 서게 되었다.

1년 후면 퇴직하는 완구공장 종업원 룽루차戎履槎는 2년 전에 푸둥으로 이사했다. 가족으로는 아내와 세 아들이 있는데, 맏이는 30세이고 막내는 23세로 모두 미혼이다. 원래 푸시에 살았는데, 집이 너무 좁아서 푸둥으로 이사하면서부터 황푸강을 건너 출퇴근하게 되었다. 이사한 집도 성인 다섯이 살기에는 비좁았지만, 그래도 예전 집을 생각하면, 차가운 강바람을 맞으며 다니는 것이 힘들다는 생각은 조금도 들지 않았다. 인파 속에는 푸시로 등교하는 수백 명의 초등학생과 중등학생이 끼어 있었다.

오전 8시가 가까워질 무렵, 햇살이 짙은 안개를 뚫고 나오더니 세상이 순식간에 환해졌다. 선착장 밖의 긴 통로는 이제 발을 디딜 틈도 없이 사람으로 들어찼다. 러시아워가 가까워지면서 사람들의 숫자가 기하급수적으로 늘어난 것이었다. 8시경, 터미널 안팎에 모인 사람은 2, 3만 명이나 되었다. 중국은 인구가 많고, 특히 상하이는 중국에서도 인구밀도가 가장 높아서 사람들은 인파에 대해서 아주 둔감하다. 때문에 2, 3만 명이라는 숫자는 그들에게는 별것도 아닌 것처럼 보였을 것이다.

오전 9시. 드디어 운항이 재개되었다. 이 시각 인파는 4만 명에 육박했다. 이런 인파 사이로 울려나오는 스피커의 안내방송은 바다를 스치며 날아가는 새처럼 너무도 작았다. 햇살이 모습을 드러내자 인파는 자연스럽게 앞쪽으로 밀려들었다.

사고 발생 이후에 터미널 측이 내놓은 사고조사 보고서에는 자신들의 업무상 과실 한 가지를 지적했는데, 터미널을 폐쇄하면서 적시에 선착장으로 들어가는 첫 번째 철문을 잠그지 않았다는 점이었다. 규정대로라면, 터미널을 폐쇄하려면 반드시 철문을 잠그게 되어 있었다.

터미널 대합실은 최대 1천 명 정도를 수용할 수 있을 뿐이기 때문에 철문을 폐쇄하였다면, 연락선 운항이 재개된 이후에 대합실과 부교는 일종의 완충지대가 될 수 있었다. 그러면 누가 넘어지더라도 많은 사람에게 짓밟히는 참상은 벌어지지 않았을 것이다. 하지만 앞서 말한 것처럼, 루자쭈이 터미널에서는 승선표를 팔지도 않고 또 회수하지도 않아서 건너편 터미널보다 드나들기가 편리한데, 이런 편리함이 오히려 관리상의 소홀을 초래하고 말았다.

터미널에서 선착장으로 나가는 세 개의 철문 가운데, 평소에는 부교의 끝에 있는 문만 가동하였고, 선착장에 있는 철문은 밤 12시에 마지막 배가 나가면 닫았다가 이튿날 새벽 4시경에 첫 배가 뜨기 이전에 다시 열었고, 대합실과 부교 사이에 있는 철문은 유명무실할 뿐이었다. 사고 당일 오전 8시경에는 사태가 심상치 않다는 것을 눈치 채고, 철문을 폐쇄할 생각을 했지만, 이미 사람이 가득 들어차 있어서, 억지로 사람들을 소개하고 철문을 폐쇄한다면, 문 밖에 있는 사람들이 소동을 부릴지도 모를 일이었다. 그렇더라도 철문을 폐쇄하려 하였다면 폐쇄할 수 있었을 것이다.

아무튼 사고가 벌어질 것이라고 예상한 사람은 아무도 없었다. 연락선이 다닌 80년도 넘는 장구한 세월 동안, 인명사고는 단 한 번도 없었기 때문이었다. 가끔 선착장에서 인명사고가 벌어졌지만, 그것은 모두 자살이었다. 사고 당일에는 자살할지도 모른다고 의심되는 사람도 없었다.

햇빛은 잠시 찬란한 모습을 내보이더니, 이내 다시 짙은 안개 속으로

데 당일 아침에 사고를 당한 사람들은 대부분 일기예보를 듣지 못했다. 그 날 상하이 일기예보를 가장 먼저 내보낸 라디오 아침뉴스가 방송되던 6시 30분경은 루자쭈이 연락선터미널의 부교를 비집고 들어선 사람, 즉 나중에 가장 먼저 사고를 당한 사람들이 벌써 집을 나선 시간이었다.

새벽 4시, 푸둥 근교의 촨사川沙 구루향顧路鄕에 사는 판보칭潘伯淸은 습관대로 눈을 떴다. 그는 어둠 속을 더듬고 일어나 세면과 양치를 하고 버스를 타려고 집을 나섰다. 판보칭은 당시 55세로 깡마른 체구의 사내였다. 그는 푸시浦西 훙차오루虹橋路 640호에 있는 상하이정류기공장에 근무했는데, 구루향에서 훙차오루로 가려면 상하이 시내를 동서로 거의 관통해야 하였고, 왕복에 무려 4, 5시간이 소요되었다. 판보칭은 열다섯 살에 처음 장사를 배우면서 사회에 발을 들여놓은 이래로 40년 가까운 세월 동안 얼마나 많은 시간을 연락선과 버스 안에서 보냈는지 셈조차 할 수 없었다.

선예沈燁가 웨이팡촌濰坊村 412호를 나서던 시각, 날은 아직 어두웠다. 그녀는 푸시에 있는 상하이시 중점학교인 거즈格致중학교[88] 2학년으로, 이처럼 일찍 집을 나선 지도 벌써 2년이 넘었다. 거즈중학교는 황푸구에서 가장 좋은 중학교로, 많은 아이들이 진학하고 싶어했는데, 일단 이 학교에 합격만 하면 대학교에 한쪽 발을 들여놓은 것과 다름이 없었기 때문이다. 선예는 원래 푸시의 루완구에서 네 식구가 아주 좁은 집에서 살았다. 그녀가 초등학교 6학년일 때, 가족들은 푸둥의 비교적 넓은 집으로 이사하였다. 하지만 선예는 매일 일찍 일어나 황푸강을 건너 등교하더라도 기필코 '거즈'의 졸업장을 받을 생

---

[88] 근대 중국의 과학과 교육의 선구자인 쉬서우(徐壽:1818~1884)가 과학영재 양성을 목표로 1896년에 설립한 중국 최초의 신식 학교.

모습을 감추었고, 인파의 움직임도 다시 소강상태로 접어들었다. 선착장의 복잡한 상황은 속속 유선으로 연락선회사에 보고되었다.

연락선회사의 사장 정징산鄭靜山은 루자쭈이 터미널의 보고를 받고 나서 잠시 후에 「신민만보」 기자의 전화를 받았다. 상황을 묻는 기자의 질문에 정사장은 분명하게 계획을 밝혔다.

"황푸강 연락선은 아직 전면 운항중지 상태요. 나는 승객이 가장 많은 루옌선에 나가서 현장지휘를 할 것이요. 경찰 50여 명과 선사의 인원을 추가 배치하여 옌안동로 터미널의 질서를 유지할 것이오. 그리고 운항이 재개되면 우선적으로 푸둥에서 도강하는 승객을 실어 나를 것이오."

모든 조치가 구체적으로 마련되어 있어서 아무런 차질 없이 진행될 것처럼 보였다.

한편 루자쭈이 터미널에서 1km쯤 떨어진 공중전화부스에서는 다리가 불편한 한 중년부인이 30분 넘게 기다린 끝에 겨우 수화기를 붙잡았다. 그녀의 앞뒤에는 수십 명이 에워싸고 있었는데, 모두 직장에 전화를 걸어 상황을 알리려는 사람들이었다. 전화가 연결되고 부인이 상황을 설명하자, 상대방은 푸둥에서 출근하는 아무개는 벌써 공장에 도착했다며, 그녀에게 최대한 빨리 출근하라고 종용했다.

V.

루자쭈이 터미널에서 사고가 있던 날, 상하이시 당국은 여객선의 관리감독과 승객의 안전보장을 위한 행정명령을 내렸다. 그 가운데 제2조에서 "연락선의 운항중지 때문에 정시출근하지 못한 경우, 각 직장단위에서 공식 지각으로 처리할 수 있다."고 정해 놓았다. 분명 적절하고 효과적인 조치로, 시당국이 시민의 마음을 잘 이해한 것이었다.

경제가 사람의 의식을 결정하고, 사람의 사회적 존재가 사람의 의식을 결정한다. 하지만 그런 이유로, 상하이인은 돈에만 관심이 있다고 결론지어서는 안 된다.

상하이인이 지각에 따른 경제적 손실에 신경을 쓰는 것은 분명하다. 시내의 교통여건이 갈수록 악화되면서, 많은 직장에서는 정상적 생산과 업무질서를 유지하고자, 정시출근에 대한 경제적 상벌제도를 만들었다. 즉 보너스의 상당 부분을 월별, 분기별, 연도별 정근상에 할애한 것이다. 정근상은 정시출근에 대해서만 적용되는 것은 아니었고, 병가나 가사 휴가에도 적용되었다. 심지어 어떤 곳에서는 국가적으로 정해 놓은 결혼, 장례, 친지 방문 휴가조차도 정근상에서 일정 금액을 차감하였다. 하지만 정시출근에 대한 전략적 의미는 한층 중요해졌다.

10, 20원에 불과한 정근상이 상하이인의 마음을 사로잡고 그들의 행동을 제어한 것이다. 다음 사례에서 이런 점을 한층 잘 이해할 수 있다.

A형간염이 기승을 부리던 1988년에 한 여공이 격리병동의 간수 자리를 자청했다. 사실 그 역할은 전염을 걱정하여 모두들 꺼리는 자리였다. 하지만 그녀의 계산은 달랐다. 간수는 별달리 할 일이 없기 때문에 출근시간을 이용하여 개인적인 일을 할 수 있었다. 그녀는 개인이 운영하는 피복공장에서 일감을 얻어다 하나에 2분分을 받고 꽃수를 놓았다. 하루 수입이라야 1원도 되지 않았지만, 그녀는 근무시간에 부수입을 챙길 수 있었고, 그것은 임시동료가 된 다른 간수에게 부러움을 샀다. 여공은 원만한 관계

를 유지하기 위해 바느질에 관심이 많고 재주도 있던 한 늙은 남자 간수에게 부득이 자신의 일감을 조금 나누어 주었고, 같은 이유로 또 다른 반班의 간수에게도 얼마쯤 일감을 나누어 주었다. 하지만 사내가 손재주가 좋다고 해도 꽃수를 놓는 일은 쉽지 않았다. 피복공장에서는 그들의 자수에 만족하지 못했고, 결국 여공에게만 일감을 주었다. 여공은 동료와 보조를 맞춘다는 생각에서 결국 그 일거리를 포기했다.

여공의 이야기에서 상하이인─물론 시민의 절대다수를 차지하는 평범한 노동자들─이 무엇 때문에 작은 돈도 소중하게 여기는지 엿볼 수 있다. 다른 측면에서도 이야기를 해 보아야 할 것이다. 루자쭈이 터미널에서 수만 명의 상하이인이 서로 앞을 다투게 만든 것은 돈 몇 푼 때문이 아니었다.

상하이시 당국의 행정명령이 있기 이전에도 상하이의 대다수 기업은 기상이변으로 정시에 출근하지 못하는 경우는 지각으로 간주하지 않는다는 규정이 있었다. 안개가 짙은 날 이외에도 강풍이 불거나 눈이 쌓이는 경우에도 출근만 하면 되었고 시간은 따지지 않았다.

운항이 재개된 오전 9시에는 4만 명의 인파 가운데 대다수는 어차피 지각이 확정되어 있었다. 돈 몇 푼이 문제였다면, 그것은 이미 깎일 수밖에 없는 상황이었기에, 굳이 서두를 필요는 전혀 없었다. 아예 집에 돌아가서 한 잠 자고 나와도 될 일이었다. 결국 보너스가 깎이는 것이 문제가 아니었다. 더욱이 기상이변의 경우는 지각을 하더라도 보너스는 깎지 않도록 규정되어 있지 않은가? 문제는 보너스는 깎이지 않지만, 이런저런 말을 들을 수 있다는 점이었다. 앞서 말한 다리가 불편한 중년부인이 전화에서 들었던 그 덤덤한 말은 그날 현장에 있던 4만 명이 누구나 듣게 될까 봐 두려워하는 말이었다.

속담에 "식은 죽이든 찬밥이든 맛있지만, 비아냥거리는 소리는 듣기 싫다."고 한다. 상하이인이 중요하게 여기는 것은 자존심이고, 안타깝게 여기는 것도 자존심이다. 운항이 재개되더라도 가장 먼저 출발하는 사람과 가장 나중에 출발하는 사람은 직장에 도착하는 시간이 한두 시간쯤 벌어질 수도 있었다. 만약 같은 공장에 근무하는 사람이 누구는 첫 배를 타고 누구는 마지막 배를 타게 된다면, 늦게 도착한 사람은 책임자에게 어떻게 설명할 것인가? 흔히들 상하이인은 실리적이라고 말하지만, 루자쭈이 터미널에서 드러난 상하이인의 심리와 행동을 보면, 상하이인은 그다지 실리적이지는 않은 셈이다.

Ⅵ.

오전 9시. 태양은 마침내 위력을 발휘하여 4시간 동안이나 위세를 부리던 안개를 깨끗이 걷어냈다.

상하이시 연락선회사는 운항재개 결정을 내렸다.

오랫동안 기다리던 소식이 들려왔지만, 사람들은 환호하지 않았다. 그들은 환호하기보다는 더 힘을 내서 앞으로 밀고 들었다. 그리고 그 에너지는 사람들의 신체적 접촉을 통해 빠르게 부교로 전달되었다.

부교에 서 있던 사람들은 자신들 뒤에 인파가 얼마나 있는지 알 수 없었지만, 자신의 몸에 전달된 에너지를 통해서 불길한 예감이 들었다. 나중에 판보칭은 당시 이미 불길한 조짐을 느꼈다고 하였고, 웨이차이디는 불길한 예감이 들어서 남편을 이끌고 빠져나가려 하였다고 말했다. 또 어린

아가씨 선예도 8시가 좀 지났을 무렵에 밖으로 빠져나가고 싶은 마음이 굴뚝같다고 하였고, 천베이리는 부교에서 내려와 안전한 담장 쪽으로 피하고 싶었다고 말했다. 하지만 부교에 들어선 사람들 가운데 빠져나오려고 애쓴 사람은 상하이에 출장 온 우시無錫 하이윈海運 전기의 공장장 쉬젠성許建生뿐이었을 것이다. 그는 소변이 급해서 빠져나오려고 했지만 인파를 뚫을 수 없었다. 뒤에는 사람들만 빽빽하게 들어차 있는 것이 아니라, 60%가량은 자전거를 붙들고 있었다. 사람과 자전거가 뒤엉킨 사이를 비집고 빠져나오기란 쉽지 않은 일이었다. 부교 앞쪽의 철문은 굳게 잠겨 있었고, 뒤쪽의 인파는 조금씩 앞으로 밀려들었다. 기운이 넘치는 청년들은 압력을 견디다 못해 아예 부교의 난간에 올라앉았고, 초등학생들은 사람들 사이에 끼어서 엉엉 울기까지 하였다.

맞은편 옌안동로 터미널에 도착한 연락선회사 사장 정징산은 강을 건널 수 없었기 때문에 전화를 이용해 지휘하였고, 루자쭈이 터미널에서는 적극적으로 조치를 취했다. 우선 안전요원이 모자라 안전을 담보할 수 없었기 때문에 일단 1호 선착장만 개방하고, 운항이 재개되면 4만 명에 이르는 승객을 최대한 빨리 수송하기 위하여 루옌선을 운항하는 6척의 선박을 모두 루자쭈이로 보내 대기시키고, 아울러 둥둥선東東線을 오가는 16척의 선박에도 대기 명령을 내렸다. 선박들은 모두 2호 선착장과 그 인근에서 대기하며 명령을 기다렸다. 1호 선착장에 정박한 연락선이 승객을 태우고 출발하면, 대기한 선박들이 차례로 접안하여 승객들을 태울 계획이었다. 라오산 파출소에서는 경찰 40여 명을 터미널 정문에 배치시켜 질서를 유지했다. 경찰과 터미널 직원은 인간띠를 만들어서, 사람들이 밀려드는 것을 막았고, 일부 직원은 양쪽 출구의 부교에서 질서를 유지하며 상황을 살폈다. 마침 사람들에게 떠밀려 쩔쩔매는 초등학생들을 발견하고, 가운데 부교에 있던 사람들의 도움을 받아서 아이들을 출구 쪽의 부교로 옮긴 다음 먼저 배에 태웠다. 이렇게 먼저 첫 번째 선박에 올라탄 아이는 40명에 이르렀다. 하지만 선예처럼 키가 큰 경우나 부모와 함께 있는 아이는 배려하지 않았다.

마침내 승객들을 선착장으로 내보냈다. 부교 앞쪽의 철문이 열리자 사람들은 폭포처럼 쏟아져 나갔다. 당시 황푸강은 수위가 가장 낮은 시각이어서 물 위에 떠 있던 선착장이 강가의 뺄 위에 놓여 있었기 때문에 부교는 경사가 45도가 넘었다. 그런 상황에서 몇몇 청년은 차례를 지키지 않고 마구 밀어댔고, 사람들은 통제불능 상태가 되었다. 부교에서 기다리던 나이 든 사람들 가운데 일부는 인파에 떠밀리며 난간을 부여잡고 가쁜 숨을 내쉬었다.

첫 번째 연락선은 순식간에 가득 찼고, 이내 벨소리가 울렸다. 연락선은 출입문을 닫고 서서히 선착장을 빠져나갔다.

부교에 있던 사람들은 다시 선착장으로 밀려들었다. 직원이 서둘러 버튼을 눌러 철문을 닫았지만, 철문은 쉽게 닫히지 않았다. 몇몇 청년은 시내버스에서 차문을 열어젖히던 솜씨로 철문을 강제로 붙들었고, 그 틈새로 한 사람씩 파고들었다.

그 순간 쌀자루와 밀가루 부대를 실은 자전거가 철문 쪽으로 내밀렸다. 나이 든 농민이 억센 팔로 사력을 다해 자전거 핸들을 붙잡고 철문 사이로 들어서려고 하였다. 하지만 사방에서 밀어대는 힘을 감당하지 못하고, 자전거는 핸들이 철문에 끼면서 나자빠졌고, 농민도 사람들에 떠밀리며 바닥에 나뒹굴었다. 뒤에서 밀던 사람들도 미처 멈추지 못하고 함께 걸려 넘어졌고, 그 뒤쪽의 사람들이 또 그 위로 줄줄이 넘어지면서, 순식간에 1m가 넘는 사람 더미가 만들어졌다. 동시에 뒤쪽에서 입구를 막고 있던 경찰과 직원의 인간띠가 인파에 떠밀려 끊어지면서, 밖에 있던 4만 명의 사람들이 동시에 앞으로 밀려들었다.

참사는 눈 깜짝할 사이에 벌어졌다.

Ⅶ.

나는 참사 이후에, 그날 선착장 밖에 있던 사람에게 소감을 물었다. 공공기관에 근무하는 한 공무원은 이렇게 말했다.

"스피커에서 이렇게 소리치더군요. '여러분 밀지 마세요. 앞쪽에서 사고가 났습니다. 선착장에서 사고가 났습니다.' 하지만 옆에 있던 사람들은 막무가내로 밀어댔고, 가만히 있으려고 해도 그럴 수가 없었지요."

또 다른 사람은 이렇게 말했다.

"아무도 앞쪽에서 사람이 깔려 죽었다고는 생각하지 못했어요. 철문이 닫혔기에 아마도 누군가 넘어져서 다쳤을 것이라고 생각했지요."

또 다른 사람은 이렇게 말했다.

"아무튼 그날은 사람이 굉장히 많았어요. 섬뜩할 지경이었죠. 모두들 무슨 일이 벌어지지 않을까 두려워했지만, 정말로 사고가 났다는 말을 듣고는 오히려 믿어지지 않았어요. 사람들이 밀어대자 누군가 '오늘은 누군가 깔려 죽겠다'고 말했지만, 그건 그냥 하는 소리일 뿐이었죠."

또 누군가는 이렇게 말했다.

"뒤쪽에서는 앞쪽의 상황을 전혀 몰랐습니다. 그날따라 유난히 붐볐지만, 뒤쪽은 그래도 상황이 좀 나았거든요. 인파를 따라 한 걸음씩 앞으로 나아갔지만, 죽기 살기로 밀어붙인 것은 아니었고, 또 먼저 앞으로 나서려고 한 사람도 없었습니다. 그런데 그만 앞쪽에서 누군가 죽어버린 것이었죠."

모두들 '뜻밖이었다' 거나 '믿을 수 없었다'고 말하는데, 다시 말하면 상하이인이 경험한 범주를 넘어선 사건이었다.

상하이인은 서로 밀치는 것에 대해서는 풍부한 경험과 인내심을 갖고 있다. 그것은 시내버스에서 쉽게 볼 수 있다. 상하이인의 풍부한 경험과 엄청난 인내심은 그들에게 일종의 자부심을 길러주었다. 버스를 타고 차문에 매달려서 몇 정류장을 간다면, 누군가는 이렇게 말할 것이다.

"어이! 어디서 내리시려나? 외지 사람이신가?"

만약 진짜로 외지에서 출장을 온 사람이라면, 이렇게 말할 것이다.

"상하이 버스는 당신네 외지하고는 다르셔. 차를 타시려면 잘 좀 배우셔야지!"

상하이인 사이에서도 흔히 이런 대화가 오갔다.

"차를 탈 줄이나 아시려나? 방금 뗏목을 타고 와서 스류푸十六鋪에 상륙하셨군!"[89]

시내버스에 비집고 올라타는 것에도 자격과 경력이 있는 셈이다.

이처럼 시내버스에 밀치고 올라타는 생활에서 남성은 씩씩함, 너그

---

89) '스류푸'는 상하이인이면 누구나 알고 있는 지명으로, 상하이의 상업 중심이자 교통의 요지로, 예전에는 상하이의 선박들이 대부분 정박하던 곳이다. 옛 상하이에서는 상하이의 물정을 잘 모르는 시골뜨기를 빗대어 흔히 이런식으로 말했다.

러움, 겸양, 믿음, 배려의 태도를 조금씩 잃어버렸고, 여성은 유순함, 온화함, 단아함, 미소, 예절바른 태도를 차츰 잃어버렸다. 그리하여 모두가 남성적이지도 여성적이지도 않게 되어버렸다. 죽기 아니면 살기 식에다가 얼음처럼 차갑고 뻣뻣하고 어스레하고 표독한 중성적인 기질로 변했고, 거칠고 천박하고 편협하고 이기적이고 추잡하고 절망하는 중성으로 변해버렸다. 사실 이런 측면은 루자쮜이 선착장의 사고보다도 훨씬 심각한 재난인데, 이런 재난은 일찌감치 상하이인의 마음속에서 벌어졌다. 상하이인은 진즉부터 '숨이 막혀 죽겠다'는 아우성에 익숙해졌고, '숨이 막혀 죽겠다'는 말은 마치 '늑대가 온다'는 말처럼 상하이인의 마음에서는 아무런 느낌도 없는, 너무도 덤덤한 말이 되어버렸다.

그런데 이번에는 진짜로 늑대가 나타났고, 사람이 정말로 숨이 막혀 죽어버렸다.

Ⅷ.

그때는 오전 9시 10분이었다.

루자쮜이 터미널 참사가 발생하자, 사람들은 자전거가 넘어지면서 뒤에 있던 사람들이 잇달아 넘어졌고, 그래서 사람이 깔려 죽거나 다쳤고, 죽거나 다친 사람은 모두 앞쪽에 있었다고 생각했다. 하지만 사실은 그렇지 않다. 참사가 벌어졌을 때, 루자쮜이 선착장은 온통 혼란에 휩싸였다. 물론 부교 위에 있던 사람들이 한결 처참했다. 위에서 내려다보면, 인파로 인해 만들어진 소용돌이들을 볼 수 있었다. 소용돌이는 약간의 거리를 두면서 만들어졌는데, 앞쪽이든 뒤쪽이든 마찬가지였지만, 앞쪽이 훨씬 많앉다. 모든 소용돌이의 한가운데는 밀려서 넘어진 사람들이 있었다.

앞쪽 사람이 엉겨서 넘어지자 뒤쪽 사람은 본능적으로 껑충 뛰어서 타 넘었는데, 착지하는 순간 몸의 중심이 뒤로 쏠렸다. 약간 거리를 둔 사람은 앞쪽의 상황이 잘 보이지 않았고, 뒤쪽에서는 밀어댔기 때문에 몸은 앞쪽으로 쏠렸다. 이런 두 가지 힘의 한가운데에 있는 사람들은 앞뒤에서의 협공을 견디지 못하고 나자빠졌고, 이리하여 소용돌이가 만들어졌다. 뒤쪽 사람은 앞에서 사람이 자빠지는 것을 보고 급히 발걸음을 멈추면서 몸이 뒤쪽으로 쏠렸고, 뒤쪽에서 앞쪽을 향하는 힘과 맞부딪치면서, 다시 새로운 소용돌이가 생겼다. 이런 과정은 아주 빠르게 전개되었고, 마치 수면에 파문이 이는 것처럼 몇 분 만에 온통 난리가 났고, 곳곳에서 아우성이 들렸다.

웨이차이디는 당시 대합실의 철문 옆에 있었다. 사람들의 물결이 요동치자 그녀의 남편은 임신 3개월째인 아내를 황급히 벽 쪽으로 내밀었다. 그녀는 벽면에 기대며 주저앉았는데, 미처 거두지 못한 왼쪽 다리를 무수한 발굽이 밟고 지나갔다.

선예는 사고 당시 부교에 있었다. 그녀는 당연히 가장 먼저 연락선에 탈 수 있었지만, 사람들이 한꺼번에 밀어닥치자 숨을 쉴 수 없었다. 겉모습은 성숙했지만 아직 어린 소녀이기에 힘이 달렸고, 이른 아침부터 차가운 강바람을 맞으며 너무 오래 서 있었으며, 새벽 다섯 시경에 물에 말아서 한술 뜨고 나온 아침밥이 더 이상 에너지를 제공하지 못했기 때문이었을 것이다. 선예는 이내 정신을 잃었다.

판보칭도 힘이 달려서 첫 번째 연락선에 오르지 못했다. 그리고 결국 사람들에게 눌려서 정신을 잃고 말았는데, 그는 정신을 잃기 직전에 인파에 눌려 늙은 몸뚱이가 부서질 것만 같다는 느낌이 들었다. 그의 느낌은 어긋나지 않았다. 의사의 진단에 따르면, 그는 흉부압박상과 전신에 다발성 골절상을 입고 말았다. 고통을 당하는 순간에 그의 눈에는 난간에 걸터앉아 있던 청년들이 강가로 뛰어내리고, 또 많은 청년들이 3m나 되는 천장의 가로막대에 매달려 있는 모습이 보였다. 그 순간 그는 자신이 늙었다는 사실을 인정하지 않을 수 없었다. 그리고 그는 의식을 잃었다.

천베이리는 인파에 떠밀려서 부교로 올라섰다. 그녀는 내가 만난 사고 당사자 가운데 정신이 가장 말짱했고 의지력이 강한 인물이었다. 그녀는 부교의 난간으로 떠밀려서 몸이 아래쪽으로 꺾여졌는데, 순간적으로 몸이 더 아래로 꺾이면 사람들에게 밟혀 죽을 것이라는 생각이 들었다. 그녀는 바닥에 넘어지려는 순간, 난간의 가로대를 힘껏 붙잡고 상반신을 가로대 사이로 내밀었다. 하지만 맞은편 출구 쪽 부교의 난간에는 손이 닿지 않았다. 부교 사이의 공간은 1m였다. 그녀는 허리, 등, 다리를 사람들에게 숱하게 채였지만 한쪽 손으로 가로대를 꼭 붙들고, 다른 한쪽 팔을 흔들며 젖 먹던 힘을 다해 소리쳤다.

"사람 살려! 사람 살려!"

터미널 직원이 황급히 출구 쪽 부교에서 달려와 그녀에게 손을 내뻗었다. 직원은 그녀의 손을 붙들고, 출구 쪽 부교로 잡아당겼다. 바지 속에서는 피부가 벗겨지는 느낌이 들면서 통증이 느껴졌지만, 그녀는 손을 놓지 않았고 정신을 잃지도 않았다. 어렵사리 출구 쪽 부교로 건너가자, 직원은 그녀를 부축해 연락선에 태우려고 하였다. 그 순간 그녀는 이렇게 말했다.

"저는 괜찮아요. 가서 다른 사람들을 구하세요."

그리고 그녀는 난간을 붙잡고 비틀비틀 한 걸음씩 걸음을 옮겼다. 연락선까지 가는 짧은 길에서, 그녀는 중앙 부교에서 많은 사람들이 절망적으로 발버둥치는 참혹한 광경을 보았다. 한 남자는 입에 거품을 내뱉으며 비명을 지르고 양팔을 마구 휘젓고 있었다. 놀란 나머지 정신착란을 일으킨 것이 분명해 보였다. 또 어떤 사람은 부교의 격자 사이로 가쁜 숨을 몰아쉬고 있었고, 어떤 사람은 한쪽 눈이 마치 딸기처럼 벌겋게 부풀어 있었다. 이런 상황을 목격한 천베이리는 현장 상황을 구체적으로 증언할 수 있는 중요한 증인이었다.

참사 속에서 간신히 목숨을 구한 사람들은 이구동성으로 한 경찰 이야기를 하였다. 사람들이 전하는 목격담은 이렇다. 그는 무질서한 인파 속에서 서로 밀지 말고 침착하라고 고함을 질렀다. 마침 옆에 있던 누군가가 떠밀려 넘어지자, 위험을 무릅쓰고 허리를 숙여 그를 구해냈다. 그는 인파 사이를 뚫고 다니며 동분서주하였는데, 결국 넘어지더니 다시는 일어나지 못했다. 그 경찰은 상하이시 항운공안국航運公安局 수심참收審站의 참장인 42세의 차오바오건曹寶根으로 밝혀졌다.

인명사고의 발생과 동시에 구조 활동이 시작되었다. 항운공안국 형사대 부대장 천푸콴陳福寬은 공안 경찰을 이끌고 철문을 차단하여 밀려드는 인파를 막았다. 그들은 전력을 다해 낡은 철문을 밀어서 닫았다. 천푸콴은 문을 밀다가 허리를 삐었고, 통증으로 이마에는 식은땀이 흘렀다. 하지만 그는 어금니를 깨물고 철문을 밀었다. 마침내 철문은 닫혔지만, 그는 다시 허리를 펴지 못했다.

천푸콴이 철문을 닫은 것과 동시에 항운공안국 정치처 부주임 천푸칭陳福慶은 직원들을 이끌고 출구와 입구를 분리한 철망을 뜯어내 통로를 확보하고, 사람들을 출구 쪽 통로로 내보냈다. 한편 선착장 직원들은 넘어진 자전거와 뒤엉켜 부교 앞쪽의 철문을 열 수 없자, 철문을 들어올렸다. 이 일은 상식적으로 이해하기 어려운 것이었다. 만약 평상시에 너비 5m에 높이 2m가 넘는 철문을 들어올린다면 반나절은 족히 걸렸을 텐데, 당시 현장에서는 엄청난 작업 효율을 보였다. 그들은 먼저 넘어진 자전거를 치우고, 서둘러 부상자를 부축하여 연락선에 태웠다.

최초의 공포와 혼란이 지나가자, 부상을 당하지 않았거나 부상을 당했다는 사실을 자각하지 못하는 사람들은 자발적으로 구조에 뛰어들었다. 상하이시 검찰청에 근무하는 자오룽건趙龍根은 부교 뒤쪽에서 인파에 깔려 한참동안 발버둥치다가 간신히 빠져나왔다. 그는 부교 위에 많은 사람들이 겹겹이 쓰러져 있는 것을 보고, 달려가 부상자 후송을 도왔다. 다섯 번째 부상자를 들어올렸을 때, 그는 심장이 얼어붙는 것만 같았다. 그 부상자는 바로 선예였다. 자오룽건은 소녀의 창백한 얼굴만 보일 뿐이었다. 서둘러 소녀를 선착장으로 옮겼지만 호흡과 맥박은 이미 멎었고 동공마저 풀려 있었다. 그는 황급히 소리쳤다.

"의사 있습니까? 의사 없어요?"

터미널의 스피커에서도 안내방송이 나왔다.

"승객 가운데 의료계에 계신 분이 있으시면 빨리 앞쪽으로 와주십시오. 승객 가운데 의료계에 계신 분이 있으시면 빨리 앞쪽으로 와주십시오. 응급환자가 있습니다."

인파 속에서 방송을 들은 황푸구중심병원 안과의사 류싱팡劉興芳은 안고 있던 세 살짜리 아이를 남편에게 건네고 소리쳤다.

"제가 의사예요. 좀 비켜주세요."

류싱팡이 인파를 헤치고 달려가니 자오룽건과 다른 두 젊은이가 선예에게 심폐소생술을 하고 있었다. 류싱팡은 상태를 살핀 다음 즉시 인공호흡을 하였다.

부상자를 가득 태운 두 번째 연락선이 마침내 출발하였다. 9시 20분이었다. 참사가 발생한 지 불과 10분 뒤였다. 연락선에는 84명의 사상자가 타고 있었고, 별도로 19명의 부상자는 쾌속정을 이용하여 쑤저우하 인근의 제일인민병원으로 후송되었다. 모두 103명의 사상자 가운데 11명은 현장에서 즉사했고, 30여 명은 중상을 입었으며, 중상자 가운데 5명은 응급치료 도중에 사망했고, 2명은 지금도 의식불명 상태이다. 부상자는 상태가 경미하더라도 모두 입원치료를 받았다. 치료를 받고 직장이나 집으로 돌아간 피해자는 통계를 낼 방법조차 없다.

Ⅸ.

얼마 전, 나는 루옌선 여객터미널에서 부소장 장샤오싱張曉星과 류진룽劉金龍을 만났다. 그 자리에서 나는 그들에게 이렇게 물었다.

"12·10 참사가 발생하고 지금까지 회사에서는 시민들의 안전을 위해 어떤 새로운 조치들을 내놓았습니까?"

두 부소장의 태도는 아주 소극적이었다. 자신들은 조만간 회사를 그만둘 것이고, 사건에 대해서는 회사 책임자가 인터뷰를 하는 것이 타당하다고 하였다. 한참 실랑이한 끝에 그들은 내가 루자쭈이 터미널에 새로 설치한 중앙통제실을 살펴보는 것에 동의했다. 황푸강을 건너가자 먼저 대합실 밖의 통로가 한결 넓어진 것이 눈에 들어왔다. 모방공장의 울타리는 철거되어 벽돌담장으로 바뀌었고, 1호 선착장의 남쪽 출구에는 철책이 설치되었다. 루자쭈이 터미널에서 가장 큰 변화라고 할 수 있는 중앙통제실은 1호 선착장과 2호 선착장 가운데에 만들었는데, 4대의 감시 모니터가 있는 통제시스템이 설치되어 있었다.

반장 장스잉張石英의 소개에 따르면, 중앙통제실은 연락선터미널과학화연구팀이 일찍부터 제안하였지만, 참사가 벌어진 뒤에야 비로소 만들어졌단다. 소 잃고 외양간 고치는 격이지만, 이미 효능을 발휘하고 있다. 입구와 출구의 일곱 곳에서 감시하고 통제할 수 있으며, 정해진 시각에 출입문을 여닫아서 출입을 통제할 수 있다. 20년을 터미널에서 근무하면서 날로 변모하는 푸둥의 모습을 보아온 장스잉은 황푸강을 건너는 승객은 갈수록 늘어나지만 터미널의 시설은 예전 그대로라며 몹시 걱정했다.

"연락선은 매년 대형화되고 있어요. 500인승에서 700인승과 1,000인승으로 커졌고, 가장 큰 것은 1,400인승이랍니다. 그렇지만 선착장이 두 개뿐이라서 선박의 수를 더 늘릴 수가 없어요. 그리고 선박이 더 커지면 접안이 불가능해요. 예전에는 한가한 시간대에는 선착장을 하나만 이용하고, 한 개 노선만 운행했지만, 지금은 연락선터미널도 시내버스와 마찬가지로 바쁜 시간대이니 한가한 시간대이니 하는 구분이 없어졌어요. 날마다 아침부터 저녁까지 긴장의 연속이랍니다."

문득 1987년 12월 29일자 「해방일보解放日報」 기사가 떠올랐다. 즉 루자쭈이 터미널 참사가 발생한 지 9일째 되던 날로, 제2판에는 이런 기사가 실렸다.

> 어제 오전 8시 15분, 둥창로 여객선터미널에서는 붐비는 승객들 때문에 한바탕 위험한 상황이 연출되었다. 자전거를 탄 사람들이 연거푸 바닥에 쓰러졌는데, 한 승객은 자전거에 실은 짐과 함께 넘어지면서 무려 5m나 튕겨져 나가기도 하였다. 다행히 경찰과 안전요원이 질서를 유지하여 비극을 방지할 수 있었다.
>
> 당시 둥창로 2호 선착장에는 승객들의 대열이 터미널의 부교에서부터 85번 버스정류장까지 길게 늘어서 있었는데, 출구가 열리자 밖에서 대기하던 승객들이 일거에 밀려들면서 통제불능 상태에 빠졌다.
>
> 둥창루 터미널은 루자쭈이 터미널 다음으로 큰 터미널이지만, 시설이 열악하고 통로가 비좁고 인근에 버스정류장이 있어서 러시아워에는 인파와 자전거로 날마다 교통체증이 일어난다. 승객들은 담당 부서에서 빨리 조치를 취하여 상황을 개선해 주기를 호소하고 있다.

안개가 낀 날도 아니었고, 가장 사람으로 붐비는 루자쭈이 터미널도 아니었지만, 보도된 내용은 사람들을 오싹하게 만들었다. 사람들이 걱정한 것은 일개 선착장도 아니고 안개 짙은 날씨도 아니었다.

나는 연락선회사에서 상하이시 교통국 부국장 루관바오陸關寶를 만났다. 정징산이 강등되고 나서 그가 회사 사장을 겸직하고 있었다.

루관바오는 사장자리는 정말 힘든 자리로, 하루 종일 마음을 놓을 수가 없다고 말했다.

"연락선의 가장 큰 문제점은 선착장이 아니라 강에 있습니다. 황푸강은 매우 복잡한 수로입니다. 주요 항로에는 12시간 동안에 6,000척의 대형 선박이 통과합니다. 여기에는 소형 목선은 포함되지 않았습니다. 그야말로 황푸강 위의 난징로南京路인 셈이지요. 만약 대형 선박과 연락선이 충돌하는 사고라도 벌어진다면, 그것은 승객의 생명이 달린 문제인 것입니다."

나는 회사 사장 정징산을 인터뷰하고 싶었지만, 참사가 벌어진 이후에 그는 회사에서 유일하게 징계를 받아서 부사장으로 강등되었다. 이 일은 연락선회사의 모든 임직원들에게 동정을 샀는데, 중국인은 천성적으로 약자를 동정하기 때문이다. 뿐만 아니라 정징산은 상하이시 연락선의 상황을 개선하고자 많은 노력을 기울였기 때문이다. 그는 근자에도 매년 연차보고에서 낙후된 연락선의 현실을 해결하고자 상급기관에 자금지원을 요청해 왔다. 하지만 안타깝게도 나는 그를 만날 수 없었다. 프랑스 파리로 해외시찰을 나갔다는 것이었다.

"파리의 연락선을 돌아보러 간 것입니까?"

나의 질문에 루관바오는 그저 빙그레 웃었다.

X.

한 구 한 구 옮겨지는 시신과 선착장에 오르는 부상자들을 보면서, 연락선 루옌선의 공산당지부 서기는 그만 현장에서 정신을 잃고 말았다. 많은 경험을 지닌 정징산 사장도 얼굴이 흙빛으로 변했다. 하지만 베테랑인 그는 즉시 사람을 풀어 중산동로의 차량을 통제했다. 트럭, 승합차, 승용차의 통행이 모두 차단되자, 부상자를 실은 차량은 경찰차의 에스코트를 받으며 신속하게 황푸구중심병원과 런지병원으로 달려갔다.

황푸구중심병원은 9시 40분부터 시작하여 44명의 부상자를 받았다. 그 가운데 골절상을 입은 사람은 한 명뿐이었고, 나머지는 모두 흉부압박상으로 뇌의 산소결핍증이 심각한 사람이 많았다. 런지병원에는 호흡과 심장박동이 완전히 멎은 중상자 10명이 한꺼번에 들이닥쳤다. 병원장은 즉각 구내방송으로 외과와 마취과 의사를 불러 모았고, 응급실과 수술방은 신속하게 준비에 들어갔다. 의사들은 심폐소생술, 인공호흡, 기도삽입, 흉강절개 등 갖가지 응급조치를 취했고, 마침내 중상자를 죽음의 문턱에서 되돌아오게 만들었다. 한밤중까지 응급치료가 계속되었지만, 많은 중상자들은 의식을 회복하지 못하였고, 그들 가운데 일부는 이름이나 신분조차 알 수 없었다.

상하이시제일인민병원 골상과 256병상에 누워 있던 룽루차戎履槎는 당일 오후에 의식을 되찾았다. 그가 입은 부상은 왼쪽 하지 골절상이었다. 그는 취재기자에게 자신의 부상에 대해 언급하는 대신 자신의 주거문제를 호소했다.

"한평생 집 때문에 고생 고생했어요."

그는 몇 번이나 이 말을 되풀이하였다.

황푸구중심병원 제3병동에 입원한 천베이리는 당일 정오 무렵에 의식을 되찾았다. 정신을 차렸을 때 그녀는 수액주사를 맞고 있었는데, 병상 옆을 지키는 남편을 보고 놀라움과 기쁨을 감추지 못했다. 하지만 그녀가 그 순간 가장 관심을 가진 것은 입원기간 동안 휴가가 어떻게 처리될 것인가 하는 문제였다. 즉 병가로 처리할 것인지 아니면 공가로 인정할 것인지 하는 것이었다. 부상자들은 설왕설래하면서, 만약 공가로 인정하지 않는다면, 내일 무리를 해서라도 출근할 것이라고 하였다. 마침 그들을 방문한 장쩌민 상하이 시장은 기쁜 소식을 전했다. 즉 오늘 루자쭈이 사고로 부상한 근로자들은 치료기간을 모두 공가로 처리한다는 것이었다. 천베이리는 그제야 안심하고 닷새 동안 편히 입원할 수 있었다.

선예가 눈을 떴을 때는 다음날 새벽이었다. 중상을 입은 그녀는 화산華山병원으로 후송되어 새로 지은 ICU 응급실에 입원하였다. 선예는 병상을 지키고 있는 부모님을 보고 어찌된 영문인지 알 수 없었다. 부모는 그간의 상황을 선예에게 자세히 설명해 주었다.

"자오趙라는 분이 선착장에서 너를 구출했고, 류劉라는 성을 가진 여의사분이 네게 인공호흡을 했다는구나. 그리고 바오鮑라는 아저씨가 연락선에서부터 너를 황푸구중심병원으로 후송했다가 다시 화산병원으로 이송했단다. 그분은 내내 곁에서 지키고 있다가 우리가 오고 나서 가셨는데, 네게 주라며 귤을 사다 병상 머리에 놓아두고 가셨단다. 그분은 자신도 부상을 당했더구나."

선예는 부모님의 설명을 들으며 왈칵 눈물이 솟구쳤다.

런지병원 3층의 한 병실에는 열 살도 안 되어 보이는 사내아이가 한밤중이 되도록 의식을 회복하지 못하고 있었다. 그는 벌써 열 시간 넘게 혼수상태에 빠져 있었다. 간호사들도 열 시간 넘게 아이를 지켜보고 있었다. 두 신문사의 여기자도 그런 모습을 지켜보고 있었다.

'어린 아이가 혼자서 연락선을 타러 나오지는 않았을 텐데 아이 부모는 왜 여태껏 아무런 소식이 없을까? 아이 부모도 다쳤거나 목숨을 잃은 것은 아닐까?'

이런 궁금증을 갖는 동안, 아이가 갑자기 몸을 들썩였다. 간호사는 이내 손을 뻗어 아이를 밀쳤고, 아이는 눈을 번쩍 뜨더니 버럭 소리를 질렀다.

"쉬 마려워!"

순간 여기자가 아이를 당기며 물었다.

"이름이 뭐야? 엄마 이름은? 집은 어디야?"

아이는 고개를 돌리더니 눈을 반쯤 감고 다시 소리쳤다.

"쉬 마려워! 쉬 마려워!"

기자와 간호사는 아이가 정신을 차리게 만들려고 일부러 이렇게 말했다.

"이름이 뭔지 말하지 않으면, 쉬하지 못하게 할 거야!"

아이는 입을 삐죽이며 마지못해 대답했다.

"장쥔張軍."

"누구랑 같이 왔어?"

"엄마."

"엄마 이름이 뭐야?"

"랴오징샤廖靜霞."

소변을 본 아이는 병상에 누워 베개를 베더니 다시 잠이 들었는데, 아무리 흔들어도 다시는 깨어나지 않았다.

두 여기자는 아이의 부모를 찾아 나섰다. 응급실에 문의하니 중태에 빠진 여성 두 명이 있는데, 아마도 그들 중 한 사람이 장쥔의 엄마일 가능성이 높았다. 여기자가 아래층으로 내려가 병원 현관에 이르렀을 때, 한 남자가 아내와 아들을 찾으러 왔다고 말하는 소리가 들렸다. 그는 우숭吳淞에 사는 장구이핑張貴平이라고 하였다. 여기자가 그에게 다가가 물었다.

"아드님 이름이 장쥔인가요?"

질문을 받은 장구이핑은 황급히 고개를 끄덕였다.

"아이는 어디 있나요?"

여기자가 장쥔이 있는 병실을 일러주자, 그는 다시 아내 소식을 물었다. 기자는 그를 안심시켰다.

"무사합니다."

장구이핑은 고맙다는 인사도 없이 나는 것처럼 위층으로 뛰어올라갔다.

이튿날 「해방일보」에 실린 사망자 명단에는 '랴오징샤. 상몐上綿 13공장 직공'이라고 또렷이 적혀 있었다. 두 여기자는 소식을 접하고 한참을 말없이 있었다.

XI.

루자쭈이 참사가 발생하자 황푸강대교를 건설하자는 목소리가 나오기 시작했다.

그렇다. 보스포루스Bosporus 해협에는 아시아와 유럽을 연결하는 거대한 무지개가 세워졌는데,[90] 한 도시의 두 지역을 연결하는 다리를 만들지 못하겠는가? 창강長江에 다리가 있고, 황하黃河에 다리가 있고, 주강

90) 터키 보스포루스 해협의 서쪽 오르타쾨이(Ortaköy)와 동쪽 베이러베이(Beylerbeyi)를 연결한 다리로, 터키 공화국 수립 50주년 기념일인 1973년에 10월 30일에 완공되었다. 총 길이는 1,510m이며, 하루 약 18만 대의 차량이 왕래한다.

珠江에 다리가 있고, 나일강에 다리가 있고, 다뉴브강에 다리가 있고, 볼가강에 다리가 있다. 미국은 반세기 전에 샌프란시스코에 1,280m에 이르는 현수교를 건설하여 세계의 기적을 만들었고, 또 금문교 옆에 오클랜드와 골든게이트해협을 잇는 13km나 되는 다리를 건설하여 또 다시 세계의 기적을 창조하였다. 황푸강 하류에 다리를 건설하지 못할 이유가 무엇인가?

상하이인은 다리를 건설하려고 생각한 지 이미 오래 되었고, 거기에 쏟아 넣은 노력은 책이라도 써낼 정도였다.

혹자는 일찍이 이런 견해를 밝힌 바 있다.

"상하이가 발전하고 비상하려면 푸둥을 개발하는 것이 관건이다. 푸시의 인구 가운데 푸둥으로 이주하는 숫자가 300만 명을 넘으면, 구시가지는 가뿐하게 싸움에 나설 수 있고, 신시가지는 신속하게 발전하여, 전체 상하이의 면모가 크게 뻗어나가게 될 것이어서, 주택과 교통 문제를 비롯하여 외자유치 환경까지 모두 크게 개선될 수 있다. 이것은 위성도시를 건설하거나 방사선 모양으로 뻗어나가는 도시구조보다 한결 실리적이다. 푸둥과 시내 중심이 강 하나를 사이에 두고 있기 때문이다."

상하이 시민에게는 또 이런 이야기가 전한다. 일본인이 일찍이 상하이에서 월드엑스포를 유치하자고 제안했다. 당시 상하이 시장은 즉각 계획을 환영한다면서, 푸시에는 개최할 만한 장소가 없어서, 푸둥에서 개최해야 하는데, 그러기 위해서는 황푸강에 다리가 없이는 불가능하다고 하였다. 그러자 일본인은 다리를 건설하겠다면서 가혹한 조건을 내걸었다. 그 가운데 아주 중요한 조건은 반드시 일본풍으로 만들고 일본의 표지를 새겨야 한다는 것이었다. 그것은 중국인의 감정을 몹시 해치는 것이었기에

질질 끌다가 결국은 없던 일이 되고 말았다.

다리를 놓기 위해서는 엄청난 건설비용이 필요하다. 그런데 루자쭈이 참사가 발생하고 4개월이 지난 뒤에 마침내 이 문제가 해결되었다. 황푸강에 다리를 건설하기로 결정한 것이었다. 신문지상에는 즉각 대교 건설 계획이 보도되었다.

> 황푸강 하류에서 가장 강폭이 좁은 난마터우南碼頭에 황푸강대교를 건설한다. 강폭은 360m 정도이고 수심은 7m에서 10m 정도이다. 건설될 다리의 주교량은 전장이 400m 정도인 쌍탑雙塔 모양의 현수교로, 중국에서 가장 길다. 주교량은 폭이 약 28m에 왕복 6차선이며, 높이는 46m로 5만 톤급 대형 선박이 통과할 수 있다. 대교의 진입교는 총연장이 7km로, 하루 차량 통행량은 대략 1만 여 대로 추산되며, 2000년에는 하루 통행량이 4, 5만 대에 이를 것으로 추산된다. 대교가 건설된 이후에는 시내버스와 화물수송차량의 도강 문제는 해결되지만, 행인과 자전거는 여전히 연락선을 이용하여 강을 건너야 한다. 황푸강대교의 제1기 공정 기공식은 1988년 9월에 거행될 예정이다.

XII.

마지막으로 루자쭈이 터미널 참사의 사후처리 상황과 여파를 간단하게 소개한다.

판푸핑은 이미 병상에서 일어났지만, 아직도 출근하지 못한다. 그의 오랜 친구의 말로는, 다발성골절은 퇴직할 때까지도 낫기 어렵다고 한다. 공장에서는 아직 그에게 공가 처리를 해 주고 있다. 룽이차의 상황도 그와 비슷한데, 다만 그의 주거문제는 달라지지 않았다.

천베이리는 퇴원한 이후로 출퇴근을 하기 위해 터미널에 도착할 적이면 항상 가슴이 떨리고 다리가 후들거린다. 부부는 의논을 거듭한 끝에 결국 푸둥에 작은 방을 임대하여 생활한다. 천베이리에게는 적지 않은 부담이고 생활공간도 비좁아졌지만, 그래도 마음은 한결 편하다고 한다.

선예는 천베이리보다 운이 좋았다. 그녀의 아버지가 다니는 직장에서 그들을 배려해 다시 푸시로 이사를 하게 되었다. 비록 상하이의 서남쪽 구석에 있어서 자전거로 통학을 하기에는 멀지만 그래도 황푸강을 건너지 않아도 된다. 선예의 왼쪽 어깨는 6개월에 걸친 치료로 다시 농구를 할 수 있을 정도로 회복되었다. 하지만 아직도 흐리거나 비가 내리는 날이면 팔이 시큰거리고, 점프력도 예전 같지가 않다. 게다가 기억력이 떨어져 성적도 중상에서 중하로 떨어졌다.

선예의 학급주임 천웨이펀陳維芬은 이런 이야기를 들려주었다. 상하이시 교육국에서는 상하이시의 100만 명이 넘는 초중등학생들을 모두 단체로 상해보험에 가입하도록 규정하고 있다. 그런데 사고가 있은 이후에 보험회사에서는 선예에게 보험금을 지급하지 않았다. 선예의 부모와 학교 측에서는 여러 번 보험회사를 찾아가 담판을 벌였지만, 보험사는 6개월 이후에 후유증이 있는지 살펴보아야 한다며, 지급을 차일피일 미루었다. 그런데 벌써 열 달이 넘었는데도 아무 말이 없다. 새 학기가 시작되면서, 선예가 다니는 거즈중학교의 2학년 학생들은 단체로 상해보험을 해지했다.

사고가 난 지 50일 안에 사후처리가 모두 끝났다. 사망자에게는 위로금이 차등 지급되었는데, 이는 특수상황에 대한 규정에 따라 처리된 것이었다. 상하이시는 통상적인 교통사고 사망자에 대해서는 규정에 따라 소정의 위로금을 지급한다. 지금까지 혼수상태인 두 명의 '식물인간'은 화산병원에서 치료를 계속하고 있고, 선박회사에서 파견된 담당자가 24시간 간병을 맡고 있으며, 또 선박회사에서 모든 비용을 부담한다.

인명을 구하다 목숨을 잃은 차오바오건의 미담은 이튿날 신문에 보도되었다. 아직 의인義人으로 인정하는 승인은 나지 않았지만, 순국으로 처리되어 가족들에게 소정의 위로금이 지급되었고, 더 넓은 주택이 제공되었다.

류싱팡은 '상하이 직공 정신문명 10인' 가운데 10위로 선정되었다. 그의 공적사항은 "루자쭈이 사고가 발생하자 자발적으로 부상자 구조에 참여하여 사망위기에 처한 여학생을 살려냈다."는 것이었다. 중심병원 안과 과장은 그녀에게 남몰래 금일봉을 내렸다. 내가 그녀를 찾아가자, 그녀는 사람을 구한 일에 대해 이런저런 이야기를 나누는 것은 원치 않았다. 그래서 그녀와 일상적인 이야기를 나누었는데, 공농병대학생 출신인 그녀는 10년을 재직했지만, 아직 중간 관리자 심사에도 오르지 못했단다.

사후처리가 부적절한 사례도 있었다. 사고 당일에 한 여공이 좀 늦게 황푸강을 건넜는데, 결국 공장의 지각자들 가운데서 꼴찌를 하고 말았다. 그녀가 공장에 도착하자 공장장은 일부러 놀다가 왔다고 몰아세우면서, 다른 사람들은 모두 지각처리를 하지 않으면서 유독 그녀만 지각처리를 하려고 했다. 그날 퇴근 후에 그녀는 연락선터미널을 찾아가 터미널 소장에게 관인을 첨부한 확인서를 발급받았다. 이튿날 상하이시 정부의 행정명령이 모든 기관과 기업에 통보되었다. 그런데 공장장은 확인서를 제출하자 그 자리에서 찢어버렸다. 여공은 다시 연락선터미널로 달려가 울면서 하소연했지만 터미널 소장도 그녀를 도울 뾰족한 방법이 없었다.

루옌선은 수년 동안이나 잇달아 상하이시의 정신문명단위로 선정되었지만, 사고가 발생하면서 그 영광스러운 간판을 내리게 되었다.

참사가 발생한 이후로 지금까지 루자쭈이 터미널에는 단 한번 조화가 모습을 보였다. 그 조화는 한 젊은 시인이 바친 것이었다. 그는 문제가 생기더라도 그것이 공공의 질서를 어지럽히려는 것이 아니었음을 입증하기 위하여 변호사를 대동하였다. 시인과 변호사는 오전 내내 조화를 지키다가 정오 무렵에 떠났는데, 오후에 수상파출소에서 경찰이 나와 조화를 철거해버렸다.

참사가 벌어지고 4개월이 지나 상하이시 당국은 상하이시 인민대표대회 상무위원회에 '12·10' 사건의 조사상황, 처리과정, 개선조치를 보고하였고, 당일 신문지상에 이 소식이 보도되었다. 하지만 상하이의 평범한 시민들의 관심은 이미 연초부터 급속하게 확산된 A형 간염에 쏠려 있었다. 당시 시민들의 뜨거운 화제는 '미국의 소리(VOA)' 방송내용을 근거로, 이번에 유행하는 것은 A형 간염이 아니며, 감염자는 기껏해야 10년밖에 살지 못한다는 것이었다. 사람들은 몹시 불안해했다. 사람들은 용의 해가 불길하다고 말하지만, 사실 루자쭈이 참사와 A형 간염의 대유행은 모두 토끼해의 끝자락에서 벌어진 일이었다.

이번 취재과정에서 사망피해자의 가족들에게 상처를 줄까 염려하여,

나는 그들은 만나지 않았다. 16명의 사망자 가운데는 공장노동자, 농민, 간부, 노인, 청년과 젊은 엄마가 포함되며, 가장 고령자는 71세이고, 가장 연소자는 17세였다.

중국알기시리즈 2

상하이의 사람과 문화 읽기

초판 1쇄 인쇄 | 2011년 11월 5일
초판 1쇄 발행 | 2011년 11월 10일
지은이 | 沈善增
옮긴이 | 남종진
발행인 | 강희일 · 박은자
발행처 | 다산미디어
디자인 | 민하디지탈아트 (02)3274-1333

주소 | 서울시 마포구 용강동 494-85 다산빌딩 402호
전화 | 717-3661
팩스 | 716-9945
이메일 | dasanpub@hanmail.net
홈페이지 | www.dasanbooks.co.kr
등록일 | 2005년 7월 14일
등록번호 | 제313-2005-151호
도서유통 | 다산출판사

이 책의 판권은 다산미디어에 있습니다.
잘못된 책은 구입하신 서점에서 바꾸어 드립니다.

ISBN 978-89-86316-26-1 04910
ISBN 978-89-86316-24-7(세트)
정가 8,000원